教育部人文社会科学青年基金项目（17YJC880143）
安徽省优秀青年人才基金重点项目（gxyqZD2017078）资助成果
巢湖学院2019年学术著作出版基金项目

现代大学学科关系研究

朱 明 著

中国科学技术大学出版社

内 容 简 介

本书围绕"大学、学科、发展"的主线,以现代大学关系为研究核心命题,着眼于挖掘学科的发展性多维关系,深入探讨新时期大学学科发展的新理念、新思路和新路径。从揭示"学科关系"内涵的规律性出发,将关系隐含的且关切度较高的学科管理、学科评估、学科结构、区域中心、学科产业、学科学位和地方大学等作为立意选项,对应构筑了大学、学科、区域和社会的关系分析空间,以将学科所牵涉的复杂关系从学理和应用两个层面剥开,分类进行论析,反向性地提出通过妥善处理好学科自身的各类关系来明晰大学学科的发展境遇,促进健康和谐的学科关系环境和发展体系构建,以此实现学科并带动大学的高质量发展。

图书在版编目(CIP)数据

现代大学学科关系研究/朱明著.—合肥:中国科学技术大学出版社,2023.7
ISBN 978-7-312-05690-1

Ⅰ.现… Ⅱ.朱… Ⅲ.高等学校—学科建设—研究—中国 Ⅳ.G642.3

中国国家版本馆CIP数据核字(2023)第095069号

现代大学学科关系研究
XIANDAI DAXUE XUEKE GUANXI YANJIU

出版 中国科学技术大学出版社
　　　安徽省合肥市金寨路96号,230026
　　　http://press.ustc.edu.cn
　　　https://zgkxjsdxcbs.tmall.com

印刷　合肥华苑印刷包装有限公司
发行　中国科学技术大学出版社
开本　710 mm×1000 mm　1/16
印张　15
字数　253千
版次　2023年7月第1版
印次　2023年7月第1次印刷
定价　80.00元

前　　言

2010年春暖花开四月芬芳之时，可爱的小女初降于世，带着对事业发展和未来美好生活的憧憬，也为了进一步提升学术修养，我又一次短暂地告别家人，再度踏上心中所向的六朝古都——南京，开启了人生学术探索的又一段新征程。如果说之前的硕士学位攻读是为了换取一份良好的就业机会和工作岗位，那么这次的博士学位攻读则是心灵的沉静和涵养的跨越，心态与从前截然不同，也更加心向往之。这一次，我依然选择人生的明灯、授业恩师——杨晓江先生再度作为引路人。幸之，老师不弃愚钝，欣然接受。在他的悉心指导和教育帮助下，我开始了长达五年的管理学博士学位攻读历程。师者，和蔼可亲、平易近人，对我要求甚为严格，但又宽松有加，入读之初便圈定了"世界一流学科"研究的高端命题，希冀引领我步入学科研究领域并有所建树。这对于经历尚浅的我来说，是一个全新的境界和全然未知的世界。虽然当时的我已积累了一些高校管理经验，但那只是停留在较浅的专业教学层面，仅仅了解"学科"这一词汇及其意义，但因从未进行任何有关学科方面的相应事务，故对何谓学科、为何要关注学科、又怎么来研究学科等问题不由心生疑惑，且有着学科离我太远之类的想法。而且，坦白地说，那时的诸多地方本科院校是不太重视学科的，更多关注于专业建设层面，且普遍有着无需进行学科建设的认识（注：虽然随着后来形势的发展，已验证了这些思想理念的存在严重滞后了学校教育事业的前行）。固然如此，即便是有不小的难度，但我充分信任老师为我作出的选择，谨遵恩师之命，于是便带着惴惴不安的情绪和硬着头皮往前冲的"魄力"，开始从文献中慢慢接触学科领域，爬坡过坎，一步一个脚印艰难地前行。这一晃便是十余年逝去了，期间我先后完成了博士、博士后阶段的学习与研究任务，实现了从讲师、副教授到教授和硕士生导师的华丽转变，并笃定了将学科作为研究领域和专长的目标，相继有了一系列的研究课题和比较好的研究成果。

当然，即便已经取得了这点微不足道的成绩，也没有让我对学科及其领域研究产生高度的自信和敏锐的获知力，曾一度想着放弃，不再触碰任何有关学科的话题，缺乏环境氛围的熏陶是主要因素，也有急功近利思想、个人能力水平不足的原因，但学科在内外环境和多重因素的作用下，所产生的衍生、演变和衍化以及运作变化等着实难以捉摸，需要在系统、历史和实践的多维空间中找寻发展脉络，探求运行机理，发现动力机制，进而厘清规则推动创新发展。实际上，这还是源于对自身能力的一种怀疑。某种程度上讲，研究学科比单纯对某一领域专业知识的深度挖掘更不易，既要在纵向维度上深究，又要在横向维度上拓展，拓宽视野并以交叉融合的思维冷静察言观色。而且，高等教育和社会形势变化迅速，经济社会发展日新月异，尤其是技术的创新与进步很多时候让这种研究变得相对滞后了。这么想来，多少是有些进退维谷之感，若不忍放弃那便唯有砥砺前行、奋力拼搏，故而持续遵守着导师的殷切教诲，坚守着传统的学术理念，秉持严谨求真、低调进取和务实创新的作风，恪守自己一以贯之的行为理念与处世原则，不断自增压力，一步一个脚印，以己之力奋勇前行，也逐渐积累起兴趣和爱好，坚持着将学科研究作为专长领域和研究方向，如学科建设、学科评价、学位与研究生教育等，并为之不懈努力。诚言之，我只是个平凡平庸之人，没有高智商，情商一般，也不善于灵活变通，甚至还有些常人所谓的"不灵光"、愚笨，总体属于那种"笨鸟先飞"之人，不懂或不善变通，唯有想着通过持之以恒的进取与拼搏来获得自己想要的，想着凭借真才实学行走才是硬道理，未曾想过要取什么捷径便利，况且学术探索本身不该有这样的捷径，脚踏实地、认真对待和务实进取方为正道。所以，我的一些朋友总想着给我灌输些常理，要更多点地接地气，却没能如愿，我也保持着一以贯之的行事风格。转眼，十多年的时光瞬逝，虽然中间的过程比较辛苦，在静坐的"煎熬"中，我慢慢达成了预期目标，如今也在供职的高校承担相关学科管理工作，以往积累的学识和对学科的熟知让我对工作颇感游刃有余，毕竟专业的事务还是需要专业的人来做，这会有极大的便利性和有效性，而我也充分借助自身研究专长，结合学校实际，做了一些开创性的工作。这一步一步地走下来，虽不能用磨难、磨砺等较为突显的字眼来加以描述，但确实需要"甘坐冷板凳""静心思考"的毅力和敢拼敢闯、沉默是金、低调行事的勇气,直至渐渐"柳暗花明",冲关入垒。正所谓,不经历一番风雨,怎得见彩虹! 所以,人还是需要有点"精神"的。

讨论学科问题并不是一个新的命题,围绕学科的各方面几乎都有学者在不懈探索。随着人类文明的进步以及对知识探索的向往,知识从一开始便与大学、学科等名词紧紧联系在一起,且与特定时代的发展特征相互契合,追寻着不同时代的变化,表现出各异的色彩。如若进行文献检索,可发现当前关于学科方面的研究成果数量众多,显示出这一关键词一直都是社会关注的热点和重点,特别是国家实施"双一流"战略以来,围绕其展开的系列研究更是"汹涌澎湃""层峦叠嶂",涉及的内容包括学科建设、学科治理、学科组织、学科评价、学科布局与结构、学科生态等,研究视角各异,可谓是五彩斑斓。在探索实践中,学界已普遍形成对学科与大学之间关系的一般性共识,即学科成就大学、没有一流的学科就没有一流的大学等之类。在大学发展与学科建设上,强调推进学科建设的同时,要抓住一些共性或突出问题,包括确立办学理念和目标定位、促进人才培养模式创新与转型、开展高水平的科学研究、拓宽外向性视野和推动交流与合作、提供优越的资源条件和平台、建构符合现代要求的管理与治理体系、营造优良的校园文化和育人氛围等。学科建设内涵是极为丰富的,建设要有成本和质量意识,要注重投入产出比例,要考虑学科与人才培养、科学研究、社会服务、交流合作和文化传承等大学职能之间的关系,而且单一学科、学科群、跨学科、超学科这些各异的学科特征、建设模式、发展取向等又使学科以不同的高度和显示度表征着自有属性与功效发挥,成为推动学科建设的动力源,推进着学科理论和实践应用的创新。众所周知,人类社会的知识体系是不断拓展的,作为围绕知识核心的学科,其探索是无止境的,一批又一批的学术共同体、学科从业人员等紧紧把握学科领域研究前沿,追求着前瞻科学发展的热点、难点和发展动态,在全球科技竞争日趋加剧的新时代,借助前沿探测方法预知未来发展趋势和方向。同时,学科又是现代性的产物,虽然历史长河中东西方出现过相应的词汇,但显然不是现代意义上的理解。伴随着人们认识的深化,知识不断分化,体系不断丰富和完善,大学的学科构成了社会知识生产和创造的中心,并以必要的约束性规范着学科人、学术者的思维、理念、目标、行为、程序、模式和标准等,形成学科的质量和文化。

不同学科也逐渐建立起具有相对独立性的体系机制，这使得知识的传承与发展成为可能。换个角度来看，学科也是一种权力的划分，即学术权力的主导、行政权力的介入以及自由探索权的遵循，还包括围绕相应学科构成的学术领域、评价标准、资源分配方式、群体阶层归属等。这些则使学科的结构特征、属性类别、变化发展和传统精髓更加丰富，又在一定程度上超越了时代性。毕竟学科发展要略超于时代进步，正如教育要优先发展理念一样。

随着国家战略的推进和不同类型大学对学科重视程度的加强，以及多年来坚持不懈的研究与探索，我不断对学科产生新的理解，为此积累了一定的学识经验，故而尝试着适度转向，开始进入大学与学科的深层关系研究，思考着从历史、现实和未来等多元角度刻画出一张较为清晰的发展脉络图，进而仔细梳理清楚学科发展史的过往，就如同绘制详细的知识图谱一般，以便能够更加系统全面地把握学科。这项工作刚刚起步时，难度较大，期间有过一段时期的犹豫不决和踌躇不前，更苦于难寻合适的切入点，以致研究停滞许久，在两年左右的时间里，几乎没有取得任何实质性成果，也是因为学科牵连甚广，研究内容甚为广泛，不知该从何处下手。我曾考虑过沿着博士阶段的研究方向，继续探索世界一流学科建设与评价方面的问题，但思索再三，觉得有些不切实际，特别是与现实工作结合不紧密，不免会落入空洞之中，因而决定还是从相对较小的点入手，结合实际挖深挖透。于是，在机缘巧合之下，辅以经济与管理思维，这也归功于博士阶段管理科学与工程学科的一些思维方式学习，偶然之中寻得了"学科关系"这一研究着眼点。

从字面意义上，学科关系研究并不是一个非常新颖的命题，可能会有许多人从不同角度关注过此，因为关系由来已久，关系不可回避。或许正是因为这种过于平常的疏忽，会给人一些错觉，未能引起足够重视。在查阅了相关文献资料后，结果令人吃惊，目前学界竟无人专门研究学科的关系问题，确切地说并没有将其作为一个"问题"来深入探讨，算是一个新的研究领域，仅有的一些研究主要定位于不同学科之间的关系方面，如美术学与其他人文学科、情报学与信息学科、教育学与相关学科、社会学与历史学等，这些与本书所确定研究的学科关系主题是不同的。带着这种笃定，我开始思考这本专著的写作框架和行文逻辑，想着该怎样写出一本专门研究现代大学的学科关系问题的著作。这既是对自己多年来辛勤付出的一点回馈,留下鸿爪雪泥,以使研有所得,也算是对2016年所出版的《大学学科水平评价论》一书的研究延续。五年一个发展阶段,五年一次著作式的学术总结,承前启后,也因此催促自己不断前行和努力提升,这多少还是有些精神胜利法的味道。

万事总是开头难,事情真要做起来并不容易。确切地说,由于个人能力有限,才疏学浅,这本著作只是自己对学科进行的一些浅显思考,出于兴趣和偏好提出了"学科关系"研究命题,思考着能否建立一门"学科关系学"的初步设想,并结合自己多年的研究心得进行了一定的梳理,书中篇章内容有的源于之前发表的一些核心期刊论文(均重新做了大幅度的修改完善),有的是对一些问题换位的新思考。原本是想着从历史时间角度出发,按照东方的学科词汇出现、书院下的学科和西方的古代大学、学科教学科目这一逻辑展开,由古论今,客观分析学科发展变迁及其存在的关系,明晰这些关系的类型、特征、表现方式和影响作用等。细分下来,甚感这一关系错综复杂,有着体系、阶段和规律等之分。简单来说,与学科交杂的关系既有宏观的如政治、经济、社会、文化、历史等多角度关系,也有中观的如统治阶层、组织机构、利益群体、社会个体等关系链网,还有来自内部微观层面的如学科生态、群落密度、要素协同等结构规模关系,等等,显得研究体系是如此的庞大与繁杂。至于一般意义上所理解的学科结构性要素,包括与人才、平台、研究、团队等关系倒是显得有些"小巫见大巫"了。况且,随着时代演变和人类文明前行,学科的这些关系早已跨越了时间和空间边界,松散中显密切、明晰中论模糊、多样中呈有序、有序中蕴无序、无序中道自然,若想梳理清楚,着实难以全面把握,需深度研修与掌握。

对于是否有必要讨论这类关系,就目前研究而言,尚未引起足够重视。笔者认真查阅了相关文献资料,当前专门以学科为研究对象,论述其关系的成果并不多,且着眼于零碎的、局部的或单一的关系讨论,如某学科与某学科的关系、大学与学科的关系、学科结合个别主题的关系讨论等,实质深入且系统的专门研究暂未见到。本质上我们对古往今来大学学科的理解,若不能从关系角度加以一定程度的揭示,单从学科本源的知识角度来论,似乎有失偏颇,毕竟无论什么样的知识,是否成为体系和有约束性规则,都是人类文明和精神积累的结晶,是人类不懈探索世界的经验与成果,其中不可避免交叉着人与人、人与物、人与事之间的复杂关系,因为人是世界的主体。所以,离开人和事物有关的关系讨论,又不能够完整地认识和理解学科,故而本书提出研究"学科关系"这一命题,并以现代大学为研究对象,希冀以此能引起更多人的关注。

全书的行文逻辑共分八章,整体按照"总论—分论—结论"的结构展开,第一章主要提出关系研究的命题,讨论一些基本概念和基本问题,之后的第二至第七章从不同的主题展开论述,最后的第八章则重点遴选了现代地方大学作为研究对象,探讨了这一比较特殊类型大学的学科关系问题。具体内容安排如下:

第一章为引论,提出研究大学学科关系这一命题及其缘由。在这一章中,主要谈论了几个比较方面的问题,包括对大学学科内涵的进一步疏解,对大学学科建设的再认识,以及初识学科关系这一命题。理解"学科是什么"为前提,把握"学科建设建什么"立基础,强调"什么是学科关系"成主旨,进而延伸出以建立和谐共赢的学科关系突显对大学和学科发展的重要意义。

第二章是道规下的大学发展与学科管理关系。从管理视角论述了学科管理与大学发展的关系,强调管理是有规律可循的,有其应然之道,发展学科不单是资源的堆砌性建设,应在把握道之核心要义前提下,积极应对面临的困境与问题,特别是针对与规律遵循不符的问题妥善寻得破解之法,而且应在一定程度上避开管理的内在缺陷,推动学科管理走向升华的学科治理,以利于创造优良的学科发展环境,处理好涉及的各类关系,形成学科从自治到管治再到共治之良好局面。

第三章是评价视角中的大学学科关系审视与审思。以学界和大众关注较多的评价视角来探讨学科关系的衡量问题,对现实存在的学科关系进行了审视,并就如何科学衡量彼此关系加以理性审思,提出一些解决问题的思路,以求能有所启迪,强化应用导向的学科树立,促进学科实现本真发展。

第四章是结构视阈中的大学学科关系建构。学科不是孤立和自由的,内外各种因素的复杂性使大学学科处于多元力量影响的系统结构体系中,结构需要保持一定的平衡。本章从学科结构的概念论起,揭示了学科发展与学科结构的内在关系,并提出从量化角度分析学科结构问题的新思路,即将学科看作有机生命体,生命体的发展成熟程度会表现出特异的结构特征,以此为逻辑思路,进而强调从多重分析维度建构相对平衡的学科结构,以处理好学科发展要素和群类关系。最后,提出"基于学科,重构大学;基于结构,重建学科"的主旨。

第五章是面向区域中心的大学学科发展关系。从经典的空间分布理论——中心地理论出发,探求中心地原理应用于大学学科的适切性,并从挖掘中心地理论出发,分析了这一理论对促进学科发展的现实意义,具体围绕如何形成学科区域中心的四重效应展开论述,探讨了效应的内涵结构、生成机理和关联作用等,并就其间的若干重要问题,如开放创新、关系疏导等作了阐释,最后强调大学发挥优势形成学科服务区域的中心高原或高地,这对于建设大学及其学科具有重要意义,以此回应学科与区域的关系建构。

第六章是开放创新时代的学科人与产业者关系。将研究的视角落在新时期具体的"人"中,立足于时代发展变化,重点围绕大学中的学科人和社会产业企业中的产业者两类群体,糅合其他各类群体的需求与作用,从新时代国家和区域发展创新的迭变入手,结合创新发展的时代迭新,分析了学科人与产业者的主体典型特征,并对创新时代下两者现实关系中的"和"与"不和"加以阐释,最后就调和关系从融合、价值、组织、制度和人才等五个方面提出若干应对策略,以求在创新造血原动力的激发下更好地建构彼此和谐的互动关系。

第七章是大学学科建设与研究生教育的协调关系。讨论大学的学科问题,离不开学位点和研究生教育,三者是密切关联的统一体,且现今更加强调大学内部的学科、专业与教育的一体化打造。本章理性分析了当前大学学科建设所受的制约以及存在的实践偏差,强调在知识创新和社会应用的过程中要回归和关切人才培养本位,辩证分析了学科与学位点、研究生教育等之间的关系,结合研究生教育质量问题的分析探讨,指出学科建设与研究生教育有着内在天然的联系,要充分发挥"人才培养"的中介效应,淡化急功近利思维,不可回避人才培养之重,进而建构新时期两者的协调发展关系。

第八章是变革时代的地方大学学科关系论辩。以占据高等教育半壁江山的地方应用型大学为研究对象,针对这类大学学科建设的模糊与不明等现实问题,进一步厘清建设内涵和发展逻辑,就大学与社会、大学与学院、学院与学院、学院与教师等存在的关系困境进行了论析,诠释了一般意义上对于大学学科关系的认识逻辑,最后点出如何"创"与"破"。行文逻辑上,按照过去、现在和未来的脉络,为诸类高校的学科建设提供些许思考。

  本书的写作是一次有益的尝试,虽然在理论上未能达到比较成熟的高度,讨论、分析、认识和语言、逻辑、结构等方面均显得有些粗浅稚嫩,但无论如何,希望以此对后续研究能有所启迪,启发人们一些思考。如果本书的出版能引发学界对"学科关系学"问题以更多的关注,能引起人们对"学科关系"予以审视和一定的深究,则功既达成。

朱　明

2022年6月于书香湖畔

目 录

前言 ·· (i)

第一章 大学学科关系命题缘起 ·· (001)
 一、大学学科内涵疏解 ·· (003)
 二、大学学科建设论析 ·· (008)
 三、大学学科关系初识 ·· (013)

第二章 道规下的大学发展与学科管理关系 ································ (026)
 一、学科管理之道释义 ·· (029)
 二、学科管理道之关系核心演论 ··· (031)
 三、学科管理道之困境刍议 ·· (036)
 四、学科管理道之有效解法 ·· (040)
 五、大学学科管理与治理之道 ··· (044)

第三章 评价中的大学学科关系审视与审思 ································ (051)
 一、学科关系衡量的现实审视 ··· (052)
 二、学科关系衡量的理性审思 ··· (067)

第四章 结构视阈中的大学学科关系建构 ································· (073)
 一、何谓学科结构？ ··· (074)
 二、学科结构与学科发展的关系 ··· (081)
 三、量之学科结构问题寻思 ·· (085)
 四、学科结构多维向度分析 ·· (089)

第五章 面向区域中心的大学学科发展关系 ································ (096)
 一、中心地理论渊源及其现实意义 ······································ (097)
 二、学科区域中心效应生成机理 ··· (101)
 三、学科区域中心效应关联分析 ··· (106)
 四、若干重要问题谋思 ·· (113)

第六章 开放创新时代的学科人与产业者关系 ··························· (121)
 一、区域发展创新模式的时代迭新 ······································ (124)

二、学科人与产业者的典型特征分析 ……………………………… (133)
三、创新视角下的学科与产业现实关系 …………………………… (139)
四、调和学科与产业关系的运作策略 ……………………………… (149)

第七章 大学学科建设与研究生教育的协调关系 ………………… (159)
一、大学教育培养人的核心关切 …………………………………… (160)
二、学科、学位点与研究生教育的辩证关系 ……………………… (164)
三、研究生教育质量面相观 ………………………………………… (174)
四、大学学科建设与研究生教育的协调发展 ……………………… (188)

第八章 变革时代的地方大学学科关系论辩 ……………………… (201)
一、时空转变激活学科关系链接 …………………………………… (204)
二、审视现实辨析学科关系表现 …………………………………… (208)
三、跨越未来寻找学科突破之径 …………………………………… (215)

参考文献 ……………………………………………………………… (222)

后记 …………………………………………………………………… (227)

第一章　大学学科关系命题缘起

无论是对于过去的历史、客观的现存还是对于面向的未来，自从人类诞生了大学这一特殊类型组织，其漫长发展历程中的各种游离漂浮的知识便有了学科体态的寄托，知识则被人为划分为易于认识和掌握的不同类型学科，学科相应有了存在于大学中的生存与发展空间，即有了安身立命且能解决后顾之忧的绝佳场所，这为大学与学科各自和相互间的促进发展创造了优越条件。知识本身即目的，造就了学科本身也是目的。因而，大学与学科之间的关系是十分密切的。英国学者纽曼曾言："大学要么指学生而言，要么指学科而言。"[①] 大学与学科是你中有我、我中有你、剪不断更理不清的关系。今天，时代在飞速发展，社会在创新进步，环境在剧烈变化，竞争越发加剧且呈现多态化，大学在不断顺应形势发展要求中砥砺前行，不同类型的大学对于学科的理解存在与生俱来的差异，有理念迥异、定位区别、主观倾向、客观限制等因素制约。作为大学基本组织单元并发挥重要作用的学科，已然超越了传统意义上的概念界定及其内涵意蕴，且伴随人们认识的深化和升华，由早先较为单一的知识分支、教学科目等相对狭小的圈定性概念逐渐变得边界模糊不清，知识性、组织性、社会性、创新性、技术性、学术性等多元特性交杂于学科一身，跨领域、跨方位、跨层次、跨空间、跨结构等多重要求丰富着学科变化，进而在不同领域的诸多学科群体"有色眼镜"下绽放出形态各异的绚烂色彩，可谓异彩纷呈。而今，学科内涵极其丰富，外延十分广泛，且仍在随着时代发展持续拓展和延伸。

在人类认识世界的历史中，学科并不是相伴始终的。任何一个学科，最终以何种形态、状态呈现都是偶然的发展，而绝非由必然思维制造，因为并不存在一个比较客观的学科发展模式可供人类来发现。学科是人类发明出来的，而不是自然产生的结果。所以，学科"种种意义的历史衍延，多于能够

---

① 纽曼.大学的理想[M].徐辉,顾建新,等译.杭州:浙江教育出版社,2001:20.

为它立下确实定义"①。在不同语境下,对于学科的理解各不相同。理解的差异不仅会影响发展学科的效果,还会造成许多不必要的误解,甚至是学科之间的冲突。所以,强调大学教师"掌握一个领域和懂得一门学科仍然是最关键的"②。至于如何定义学科,时至今日尚未有一个为世人所公认的权威定义,学界观点不一,分学科的理解又各有不同,况且对其认识还存在典型的中西方文化差异。在西方世界里,认识学科相对严谨规范,偏向于从客观的自然界中寻求答案,有着较强的科学性、较为严密的逻辑性和比较完整的结构特征,而且学科的概念从词源学上本就归于古拉丁语系,在实践上更是以中世纪欧洲的古典大学彰显人类教育文明的卓越典范,如早期意大利波隆那大学开设的医学、法学、文学和神学等学科,随后牛津、剑桥以及之后的柏林等大学的出现,无不体现了人类高等教育发展和精神的典范。对比观之,拥有上下五千年优秀传统文化的中华民族,对学科的理解强调大家学派学说,蕴含于大家的学说体系之中,如儒家、道家、墨家、兵家等,且历史流淌的岁月中出现的"大学"无论文献记载还是时代存在,都不具备现代的意蕴和外在,《大学》《中庸》《论语》《孟子》中的《大学》也不是西方和现代大学的概念。当然,汉语语境中的"学科"一词本就有其自身意义和使用语境,并不是为翻译西方的"discipline"而特意构造的新词,属于汉语中的固有词汇。古往今来,中华民族对高深学问的探索之地以学宫、书院、学堂等之类体现,自唐代开始便有记载"学科"词汇出现,如《新唐书·儒学传序》之所见,如"大儒辅政,议优学科……",当时的学科以儒家著作学说谓之"学科",属于教学的科目。随后,历史的车轮行至清朝末年,学科才有了西方意义上的传统教学科目形态,并伴随列强的"洋枪洋炮"进入我国,之后逐渐发展成如今的诸多学科学说,如科目分支说、组织制度说、社会规范说等之类。有学者认为,"学科发展史是学科理智史和学科制度史的双重动态史"③,即学科的发展变化是知识体系不断扩展并逐步产生健全完善的自我知识领域认同,以及对应的规训完善并建构一整套权力运作体系的协同发展过程,也是知识不断扩容增长并产生自我知识领域认同,规训不断完善并形成一整套权力运作

---

① 华勒斯坦,等.学科·知识·权力[M].刘健芝,等译.北京:生活·读书·新知三联书店,1999:13.

② 克拉克.高等教育系统:学术组织的跨国研究[M].王承绪,徐辉,等译.杭州:杭州大学出版社,1994:35.

③ 方文.社会心理学的演化:一种学科制度视角[J].中国社会科学,2001(6):126-136,207.

体系的并行发展过程。

另外,按照历史唯物主义的观点,无论一门学科的历史有多么悠久,无论这一学科在发展历程中有着多么灿烂辉煌的历史,都改变不了学科本身作为一种社会建制只是被承认为学科这样一个客观事实。学科的存在是有着历史偶然性的,是人类认识世界的一种方式,这取决于人们对知识的认可与过滤,因为"科学总是把人置于某个可信性的等级制度之中,以便对知识的主张进行过滤,并且忽略那些可能性不大的知识"[①]。因此,有用的知识总是会被按照一定的规则集约起来,相应成就了大学中的分科学科,分科的学科复杂性又会让大学以特定的制度即学科制度加以规范,制度化的学科又进一步构成了大学的其他结构、制度成分。所以说,离开了大学,就不存在学科;离开了学科,就无所谓大学。

一、大学学科内涵疏解

英国学者托尼·比彻有言:"学科的概念并不是完全直接明了的,就像许多概念一样,在实际应用中往往存在一些不确定的方面。"[②]现代意义上的"学科"是相对稳定且较为独立的规范化知识体系和组织体系,具有知识和组织二元属性,是知识生产积累到一定历史阶段的制度化产物。认清学科的知识核心本质以及由此架构的知识体系则是深入探讨学科发展演变的逻辑起点和基本要义。严格说来,学科并不是大学专属的概念,"大学是由学科构成"这句话在理解上也会令人生疑,因为大学里还有许多其他物质性的要素,如校园环境、教学建筑物、行政部门组织、教职员工等,而它们与学科似乎并没有什么密切关系,所以学科虽可构成大学,成为大学的构成主体,但也绝不等同于大学,另外包括一些科研院所也是有学科概念的。从发展阶段上看,学科同教育一样存在非制度化和制度化之分,前者大体上相当于知识的分门别类,是知识分化或分类到一定时期的一种自然状态,后者则随着正式的制度产生而成为规范体系,强调认知的排他性和专业化。"他们经过服务规训(行为规训和学术规训)创立于各种现代的新学科。整体上,作为一种知识生态系统,这些新学科与过去的迥然不同;作为一种知识生产和

[①] 巴恩斯.局外人看科学[M].鲁旭东,译.北京:东方出版社,2001:72.

[②] 比彻,特罗勒尔.学术部落及其领地:知识探索与学科文化[M].唐跃勒,蒲茂华,等译.北京:北京大学出版社,2015:49.

消费体系,它们比以前任何一种求知方式更强而有力。"①按照这种制度体系的形成逻辑,可以发现,早期许多大学并不重视学科,而是偏向于专业发展,不关心或是根本不知学科为何物,甚至于认为大学要学科做什么呢,显得没有必要,全身心投入教书育人即可。而带有这种办学思想的大学虽同样正常运转,但在后期慢慢地会意识到这种想法是错误的,一旦"幡然醒悟",若没有强劲魄力和付出巨大努力,要实现追赶与赶超则费力费心,代价也甚巨。而一些很早便重视学科的大学,虽然起步时比较艰难,顶着许多的不认可与不理解,甚至谴责和谩骂,然而持续下去待进入到良性循环的正轨后,反而获得了许多意想不到的收获,之前的诸多反对之声不仅销声匿迹,甚至让教师蜂拥而至。

回到本源上,学科是知识体系,且仅指知识的分类体系,其与知识密切相关,是人类文明积累到一定程度后按照一定的规则所衍生出的体系化归集,因此自古便有着诸多学科分类,只是意义不同于今日所说的"学科"而已,如我国古代对历代积累文献的"经、史、子、集"分类,包括"四书五经"和《史记》《本草纲目》《乐府诗集》等,都属此类。再转眼面向西方,古代思想家、哲学家对知识相应提出了自己的分类依据,如柏拉图的辩证法、自然哲学和精神哲学分类;亚里士多德的理论性哲学如数学、几何、代数,实践性哲学如伦理学、政治学以及创造性哲学如创作、艺术和演讲等,这些同样是比较粗浅的学科雏形。但是,无论中西方,这些先前的知识分类与现代学科的涵义存在较大差异,不可同日而语。至于目前所说的学科知识分类,则归功于英国哲学家弗兰西斯·培根,其按照人类理性能力的表现方式将知识划分为记忆能力、想象能力和判断能力三个大类,相对应的学科有历史学、语言学、文化和艺术以及自然科学、哲学等。后来,德国哲学家黑格尔又以理念的自我发展作为知识分类基本依据,进而提出建立在抽象思辨原则基础上的分类,即将知识划分为逻辑学、自然哲学和精神哲学,其中,自然哲学包括数学、物理学、化学、力学、地质学、动物学、植物学等,精神哲学则包含与人类发展相关联的一些学科,如心理学、艺术学、宗教学、人类学等。如前所论,西方学者在进行学科分类时,尤为重视知识的内在逻辑性,即从体系构成来体现,并且认为只有把那些具有内外严密逻辑性的知识组织在一起才能构成一门学科,才能明显区别于其他不同的知识体系,从而保持相对的独

---

① 华勒斯坦,等.学科·知识·权力[M].刘健芝,等译.北京:生活·读书·新知三联书店,1999:48.

立性。言外之意,即学科是较为严格规范、彼此界限清晰且区分度明显的知识体系,相应地,不同的学科有着具有差异的知识体系。

学科的知识本源属性,理应成为研究与讨论学科的重要基点。诚然,学科一词从出现起便拥有这一内核并不断包装丰满自身,且以越来越复杂甚至于华丽的外表形态掩盖着知识本体的气息,知识为核、形态为纲,从而导致人们对学科在认识上出现偏差,如倾向于学科组织建设、加强学科与社会的关系、学科支撑条件的集聚、学科资源优化重组等,往往是以学科外显的表现形式来强化对学科的整体认识,并将之作为推进学科建设与发展的重要手段,这些构成了发展学科的重要内容。然而,过程中一些急功近利理念的偏执、一流声誉地位的盲目追求推崇、关键要素集聚的短期效应追求等,又在某些方面驱使人们以一种相对更为便利的方式实现学科发展,此时的学科有了更多的华美外观包装。

纵观和遍览之,现代社会知识更新速度不断加快,知识总量与储备急剧膨胀,出现了"学科丛林"和"学科丛生"的现象,学科之间的交叉融合成为常态,转变为推动社会发展的必然趋势。再按照一般社会约定俗成的理解,学科大体分为文科和理科,比如高考志愿填报中、中学的分科分班、以专业看待学科等,人们所关注的学科被简单机械地人为划分为此两大类,并且根据学生的兴趣、特长以及考虑未来就业发展等实际需要,自然而然地形成对学科比较共性化的理解并广泛认同接受。那么何谓学科?就是前高等教育阶段学习的科目,如语文、数学、英语等,或高等教育阶段的所学专业,如汉语言文学、计算机科学与技术、国际经济与贸易等。这种理解姑且以"一般性概念"来界定,需要兼顾社会大众认识的合理性,强调通俗易懂,无需具有严谨慎重的专业学术性要求,主要是为了认识和选择的方便,也为了分类知识门类而存在。与之相对的,具有"特殊性概念"的学科主要存在于教育组织和科研机构。在科研机构中,学科主要是知识创新和生产组织单元,依托于某些更小实体和研究团队,体现了知识组织生产方式,即通过专业化的研究,围绕解决一定的问题,无论是基础理论创新还是现实需求的激发,在理论探索和实践验证的反复操作中丰富完善知识体系;在教育机构中,学科则有着更为复杂的形式与内容,如学科教学单元、学校类型界定、人才培养特色等,而且不同层次的教育机构对学科的内涵与外延的把握不尽相同,使得所设置的学科类别及其对应组织结构千差万别。

由此看来,对应不同社会组织的需要,当以围绕大学组织来研究学科为重。本质上,大学与学科有着天然的联系。学科强,则大学强;反之亦然。就如当前国家实施的"双一流"建设战略,一流大学和一流学科是息息相关的两个重要发展任务。"一流大学和一流学科概念的流行是我们时代的现代性精神在高等教育领域的直接反映。"[①]平心而论,现实亦证明,建设一流学科要比建设一流大学相对容易些,也较为符合实际。至于大学的学科发展则需要厘清内涵,有三点需要注意。

第一,要明晰大学是在学科基础上发展起来的。大学具有教学、科研、社会服务、国际交流、文化传承等功能,这与学科的关系是内在呼应的。作为满足社会需要并培养高层次人才的高等教育组织,知识是连接大学、学科和社会的重要桥梁,无论是在历史长河中的古代还是快速发展变革求新的现代,大学培养人的功能发挥从来就与学科知识密切相关,正所谓"大学者,研究高深学问者也!"人类文明的进步、经济社会的发展都需要大学不断更新和产生新知识,不断丰富和拓展已有的知识体系,因而借助学科来创造知识,对于大学和社会具有极其重要的意义,也客观赋予了大学应尽使命和责任。

第二,要认清学科是构成大学的基本功能单元。这里有个关键问题需要澄清,即大学若没有学科、不考虑学科发展或者说不重视学科建设,是否可行? 答案未置可否,为何? 我们知道,高等教育的结构体系是多元和复杂的,既有顶层的一流高水平大学,也有大量中间层级的普通大学,还有承担社会需要人才培养的地方应用型大学包括职业类大学、本科或职业技术院校等。这些大学各司其职、各安其位、各尽所长,有的根本没有学科的概念,也不需要围绕学科来推进发展;有的在几十年发展历程中压根不重视学科,只强调专业发展和专业教学,以专业替代学科,即所谓的专业为龙头,如占据半壁江山的地方应用型大学,或者原称为新建本科院校的诸多大学,早期多偏向重视专业建设而忽视学科建设;有的则始终将学科作为牵引大学发展的引擎,一开始就高度重视学科,立足于建设强势、优势学科并围绕学科组织优化各类资源,进而实现快速发展;也有的对学科持有模棱两可的心态,随遇而安,或者是待发展到一定阶段后确实需要重视学科了,不得已而为之再进行相应策略调整,等等。

对学科所持有的不同态度随着时间流逝,各类大学发展的变相会逐渐显现出来,以诸多的地方大学为例来看,那些从一开始便非常重视学科建设

---

① 王建华.学科的境况与大学的遭遇[M].北京:教育科学出版社,2014:5.

与发展的学校，不少已纷纷面目一新，多数实现了层级的飞跃，名称也由学院上升为大学并相继获得硕士授权、博士授权等，实现了在同类高校发展上的重大飞跃。虽然不是一味强调所有大学都要走这样的发展道路，也要科学合理确立办学定位、走特色发展道路，但这条路无疑是具有极强诱惑力的，这是地方大学发展脱颖而出的重要依凭，也是大势所趋，更是体现彼此核心竞争力的关键，社会认可度与满意度也高，相应地在获取外部资源途径上更具有得天独厚的条件与优势，毕竟实力强才有更多的竞争资本。同时，大学办得究竟如何，最终检验者是社会大众，大众认可则为大学叫好，不认可即便再吹嘘也无用，待到那时大学的生存和发展便会出现许多问题，出现一些不可预见的矛盾，这是一个显然又直接的问题。况且，各地区都有着"扶强不扶弱"的倾斜导向，无论是大学所处的地方政企单位，还是行政主管部门，看重的是大学真正所能起到的作用，或者通俗地说，是你这所大学能为我地方做些什么，取得了哪些比较醒目的成绩等，要能体现存在的价值，进而才有可能在资源优化配置、人才和团队政策、专项经费支持等方面体现倾斜，给予一定的支持。在有限的市场"蛋糕"情形下，这无疑会成为地方大学发展的掣肘。正所谓富者越富，强者越强，穷者和弱者最终会被逐渐淘汰，"物竞天择、适者生存"，并非强调发展均衡，毕竟资源有限，均衡也只是相对的。当不少地方性高校还在为经费拨款不足、节约资金开支以及多方筹措经费等苦恼，还在为少量的科研到账经费争论不休时，优秀大学的专项支出经费甚至高达天文数字，占据着发展的先机。好在，我国的高等教育体制并不会让本已存在的公办大学走向消亡，但会任由其自行发展却是显而易见的。

可见，大学需要高度重视学科和依靠学科，学科是大学实现功能的核心载体，大学内所开展的一切活动应围绕学科和以学科为功能单元组织实施，当然过程中不可忽视学科人的重要作用，人为根本。同时，学科的功能具有差异性，不同学科的特点不同，各个学科都拥有自身的知识体系和运作模式，有的学科之间的界限泾渭分明。即便如此，也不代表学科之间不能融合交叉，何况现今更加强调要打破学科间的壁垒，实现跨学科、多学科乃至超学科的融合发展。单一学科虽可以解决较为纯粹的专业性问题，但客观现实是很多问题并行存在，牵涉面甚广，管理、技术、群体等各层面均有所涉及，因而单靠某一学科来应对，多数情形下难以圆满达成目标，故而需要加强学科合作，推进学科交叉。

第三,要清楚影响大学学科发展的结构性要素及其变量。大学的学科和社会的学科是两个不同的概念,两者的内涵和体量是不同的,社会的学科具有容量无限性特征,简言之,社会是个大熔炉、大舞台,知识的生成和更新速度会更快,来自各方力量的汇聚会促使学科体量不断膨胀,加之过程中关切的因素呈现多元化,各方主体会按照自身所需从庞大的学科体量中再度获取有利的知识,并进行必要的加工处理为己所用。与之相对的,大学的学科体量相对有限,存在于大学内部一定范围,这就决定了大学在学科发展上需要妥善处理好学科的有限和无限之间的关系,况且大学也确实难以做到全面铺开所有学科,故通行做法是构建与功能发挥相适应和能够体现自身特色的学科体系,并在某些优势学科以及学科的某些领域重点发力、持之以恒,这不仅符合发展规律,也恰如其分地体现了大学学科相比于其他大学的水平差异。

此外,需要注意的是,即便是对应相同的学科,不同大学对该学科的关注点也是不同的,研究的领域和方向有差异,学科的特色和优势也有差异,各大学会倾向有利于该学科发展的战略选择,使学科朝着自定预期的方向和目标发展。所以,整体格局是各个大学的同学科自主发展,相互之间可能会出于某些需要在一定程度上存在接触或合作交流,但彼此仍是相对独立的,理解上还是需要单独地放在某个大学内部考虑。至于所论及的学科影响结构性要素和相关变量,可谓类型多样,如大学的战略发展、师资队伍水平、科研动态、学科结构与规模、学生能力与素质、学科平台等都有关联,体现各自相关性。大学及其学科要理性看待这些因素的影响,不可顾此失彼。

二、大学学科建设论析

当前关于学科讨论比较多的仍是以建设和评价为主,即如何进行学科建设,如何根据建设成效进行科学评价,如何加强学科管理以促进学科发展等,以及如今强调的学科治理体系和治理能力现代化等许多问题,而且,谁的学科自然由谁来建设。"学科建设"是一个具有本土特色的词汇,学界已经广泛接受了这一概念,包括国家提出的"双一流"建设也是强调学科面向国际的高端建设。然而,通过对已有学科概念的考辨,会发现"学科"一词有着比较明显的二元特性,即作为知识分类体系的学科和作为知识劳动组织的学科,我们所讨论的大学学科建设也具有这两类不同语义上的区分。前者从丰富和完善学科自身知识体系来论,突显学科的知识本体属性,即学科要不断构筑知识体系,延伸知识边界,无止境地拓展和延伸;后者则关注组织功用,强调先建立对应的实体性学科组织,完善组织运行体系和机制,再借助组织特性增强学科的知识生产能力,持续推进学科的层层"蜕变"。

毋庸置疑,今天的大学在发展学科上所拥有的条件较以往优越甚多,一方面政府、社会和学校不仅给予了足够的重视,从不同层面确立了学科的重点建设举措,还在人、财、物等方面给予大量投入,包括实施各种类型的学科提升和振兴工程,建立了各种层次的学科平台与基地等,以此加强协同并进,这为知识体系的丰富完善奠定了坚实的物质基础。另外,一批批的学科人、学术共同体前赴后继,投身不同的"战场",面向不同的领域,不断开拓新的疆域,推动着人类文明的传承与创新发展。相反,另一层面所看到的是学科建设往往滞后于社会发展所需,滞后于大学战略发展要求,过程中理解存有偏差,行为取向不明晰,学科结构要素相对离散,建设缺乏系统全面性,依凭研究生产知识的效率不高,往往集中于学科的某些相对容易实现的要素推进,因此多数情况下学科反而处于一种相对被动应对或不相适应的局面。从组织特性上分析,诚然,一门学科的发展壮大不可能在旦夕之间立竿见影,受多种发展要素合力作用累积而变,既要强调学科组织建立,也不可过于关注学科组织的成长而忽视与学科之间的关系,组织存在的价值本身就是为了丰富和完善学科关系。如要客观给"学科组织"明确定义,其应是以知识为核心,围绕知识的传播、创新、发展和应用等,以学科共同体为推动主体,以知识资源和信息载体为重要支撑,依据知识体系分类来实现人才培养、科学研究、社会服务等功能发挥的学科专业化实体及其关联系统。由于知识存在方式的特殊性,学科组织的存在形式可松可紧,既可以一种相对松散或虚拟的形式来集约符合学科发展使命的资源实体形态,也可如其他规范组织一般有着清晰的刚性结构、制度体系等加以约束,如以研究中心、研究院等形式存在。至于学科组织的形成则是一个比较复杂、长期和有序的过程。即便如此,"只有组织才能提供知识工作者为了取得成果所需要的基本连续性,也只有组织才能将知识工作者拥有的专门知识转化为业绩。专门化的知识本身并不能产生业绩。这就要求,专家应当能加入一个组织。"[①]

由于学科的本质是知识体系,那么学科组织作为一种知识组织,便是由"一群学者以及学者们依赖于一定学术物质基础、围绕知识进行的创造、传

---

① 德鲁克.社会的管理[M].徐大捷,译.上海:上海财经大学出版社,2003:62.

递、融合与应用的活动所组成的组织系统"①。韦伯也指出,"一旦组织存在,它就有内在的生命力,力图维持其生存与发展"。从宏观看,依据伯顿·克拉克教授所言,"学科组织既要面向整个学术界和人类共同体,又面向所属机构及其所在区域,但它首先面临的是社会责任和国家使命"②,这就要求学科发展要对应国家战略需要,满足社会发展要求,有大局责任担当,当然其成长也并非一贯遵循着特定的有序积累原则,而是有着间隔性的周期曲折变化,跨越与滞后并行。从中观论,学科组织有着内在的发展逻辑性,由从无到有到优、从低层次的弱效应到高水平的强效能、从点到线以及到面的全方位覆盖,之中还贯穿着横向与纵向的演变,既有原有固化结构的衰退与消亡,也有新型结构的产生和变革,这是学科应对外部环境变化作出的适应性调整,更是时代发展、文明进步赋予学科的新使命。微观思之,其一,大学需要重视并通过制定切实可行的发展战略来加快推进学科组织化进程,不断健全完善学科建制,建立现代学科制度,提升学科组织化程度,积极吸纳更多的参与者进入学科建设体系,有效维持彼此关系的持续性,进而开创大学学科建设新局面;其二,大学的学科组织有别于其他类型社会组织,是一个比较典型和特殊的自组织系统,自身具有生长特性,正如美国管理学大师彼得·德鲁克所强调的"基于知识的,本质上是自我传导的组织范式,实质上是一种自组织和自我管理范式,而不是传统的他组织和被管理范式",故而从本体论上看,学科组织应该坚持学术逻辑,围绕知识创新和按照自组织运行机理着力打造高水平的学术共同体,以此来奠定学科服务社会的高原或高地,持续提升学科组织的学术生产力和资源吸附能力,而这又涉及学科的另一个重要问题,即学科生态系统建设。

如果说学科建设单单是强调学科要素的优化组合和资源配置的效率,即着力解决好关联学科的结构性、资源性和应然性等问题,兼顾特色化、体态性和生态群等独立学科发展内容,那么,构建有效运作的学科组织确实有利于强化这一建设的整体成效,而非要求过于关注资源的匹配效应。有没有丰富的优质资源是一方面,能够让这些资源有效发挥作用则是另一方面。当然,学科建设并非只是依赖资源堆砌便可达到相应水平高度,学术的创新积累和不懈探索是动力之源。由此,大学的学科建设首先需要在自有基础和未来目标之间明晰客观差距,动态确立赶超标杆,坚持对标对表,勠力同

---

① 宣勇.基于学科的大学管理模式选择[J].中国高教研究,2020(4):43-44.
② 克拉克.高等教育系统:学术组织的跨国研究[M].王承绪,徐辉,等译.杭州:杭州大学出版社,1994:37.

心,科学做好学科规划,再结合大学发展战略和办学定位等合理设计学科建设的目标任务与分期计划,奋力前进。这就要求:一要从大学外部的经济社会发展需求出发,找寻切入点,寻得大学学科与社会之间在逻辑上的互利交汇点和聚焦性领域,争取获得多渠道有力支持,据此谋划和凝练学科的主攻方向,逐步培育学科的比较优势,激发学科发展的新生长点,增强学科的生命力和竞争力,以此观照与回应社会对学科的现实需求,保持开放自主姿态;二则要求从大学内部的学术发展需要出发,避免学科走向庸俗化、功利性和过于"致用"的方向,因为大学毕竟是探索高深学问的场所,崇尚知识价值和学术追求的高贵品性是大学这一场域中学科生来的"纯粹血统",这与洪堡认为大学的核心是知识发现、纽曼提出大学是传播永恒真理的场所、赫钦斯将大学描绘为理智社团以及弗莱克斯纳强调大学的本质是发展纯学术等思想是一致的,故而有着相对稳固边界的学科,需要时代的精英去捍卫这些无言的边界,并不断取得成功。因此,大学及其学科不仅需要融入社会,走出象牙塔,对社会发展所需及时响应,致力于提供尽可能好的服务,更要固守优良传统和保持本心,坚守学术精神、理想和使命。

上述讨论的学科建设主要是从大学自身层面来看待,强调的是大学如何实现职能任务,建设好优势学科并追求特色发展。客观上,大学的建设需要借助学科优势推进学校整体建设,突出重点导向,加强关键引领,实现若干点上的重要突破,以全面提高人才培养质量和创新竞争能力。这一过程不仅仅是大学高端智慧和综合能力的集中体现,外部政策驱动也往往起决定性作用,这在我国表现得可能尤为明显,如前期国家实施的"211工程""985工程"和当前推进的"双一流"建设战略。1991年,国家提出面向21世纪,重点建设百所左右的大学和一批重点学科的目标,正式启动"211工程"建设;1999年,为了实现现代化,又提出建设若干所具有世界先进水平的一流大学的"985工程"。这两大工程的实施,在20多年的时间里,促进了大学的快速发展,建设了一批高端学科,为我国的高等教育在世界影响力提升方面发挥了重要作用,正面效应显著。与此同时,这些大学及其学科所形成的声誉也在国人心中占据了相当重要的位置,成为学习、就业以及"光环加身"等首项选择。随后在2017年9月,国家有关部委联合发布了建设世界一流大学和一流学科的高校及学科名单,拉开了两大工程后"双一流"建设项目的序幕,标志着今后我国高等教育发展进入了全新的阶段。与之前相比,"双一流"建设更加强化学科建设的地位和作用,将其提升至前所未有的高度,并强调对接国际水准,突显国际化走向。因此,时至今日,没有一流学科就没有一流高校的理念已为世人所广泛认同,这深刻彰显了学科与大学之间的关系,确切地说,是大学对学科的依赖,故大学要发展需要重点关注学科建设。

至于外部政策驱动,在现代高等教育制度中通过政府政策调控驱动高等教育改革与发展已是常态,其不仅反映在宏观的国家体制、体系和机制构筑等领域,还存在于整个高等教育体系以及高等教育与其他各领域之间的关系中,在微观的大学内部治理体系建构中也有深刻体现。比如,前几年我国大学内部治理改革中普遍开展的大学章程制定工作,政府通过颁布政策有力指导并促成各高校顺利完成了章程制定,健全完善了内部治理体系。与此对应的,大学的学科建设更离不开国家政府政策的推动。首先,国家加强对学科建设的宏观管理,有利于确立权威性和树立标杆,如1987年起开展的国家重点学科评选以及后续实施的多轮次学科评估,再如近几年开展的国家一流本科专业与课程建设,成为大学争相奋斗的目标,"国字"号标牌的获取确实让大学引以为豪,相应的"省字"号招牌也比一般的大学自有名牌更能激发人们向上的动力。其次,政府加强外部政策引导,能在很大程度上推动大学的学科发展,包括与政策相随的经费支持、重点倾斜、专项评估、资源分配优势获得等,当然这些政策推行的前提是符合学科发展的客观规律,促进学科充分发挥出主观能动性,在有限的范围给予最大限度的支持,促成达到预期高度,而绝非一味的伸手索要。最后,政策驱动可以促进学科自然分层,实现分类建设、分层发展。既不能要求大学内所有学科都能达到某种高度,也不能要求不同大学的学科水平保持相当,"你追我赶"是合理的竞争态势,各安其位是应然选择。至于分类的标准,主要有三。一来为重点与非重点之分。如国家重点学科的遴选,各省份的一流学科、重点学科、优势学科之分,包括笔者所在安徽省设立的省高校高峰(培育)学科建设等。二来属分类学位点建设之分。含博士授权点、硕士授权点和本科层次的学士学位授权点,高校能否获得博士、硕士学位授予权在很大程度上是学科发展的重要指标,获得学位授予权既充分体现学科发展的速度和水平,也是实施研究生教育的前提与基础,体现了学校的办学水准。三来论评价排名之分。笔者曾专门研究了国际通行的学科排名,发表了若干篇核心期刊文章,分析了诸多世界知名学科排行榜的特点和作用,其中国内影响最大的当属教育部学位与研究生发展中心实施的学科评估,目前已进行了四轮,2021年

5月中心发布了《第五轮学科评估工作方案》,标志着第五轮全国学科评估工作序幕即将拉开。此外,也有些省域或大学将学科能够进入ESI前1%作为判断学科水平的重要指标。

从近些年的实践看,国家和地方政府的一些指导性政策确实让不少大学的学科发展达到了新高度,水平得以快速提升,但也人为拉大了学科之间的差距,违背了一些客观规律,以致出现资源分配不均、难以兼顾公平等问题,这回应了前文所指出的"富者越富、穷者越穷"的状况。毕竟,任何学科的发展都具有一定的周期性,成果的产出、人才的培养、硬件的建设等都不是短期内能够显现的。故而,在强化学科国际视野、建设世界一流学科的进程中,既要参照国际通行的发展指标和衡量标准,积极推进我国学科参与世界竞争,增强世界话语权和国际声誉,也要适应我国经济社会发展需要,扎根中华大地,建设具有中国特色的优势学科,为国家科技创新与进步、哲学社会科学繁荣发展服务。

三、大学学科关系初识

沿循历史发展脉络,学科的科学概念是在现代大学产生之后出现的,但人们对学科的认知却比大学诞生要早得多,无论是西方历史悠久的大学还是中国早期的"书院"学府。围绕高深学问探索所形成的学科,经历了知识学问的创造、朴素实践的锤炼、社会生活的检验和知识群体的协作等过程,即学科的形成依赖于知识人、学术共同体成员的努力,并逐步采用相对统一约束性的组织规则对关联群体施加影响,建立起了一定的关系网络,进而逐渐制度化、规范化和社会化,以保证对此的探索活动有序高效。简言之,学科经历了以往非制度化阶段到今天的制度化阶段,前者相当于知识分门别类,属于知识分化的自然状态;后者则从学科的专业化和排他性开始,以学者们能够进入学科的准则确立和学科边界明确划定作为依据,强调学科制度的重要性,学科成为制度化的学科。

这中间,知识创造和权力归属往往是联系在一起的,权力特征及其构成的从属关系渗透到学问探索、科学研究的过程中,可以说"科学知识起源于这些权力关系,而不是与之对立。知识就是权力,并且权力就是知识"[①],而

---

① 劳斯.知识与权力:走向科学的政治哲学[M].盛晓明,丘慧,等译.北京:北京大学出版社,2004:23.

且"知识背后隐藏着阶级的利益,知识与权力是紧密相连的"①。当然,若是将原本处于"象牙塔"中的学科变为社会制度的组成部分,那么知识和权力则必须结合并且被社会成员所广泛认知,如此才能有利于科学知识体系的繁荣生长。毕竟知识不是虚无的,有价值和有用的知识经过社会的日积月累和沉淀,会被古人先辈包括当代人以及后人以必要形式传承、发扬与创新,如同英国学者布鲁斯所说,人们必须对知识进行收集、组织、保持、传播以及分配。即便是现在,知识生产创造与应用也"深深地和各种社会权力、利益体制相互交缠"②。

如此这些交缠不休的活动显然都与那些已经建立起来的制度——诸如实验室、工厂、大学、教会、学校——联系在一起。这样,在某种层次上,心灵就会把存在于知识与权力和权威之间的某种关系记录下来③。而这种学科和权力之间的关系存在并不能必然性地导致所想要的知识生产结果,因为还需要社会需求的导向推动,需要将学科作为功利性和工具性方式来驱动,简言之,即关系的存在和知识的创造要能满足外环境中各类社会主体,尤其首先要符合权力拥有主体的利益取向,此时学科可获得对应主体权力分配所给予的必要资源和资助支持,方能继续前行,并与外部制度实现对接,否则学科和知识也只是束之高阁的所谓"学问"罢了,是否"鸡肋"不得而知,久而久之却会沉落于"阁楼尘埃"之中,被逐渐忘却。故此,需要学科与权力之间保持一定的张力,这有着战略意义上的深远影响,要在相互博弈中获取支持,在支持中赢得更多话语权,当然话语的强势不全是生产知识的强势,本质上还是一种权力的强势,即要为学科的知识和组织创造赢得更多的权力,因为知识生产本身并未脱离加工制造的固有模式,是按照既定的规则、标准和流程,使用一定的"原材料",基于一定的需要和目的,采用特定的工艺或技术,依托知识共同体来完成新知识的创造。表面上这些知识生产活动自由且有序,但实际都从属于有序的权力安排,在特定的权力制度体系中,按照施加主体的权力要求保持运作,学科的知识生产也只有在权力的支持下才能变得实质有序和制度化。

与外部权力对学科的主导相对,学科内部同样存在显著的学术权力格局。不同时代的学科门类会出现彼此的权力等级差异,由此导致学术权力

---

① 袁曦临.学科的迷思[M].南京:东南大学出版社,2017:33.

② 华勒斯坦,等.学科·知识·权力[M].刘健芝,等译.北京:生活·读书·新知三联书店,1999:13.

③ 布鲁斯.知识和社会意向[M].霍桂恒,译.北京:中国人民大学出版社,2014:66.

强弱关系对比。比如,古代的大学,那些神学、哲学和人文类的知识地位崇高,享有和传授这些知识的人具有"高贵"的优等身份,自然高人一等,且具有绝对的、不可动摇的权威;现代大学,诸类自然科学知识地位飙升,成为人类知识群落的"霸主",人文社会科学则显得有些"落寞无言"。诚然,自然和人文学科知识同属人类文明创造,共同构成人类知识生态体系,但在特定时代,不同学科的学术权力之争始终存在,有学者给其命名为"学科统摄"现象,即"在一定时期,占据思想发展主流的学科将各种知识有机联系起来,统辖各门具体学科发展的现象"[①]。比如,在中世纪,大学的学科统摄于神学尤其是基督教神学之下,以神圣信仰为时代思想准绳,上帝被带进了世界的存在,成为主宰人类思维和行为的神灵,即便是到了今天,这一学科的思想仍在深刻影响着许多西方国家。

18世纪末至19世纪上半叶,在西方世界,最值得一观的一道奇异风景当属德国哲学,其不仅统摄德国其他学科的发展,也影响着西方文化前行,涌现出康德、谢林、费希特、黑格尔、费尔巴哈、马克思、恩格斯、叔本华、尼采等一批杰出哲学大家,提出了包括认识论、本体论、伦理学、美学、法哲学、历史哲学、政治哲学等领域的各种重大问题和范畴,这成为各个学科发展的重要思想和精神导引。再来看英国,学科发展自然是受到文学的统摄,文学不仅历史源远流长、久负盛名,还经历了长期、复杂的发展演变过程,历经盎格鲁-萨克逊、文艺复兴、新古典主义、浪漫主义、现实主义、现代主义等不同历史阶段的重叠,产生了一批不朽经典文学巨著,正如有学者所言,"没有哪一种语言的文学能有英语文学那样的世界影响"。这些学科统摄的存在,一方面体现了时代背景下社会主流意识形态和精神主导,如同大洋黑暗中的指航灯,指引着方向;另一方面从学科角度分析,体现了学科权力配置不均,占领着各类学科权力的绝对领导地位,自然不利于学科整体竞争力的形成与提升。但这种学科权力的不均衡可以允许适度存在,这种不均衡能够激发学科发展的潜力,正如俗语所云"水至清则无鱼",绝对的平衡只会导致平庸,建立的学科关系应当体现海纳百川、平等和谐、协作共享等特征,以确保学科的生态体系筑成和良性运转。基于此点考虑,大学的学科建设,当科学处理好主体学科、主干学科、支撑学科、特色优势学科等之间的关系,合理架构层次分明的学科结构体系,以促进优胜劣汰、带动示范的学科发展局面

---

① 刘晓雪,胡钦晓.学科统摄视野下的大学发展研究[J].现代大学教育,2013(2):32-38,111.

形成。

回溯历史,古往今来,人们对未知世界的探索和发现活动基本都集中在自然、社会、宇宙空间和个体本身四大领域,并试图和致力于建立一种有机的联系。由于这种客观内在需要,在人类漫长的文明发展史上构成了诸多行之有效的制度体系,包括国家制度、社会制度、法律制度等。比如,人类在征服自然的过程中为了达成某些目的,所进行的前所未有的技术革新、工具制造与使用等,由此促发的知识积累构成"自然科学"发展雏形;在社会生活中,人们为便于相互交流,为了更好地处理人与人之间的关系,以及深入了解人类社会发展规律和特点,进行了一系列实践活动,由此产生的知识积累架构了"人文社会科学"的体系框架;出于解决一些特定的实际问题,或者单一学科知识与技术难以处理的复杂性问题,需要综合不同学科所长,由此形成的"跨学科科学"等。这些不同领域的知识蓄积和压缩到一定程度,不仅成为人类文明延续的重要表征,彰显人类探索未知世界的智慧,而且因其具有有用性、科学性和规律性等特性,成为世人获得存在感和推动社会发展的动力基础。当然,未进入学科之前的诸类知识整体是不规则且杂乱无序的,需要通过挖掘探索或高等教育活动获得确切的认可,再借助知识、组织的制度化变得有序和可操作,因为只有有序的事物才能很好地为人所掌握与延续。

不论时代如何演变以及对学科发展变化产生何种影响,包括以体系化的知识形态存在于不同组织如大学、社会研究机构中的学科,以及在不同社会、制度和文化环境中以组织形态存在的学科,学科的形态是学科呈现的方式以及赖以发展的基础,但形态特征可以用来区别学科,却不构成学科,之所以成为学科和不同于其他学科的要件,外在形式的表现也不是推动内在要素集聚的根本,况且学科有无形态之说,究竟会具有何种形态,这本身不易阐述,目前也尚未有相应研究成果验证学科形态究竟是什么,简单来说是圆的、扁的、方形的,抑或其他什么形态,所以只是以知识和组织两类加以明示,因为学科本源是知识,学科借助组织化发展。有的学者还为此对知识学科和组织学科的关系做了专门论述①。需要注意的是,不论是以知识、组织两类无形形态划分来看待学科,还是希冀以一定技术手段来呈现学科发展的有形形态,形态虽然一定时期内相对稳定却也在不断变化,这种变化是学科在外部环境作用下的内部结构组成适应性调整。由此,问题便突显了,究

---

① 胡建华.知识学科与组织学科的关系分析[J].高等教育研究,2020(5):25-30.

竟在学科的形成与发展中关键性、主导性的因素是什么,这些因素是如何汇集生成推动学科朝着预期方向发展的,又如何看待这些因素的不同作用以及有效加以整合利用,等等。

当然,回归主题,因素的探讨并非我们要讨论的核心,但因素分析又是构成认识学科的关键,换言之,客观存在的诸因素是以一定方式存在并有机联系在一起的,不能只是关注其中某个或某些因素,在逻辑分析上,应将所有因素作为一个整体来论析,即要有系统全面的理念与思路。这里要求在把握因素之间彼此关系的基础上进行综合分析,这才是看待问题科学合理的路径。然而,因素可以是外部环境和内部运转中的任何一类,确切地说,只要对推动学科发展有作用的都可以作为因素来统观,但单独分析因素本身并无意义,有影响的则是因素分析综合与否,所以通常进行的是因素对发展作用的支撑度和相关性的研究,以区分不同因素与学科的发展关系或关联,界定其中的主次之分,继而调节学科的作用机制和给出合理的调控管理举措。

循此思维逻辑,现行对学科进行的评价或评估便属于此类范畴,其所考察的是不同指标因素对一定学科的影响,以及在这些相对客观衡量因素作用下学科的建设与发展所达到的水平或高度,人们也希冀借助这一方式来进行学科之间的横纵比较,包括校际比较、区域比较、国家比较乃至世界一流比较等,进而为管理决策、咨询引导或社会选择等提供指导与服务。比如,我国当前实施的"双一流"建设战略,自国务院2015年发布《统筹推进世界一流大学和一流学科建设总体方案》以来,全国各省、直辖市和自治区政府以及有关高校高度重视,相继结合实际出台了各自的"双一流"建设方案。然而,由于目前尚无对于"双一流"的具体评价标准和精确界定,国内普遍采用科睿唯安(原汤姆森路透)的ESI数据库统计指标作为比较依据,在全国31个省市中,有10个省市对外公布的"双一流"建设方案中明确提出将学科能否入选ESI前1%或前0.1%作为建设目标。虽然ESI是当前世界范围公认的比较权威的学科绩效评估工具,其学科入选排名可为定量评估大学和学科提供一个非常有价值的标准,但对ESI数据库的结构特征、排序规则和指标具体构成等来分析,将其应用于研究学科具有明显的局限性,包括入选难度在不同学科的不均衡性、学科入选完全依赖于论文被引频次、存在急功近利的共享式科研合作流动以及过度偏向自然科学等。同时,ESI的学科分类实际是建立在相应学术期刊分类的基础上,加之美国自身的学科体系不同于我国教育部确定的《学位授予和人才培养学科目录》学科分类体系，故很多学科难以直接对照比较。

若细细研究ESI的学科分类，其数据库中各学科涵盖的内容是比较宽泛的，但我国目前的学科分类只能对应其中的不到八十个学科，也就是说有三十余个学科是无法在ESI数据库中呈现的，特别是人文社会科学学科更显劣势，所划分的22个学科中仅有经济学与商学、综合性社会科学2个社会科学，所以一些以文科见长的大学和学科的真实水平会被严重低估。而且，现实中很多大学的人文社科类学科本身国际化程度不高，尤其是关联本国的一些传统学科，研究主要定位于本土，论文的水平和质量都无法与自然科学相提并论，更与国际化不沾边。因而不建议以ESI的标准对人文社科类学科进行评价，只能是部分学科的选择性参与，因此ESI也主要选择了国际通行的且比较容易国际化交流的若干自然科学学科加以衡量。如果是硬性使用ESI指标来评估某一大学的学科发展状况，也只能是选择国际通行、易于量化的某些学科，其他学科则强调分类指导与评估。

再如，现有的诸多知名大学学科排行榜，如QS、US News、Times和原上海交通大学的ARWU等世界大学学科排名，更是超越了国界的概念，在全球范围内对世界各国的顶尖大学及其优势学科按照特定的规则与标准组织"排序"，虽然目的和效用不一、褒贬之声相互交融，但此举在某种程度上确实能够反映出大学和学科的世界地位，至少能给不同国家的大学和学科一个相对标准参照，成为参与世界竞争和增强世界声誉、话语权的动力标志[①]。而且，对于如何科学评价学科，众多学者、专家和许多专业人士一直在孜孜不倦地探索，但时至今日，并未出现一个相对权威、世界认可和广受好评的评价（排名）体系，始终在探索前行中。

先来看QS的世界大学学科排名，每个学科具体排名都基于四个来源编制，包括学术声誉（对来自世界不同领域学者的调查，目的在于获取他们对全球的评价）、雇主评价（对全世界公司进行的调查，以便了解这些公司及其管理者倾向聘用哪些大学及其哪些学科专业的毕业生）、论文被引用率（大学平均每篇论文被引用次数）和H指数（已出版论文的数量和质量）四项指标，各项指标的精确权重还会结合学科特点有所调整，从而反映不同学科的学术环境差异，如医学学科强调学术研究能力，而艺术学科则更加体现专业

---

① 参阅笔者所写一文（朱明，杨晓江.世界一流学科评价之大学排名指标分析[J].高教发展与评估，2012(2):7-15,116.），本书所论指标则以2020—2021年相关排名机构最新指标为依据。

应用能力。与QS相比,美国US News的评价排名体系注重学术研究衡量,所选择的各项指标较为看重学术质量和国际化方面,且多达13项,因而可以在某种程度上看成是学科的学术水平排行榜,具体指标包括全球学术研究声誉(12.5%)、区域性学术研究声誉(12.5%)、发表论文(10%)、标准化引用影响(10%)、排名前10%的出版物数量(12.5%)、学术会议(2.5%)、总被引次数(7.5%)、国际合作(5%)等,并通过这些指标的量化评价,为社会选择大学提供重要参考。至于历史悠久的英国泰晤士(Times)世界大学学科排名,则挑选了教学(学习环境32.7%)、科研(数量、收入和声誉30.8%)、论文引用(研究影响力25%)、国际展望(员工、学生和研究9%)、行业收入(知识转移2.5%)5个核心指标,教学质量和科研水平所占比重较大,依据这些指标对大学和学科专业进行的排名既具有较高的可信度和权威性,社会认可度高,也为学生选择大学提供权威参考。此外,我国本土由上海软科教育信息咨询有限公司(原上海交通大学高等教育研究院)发布的ARWU学科排名,则沿袭使用了一系列国际可比的客观学术指标,包括国际权威奖项、顶尖成果、科研质量、国际合作等,以学术研究质量来综合评价学科,既容易获取数据加以量化分析,也体现对学科重点的评判而易于被学界所认可。

纵观上述世界知名学科排行,指标选用不尽相同,排行的初衷与价值各取所需,当以既定规则按照评分高低将全球大学的学科划分类别并以排行榜单形式呈现在世人面前时,其既是对学科实力较为客观的衡量,为认识和看待世界大学学科提供了视窗,又体现了学科发展与社会发展之间的关系,以及发展中多元主体与学科的关联。我们可以借助这些排行榜包括社会中存在的其他各类评价(评估)机制来厘清学科的关系问题,但这种认识也有其局限性。一是局限于当前学科,因为研究的对象是目前大学的学科及其发展状况,故而并未深度考虑学科的历史发展演进,即便是学科拥有的沿袭传统会影响其中某些指标的变化,但多数不是以直接方式衡量的,也不容易实现。二是局限于个别关系,排名或评价即便力求中肯全面地反映学科的内外部种种关系,但具体操作时若条件便利,一般还是会倾向选择易于量化的指标,偏向某些比较肯定的关系上,如与雇主满意度、与学术研究之间的关系,因为能够定量的精准测量比定性的模糊估计显得更科学,也更容易令人信服,所以一些反映学科状况的主观性或定性因素会少有体现或被淡然地相应替代,这也是诸多排行、评价一直存在争议、备受质疑的重要方面。

但反过来论,诸多的排名和评价已经形成了"丛林丛生"状态,种类繁多,有注重教学质量的,有偏向学术研究的,有重视社会声誉的,也有较为纯粹的因素综合衡量,所使用的方法、指标和技术等都存在较大差异,再加上有些学科上榜位次的变化可能是因为对应排行榜使用的衡量方法、指标或技术的调整变化所导致,并非其学科水平与实力的显著提升,故当"笑看风云",理性看待这些榜单和评价的作用,以借鉴和参考为主,既不受制于西方话语思维和学术权力体系的强约,又要从历史的、现实的和未来的发展战略等角度客观沉心地全面认识自有学科的优势与特点,不妄自菲薄,不眼高手低,一步一个脚印踏实地持续延伸。

坦白说来,西方诸多优秀大学的学科发展有其丰富经验和先进做法,有着对学术的极高推崇和自由发现,也有对大学传统精神和学术文化传统的固守,在国际比较中这是值得肯定与赞扬的,而且学科的发展有其历史渊源和传统延续,当然也有对现代性问题的思考以及超越。以美国大学为例,普林斯顿大学坚持"小而美和求精不求大"的学科思维,麻省理工学院在"有限与平衡"中推进学科发展,加利福尼亚大学追求学科"个性与创新"的弘扬,斯坦福大学确立学科的"学术顶尖"构想并将资源集中在优势学科,加州伯克利分校注重"协同育突破"的学科路径,可谓各有千秋,确实也因强劲实力和极为显著的业绩令世界信服,成为诸多学者和学子心向往之的世界高等学府。

对上述诸类学科评价和排名深入研究,能够更好地挖掘学科内外的关系,分析与把握不同主体和因素对学科发展的影响,多层面地了解学科的一些根本问题。已然,学科关系具有时代性、阶段性和多重性等特征,过去、现在乃至未来的种种都应当梳理清楚,当以古论今、以史为鉴,再纵论时下之学科状况,明晰应然之举动,继而关乎未来之变革发展。为何?因为这不仅关系人类文明延续与进步,关系科技创新与发展,也关系大学发展的始终。目前,国内外诸多学者就学科关系问题从多层面进行了研究,分析视角大体归为以下三种。

一是传统的学科知识角度。围绕学科的知识本源,立足知识分类和教学科目划分,将学科作为具有独立运行能力的关系体,即不同学科体现相对独立性,由此以学科特有的边界、语言和概念等建构学科之间的"陌生"关系,加以区别对待。华勒斯坦对此研究发现,从19世纪开始,大学便分为两大类学科,成为人文科学(文科)和自然科学(理科)之间持续紧张的场所,他们被界定为两种完全不同,甚至对某些群体的人来说是截然对立的认识方式①。由于学科出现之初是因需要而分化的知识体系,由此独立而出的学科自身属性使其产生孤立于其他学科的问题,美其名曰"学科精神",这种所谓超级的学科精神将变成地主的精神,禁止任何外人对他的小块知识领域的侵入②,学科关系便也局限于本学科领域内部的知识探索、学术精英、学术人才培养等活动中所形成的关系。

二是发展的学科交叉角度。在社会发展到一定历史阶段,当学科对社会的作用表现得越发重要,人们逐渐认识到学科之间虽有因知识差别、理念差异、学术语言迥异、思维方式等客观差异存在的天然学科壁垒或者称学科自然属性,但这种独立性并不妨碍不同学科的相互联系,或出于联合解决复杂问题的现实需要而取长补短、或出于学术前沿探索的先进经验借鉴而增幅自身,抑或出于学科知识体系的构建与完善来延伸学科内涵等,学科交叉成为推动学科发展的必然选择,确切地说,用跨学科或多学科研究来描述更为贴切,也因此产生了新型的交叉学科关系。2020年8月,我国国务院学位委员会会议决定,将"交叉学科"定为中国教育体系中的第14个学科门类,教育部网站随后公布了160所高校提交的549个交叉学科备案名单;相关部委也以法规形式正式确立了"交叉学科"的地位,如2021年1月国务院学位委员会和教育部发布的《关于设置"交叉学科"门类、"集成电路科学与工程"和"国家安全学"一级学科的通知》。由此可见,交叉学科、多学科研究已经上升到一定的关注高度。

当然,并不是所有的人包括学科共同体成员对交叉学科、多学科乃至超学科研究的内涵和内容都把握得非常清楚,一般会产生简单的望文生义或想当然理解,普遍认为只要存在两个或两个以上学科的关联就可以有此称谓,实则不然。从术语来源看,交叉学科在英文中为"Interdiscipline",对应的研究为"Interdisciplinary Research",而多学科和多学科研究则是"Multidiscipline"和"Multidisciplinary Research","Inter-"和"Multi-"语义本身存在区别,前者强调介入、嵌入和交叉,后者则注重多元、复合和综合。多学科可以扬各自学科之所长,汇聚到某一问题应用上,集中力量加以解决,各学科整体依然相对独立,这类似于商业贸易中结成的战略联盟;学科交叉则是通过学科彼此在方法、领域、技术等方面的介入与融合,甚至催生全新学科的诞生,兼取融合学科之所长,因此,两者有着明显的区别。若是进一

---

① 华勒斯坦,等.开放社会科学:重建社会科学报告书[M].刘锋,译.北京:生活·读书·新知三联书店,1997:9.

② 莫兰.复杂性理论与教育问题[M].陈一壮,译.北京:北京大学出版社,2004:197.

步深究,还会涉及机理、运作、交叉融合效应等众多问题,这显然不是几个学科表面结合那么简单的事情。此外,近些年来,科技创新发展推动着学科不断实现交叉融合,向学科"会聚"形态发展,出现了"会聚科学"(Convergence Science),这正成为交叉学科研究的新范式。美国国家科学基金会(National Sanitation Foundation,NSF)认为,会聚研究具有两个基本特点,一来是源于特定的和紧迫的重大难题驱动,不论这一难题是科学解惑还是现实需求问题;二来需要进行跨学科的深度整合,将相关学科的理论和技术进行集成,不同学科专家所积累而成的知识、理论、方法、信息、数据、语言和共同体等逐渐融合,形成一个更大的有机整体,这关联到人、组织、文化和生态系统的全方位高度整合,中间包括相关专业知识的会聚和形成合作伙伴关系,更加强调各要素的紧密协同,已经不再是学科之间纯粹的"交叉"。当然,也绝非是为了"跨学科"而跨学科,避免以简单的思维逻辑来硬性的、拉郎配式的交叉学科,一定要有明确的交叉跨界目标设定,建立一种可行机制能让各学科紧密联系、创新协同,旨在实现的共同目标而有机融合。在此过程中,要知道任何一门学科的存在是有其合理性的,不会完全融入另一门学科体系之中,既有方法方式上的区别,也需要垂直面的深度、水平面的宽度和整合性的综合研究三者的积极努力,深度源于相关知识和研究方法的拓展力,宽度包含着多视角与多变量的视觉扩展,综合则暗示着通过一系列的整合行为创造出一种符合预期的结果,至于整合所需的技巧类似有比较、区分、对比、阐释、联想、协合与综合等,以此改变了有关结果的思维程式和优先判断。作为学科系统里富有创新的探索,学科交叉研究被视为自然性的更新换代,由此引发的争论是不可避免的。

与此对应,进入21世纪后,学科发展还表现出一种新的时代取向,即对学科数据获取和利用的密切关注,"互联网+"、大数据、人工智能等技术已经对学科发展产生了重要影响,由此出现了一种更为新颖的研究方式——基于数据驱动的学科研究范式。这一范式有一个重要特征,类似于遗传学中的"迭代",即对应所研究的问题,建立数量或计量模型,再通过对学科数据采集和分析研究,不断修正模型、补充数据、完善结果,直至无限逼近预期的总体目标及比较理想的状态。这一过程具有较强的开放性,促使学科的研究从把握要素之间的因果关系分析转变为寻求彼此内在的相关性,由此,原本看上去彼此之间没有任何关系的学科借用数据科学技术建立了全新的联系,数据的开放共享超越了学科的理论框架,打通或跨越了各个学科的边界,推动学科的生态环境发生革命性变革,当然也能更好地解决一些跨学科、跨领域的问题。

三是一体化的学科链网角度。英国哲学家和科学家波兰尼认为:人类的知识可划分为两种形态,一种是显性知识,即通常能以书面文字、图表和数学公式等加以表述的知识;一种是未被表述的,就像我们在做某些事情时采取行动所已使用的知识,称之为隐性知识[①]。这两类知识具有融通性,所有学科的知识都可归为一个大的有机整体,纳入到人类文明的宏大知识体系中,并且在需要时按照一定的规则和方式提取用之,当使用不足时又会推动知识的创新生产,进一步融入已有体系中,结果是知识体系越发膨胀,形成了丰富且相互关联的复杂学科关系。同样,从学科对知识本源的传承与弘扬,到交叉融合促使学科边界灰色模糊,再到模糊学科之间的选择性交异与融通,若仰视观之,学科已然构成了密布的"星空云图",相互关联错综复杂,链网交杂,互为连通,以致分不清彼此,融为了一个漫无边界的网状结构体,难以窥视全貌。单一的学科体量在不断增幅,学科整体的体量更以几何倍数快速增加,不是"1+1>2"效应的简单表达,很难用比较便利的方式"抽丝剥茧",以致这种关系逐渐变得纯粹而空灵,复杂到无以为识。至此,在遇及学科关系时,或将不同学科进行单一性比较,如教育学与心理学、历史学与社会学、化学与生物学等,或将学科结构化繁为简,选择之中某些比较容易获取的要素进行对比,故而只能以偏概全,局部梳理。

所谓"科学研究的区分,就是根据科学对象所具有的特殊的矛盾性。因此,对于某一现象的领域所特有的某一矛盾的研究,就构成了某一科学的对象。"[②]各学科之所以能够独立存在,正是因为在现实中学科有着一个特殊的领域作为它的研究对象,而此对象又非彼对象。当发展到一定阶段,对研究对象需要从新的领域加以认识,或者研究对象本身的复杂性需要换角度来进一步理解,于是会发现各个学科存在一定的关联,也需要建立一种关联,于是无形中建构了新型学科关系。另外,学科关系的认识问题并不局限于上述三个角度,比如一类普通而又特殊的学科关系,即学科的主体间性关系,学术共同体和教师个体始终参与到构建学科关系的理想图景和现实路径中,各自独立的学科已经促成了教师较强的学科自我意识,但这并不意味着他们接受学科之间应该隔离和疏远的观点;相反,大学校园内的教师已经

---

① 波兰尼.个人知识:朝向后批判哲学[M].徐陶,译.上海:上海人民出版社,2017:9.

② Coon D.心理学导论:思想与行为的认识之路[M].郑钢,等译.北京:中国轻工业出版社,2004.

清晰地认同学科之间有相互联系,且需要适当程度的关联,这客观上认同了学科关系的存在,也构成了教师的学科关系问题。

多层面的视角丰富了学科关系研究的理论和现实基础,强调从知识分析入手,围绕知识生产与创造来构筑可能的关系链网,厘清关系类型的现实存在和潜在作用。虽然目前的学科研究对包含学科知识、学科建设、学科组织、学术权力、学科资源供给、学科生态等内容进行了比较充分的讨论,但现行的学科发展多偏向于强化资源要素的配置完整和优化组合,学科评估也是对学科建设绩效的综合评估,两相结合意在能共同谱写"学科的传奇"。在国家"双一流"战略的驱动下,我国的大学学科迫切需要书写自己的传奇故事,而且从长远发展而论,这一书写绝不是编撰,更不是杜撰,是真正扎根中国大地且具有中国特色魅力的,并有着强烈自主创新意蕴和能体现所处大学精神的,强调的是回归原点、坚守原意与固守本心。各门学科因知识分化而产生,学科产生因知识生产而要求,不论学科发展是否将知识作为立身之本,知识都理应成为梳理一切学科关系的起点与终点。或许这种说法过于强化了学科中知识的重要性,但要审思的是,学科的建设与发展有着一个循环,整体态势是不断向上的,落到具体实际则是先独立于某些特定学科组织,从既定目标和意愿出发,借助或调控政策导向,优化配备相关资源和学术力量,再集体协助共同发力,个人智慧与群体智慧有机配合,继而通过评估、评价机制回归发展初衷,这中间的环节紧紧相扣,学科关系蕴含在伸展的各个环节之中,并能左右进程的延续。但如果循环过程缺少了知识的生长,忽略了对知识本体的关注,或者只是对学科已有知识的重复循环,学科终将会不复存在,因为没有发展就意味着消亡,停滞不前和小步慢走同样意味着落后。

最后,有必要简要归纳"大学学科关系"的概念,以澄清命题的主旨。所谓"大学学科关系"是指在大学情境中,以内在学科为研究对象,从学科与外部环境和关联主体的相互作用以及内部环境的协调共生出发,针对因关系不清、不畅或不和等带来的问题,探索关系的演变规律及其表现形式,进而揭示关系蕴含的实质,建构和谐发展的学科生态关系。这一概念强调关系具有四个特征。一是立于大学情境中。大学功能的专属性,体现出关系研究的学术性、教育性和交流性,梳理学科关系,建构学科关系,首先应指向学术探索,探索的目的是发现新学问,以知识来教书育人,达成学科人才培养的教育性功能。二是环境复杂性。事物发展环境有着内外之别,构成一个完整的系统,大学内的学科先要妥善形成良性关系,克服因观念、特征、条件、态度等产生的学科隔阂、障碍或矛盾,包括学科之间、学科与非学科之间、学科与一切能想象的可能性之间等,随后在保持稳定关系运行的基础上,分散学科多余的资源和力量,搭建与外部环境的关系链网,并建立弹性灵活的伸缩机制,逐渐形成全新的学科关系。三是规律本质。关系是客观事实和现象,不以人们的主观意志为转移,表现为诸多的实际问题与现象,探寻这些背后作用的主导因素,揭示彼此关系的存在状态,找到解决不和的根源,进而得到普遍性的结论,形成关系处理相对固化的模式,此为根本目的。四是区别之分。学科关系有变量之分,因关联着不同的变量,如自变量、因变量、控制变量、调节变量、无关变量等,它们客观存在且以具体形式作用于学科,学科理应厘清彼此之间的关系;学科关系有程度之分,简单来说,即有相关性、无相关性、近相关性等亲疏程度之分,如哲学问题理解上的抓事物主要矛盾或矛盾的主要方面,关系认识自然先从最为关键、重要的入手,再兼顾各类关系因素的作用,等等。可见,学科关系的认识是复杂多变的。

本 章 小 结

学科具有历史性、人为性和发展性,体现着差异化的时代特征,伴随人类文明进步深刻体现人们对主客观世界的不懈探索以及逐渐扩展构筑的规约化制度体系,并在学科内外环境和需求作用下为适应急剧变化的社会发展要求进行适切性调整。学科的发展变化以及持续进行的学科建设行为,促成学科具有丰富延展的内涵和多重多样的外延,且依托于大学和其他社会类型组织存在,呈现形态各异的关系表现形式,而大学中的学科因所处特殊的环境和功能表现得更加显著。这些表现密切了学科与多元主体的关联,提供了研究与分析学科的诸多视角,甚至部分是新建构的关系,而这种重新建构会给学科带来不小变化。认识到学科客观存在的诸类关系,把握这些关系的内涵实质、客观规律和表现形式以及由此引发的种种改变等,有利于建立和谐共赢的学科关系,科学预见和处理学科发展面临的问题,直面因学科的效用带来的社会关切。

第二章 道规下的大学发展与学科管理关系

接下来的这几章将分别按照不同的专题进行论述,选择某一特定视角来分析学科关系的具体表现形式,以期能对这一类型关系做系统整体性的把握。本章中,重点讨论学科管理与大学发展之间的关系。虽然学界对这类关系的认识已经比较清楚,研究文献和成果也较多,且在之前的章节中有一定论及,但是,知晓彼此是密切关联的统一体,因而不再考虑从客观存在的现实关系亲疏入手来论辩说道,而且基于"道"之本意即在规律探寻基础上,探讨学科管理与大学发展的内在联系。应该说,我国的大学比较注重学科的建设。使用"建设"一词颇有中国特色,学科被普遍认为是可以"建"出来的,不是靠自然生长出的,言外之意,形成优势学科需要有一定的甚至是海量的资源堆砌产出,过程中再借助管理运作解决资源如何整合优化、人的因素如何发挥效用以及如何持续推进等诸多问题,从而保证学科建设富有成效,以建设实现学科的发展。"建"是一种受驱动的行为,是带有一定要求和目的的行为走向,当某所大学确定了将其中的某些优势学科作为建设重点后,便会组织各方力量按照预期的目标设定组织行为和确定努力方向,并在政策支持、项目引导、绩效评估等方面给予激励和导向。建的过程固然可以做到高效化,但对学科资源的高效管理却是核心,没有一个高度统一集约化的管理模式加以规范约束,学科的各类资源便会处于散乱状态,而且之中的学科人并非每一位都能密切关注学科整体的变化,各司其职中多数只是偏向于自己所倾力而为的那部分,如研究人员关注科研、教学人员关注教书育人、管理人员保障机构运行平稳,等等,现实情况多是"自扫门前雪",难有精力和闲心管"他人瓦上霜"。若是再没有一套健全完善的机制体制与规范体系起到平衡作用,推动群体合力朝着一处使,结果显而易见,学科建设举步维艰或困难重重,即便是拥有大量的资源,也难以产出高能效成果,学科的生产能力处于低位徘徊,资源或在无形中造成了浪费。一流的大学资源相对富裕,地方的学校资源比较有限,经费投入不足是常态,这样的资源闲置或低效是难以承受的。

言外之意,我们需要使用一个特殊的词汇"成功"来描述大学和学科的建设与发展行为效果,因为我们迫切需要有更多成功的大学与成功的学科作为行为取向的经验或范例来参考借鉴,特别是那些并不是靠继承资源财富和天然地位以及"躺平"中安然享受着"唾手可得"丰富优质资源而获得成功的实例,而这样艰难取得的成功更能激励成员的出色表现。通常,人们会把大学(学科)之所以能够获得成功归因于有着出色的教学和科研、出色的师资和平台等,杰出的大学(学科)会将学术研究的出色表现和在其他各项活动中的活力四射进行巧妙融合,但是良好的管理的确可以为其兴旺发达提供合适的条件;反之,比较常见的情况是,不良或欠佳的管理则会影响机构的正常运转,从而导致发展的滞缓,至少不会那么顺畅。那么,究竟是什么样的因素会促使一些大学以及其内部的学科获得成功,这样一个问题我们并没有给予应有的足够程度的思考,若是能有更宽阔一些的定义和理解,相信我们所关注的一些问题就会得到良好的改善。管理是成功的核心,但是要注意,"成功并不是某个单一的关键性决策所产生的效果,而是这所大学找到了一种途径,能够在相当长的时间里作出一系列相对较小的决策,这些决定互相影响,促进该大学产生一种管理的机能和组织的文化……这种管理方式整合地看待大学管理过程,注重每个决策之间的关联性和如何进一步推动学校的活动与项目向前发展,使学校各项工作互相促进而不是互相制约。"[1]话虽简单,但达成要求却甚高,依赖于采取宏观系统的制度政策,而非过于关注细节的拘泥,更要强调过程的激励和支持,避免产生机会主义、形式主义、享乐主义等思想,是要让管理者有足够的信心来支持人们的主动创新并积极地看待竞争压力,成功是来源于信心的滋养。

管理有效自然是为了促进发展。任何客观存在的事物,实现其发展是永恒的主题,大学与学科同样不例外,如何实现高质量的发展是其安身立命的时代命题。然而,发展可不都是"四平八稳"、顺畅平滑的,尤其是牵涉到人类文明进程与演化,那是众多社会力量交杂糅合或博弈妥协的结果,有着横纵之分,且与危机冲突并存。学科的内涵本源、历史演变和路径选择等,决定了它的发展隐含着知识维度的学术合法性与社会维度的制度合法性双重危机,在"内外兼修"适应的"内忧外患"环境中应对来自横向多样性和纵向阶段性的无数轮次冲击,进而加强自我反思和处置逻辑生成。从面对的

---

[1] 夏托克.成功大学的管理之道[M].范怡红,等译.北京:北京大学出版社,2008:2.

困境和所处危机类型分析,横向来看,学科发展所关联的各类因素都有产生危机的可能性,学科作为人为建构的知识分类体系和制度,其本身经历的漫长演化过程更是体现着系列复杂因素的综合作用结果,包括一要在知识的逻辑生发点上去论证学科存在的合法性,包括学科按照知识类型做何种分支细分或类别归属等的确定;二要在组织机制上去建构属于学科的社会学意义,论证其存在的合法性,如社会人或学科共同体的承认等。另外,还要考虑学科发展的路径选择(或依赖),这从来就不是单向或线性的,严格考究,学科属于复杂的多面体,需要的是多面的、非线性的发展选择,强调多因素的协同作用。可话说回来,一些大学在特定的时期或阶段,线性的发展模式却可能更为直接有用。再从纵向分析,即从发展的阶段性来认识学科面临的问题,这在前一章关于学科发展历史的论述中已经得以充分展现,阶段发展意味着矛盾与冲突时刻存在,不同阶段会有各异的诱因潜伏,让学科处于不可预见的矛盾与问题交织中,这反倒成为学科发展的一种常态现象,如同我们平常所理解的"逆境中求生存",所以,可得结论是危机贯穿着学科发展的始终。此外,一门学科的产生、发展和走向成熟,还有一个重要的决定性因素,即学科承认。德国学者霍耐特建构了承认的哲学,他认为:"实践自我的形成依靠的是主体间的相互承认,遵循着以道德斗争各阶段为中介的发展过程的逻辑。"①承认要建立起三种类型,包括"在特殊他者中的自我存在"(即同行承认)、"因法律权利赋予形成的普遍化他者中存在"(学科间承认)和"基于共同价值取向的团结互动关系"(社会承认),学科的承认过程受到源于政治、经济、文化、社会以及学科共同体自身等多重因素的影响和制约,尤其关注外部对于学科的重视程度,比如政府的需要、企业的需求、社会大众的认可乃至学科入行人员的忠诚等。得到上述诸者的承认,意味着获得了一定的地位和权利,建立了初步的信任关系,为进一步走向发展成熟打下了关系连接的基础,也会起到在诸多层面消除学科发展危机因素的作用,做到部分的"防患于未然"。

当然,认识不是如此简单纯粹的,但至少"承认"的关系会给学科发展提供较好的基础保障。再转来看大学与学科之间的关系,大学必须在适应社会发展变化中体现自身的功能与价值,显现组织存在的独特性并不断保持强有力的前进能力。作为一个社会机构,大学改变社会和适应社会的能力总是引人瞩目的。在全球化和新自由主义的影响下,新知识的生产极大地

---

① 霍耐特.为承认而斗争[M].胡继华,译.上海:上海人民出版社,2005:135.

改变了大学所处的环境条件,也改变了学科的价值实现方式,两者都需要积极应对外部力量联合的市场价值观。"过去大学是建构民族文化的重要机构,为统治精英提供共同的文化和交往手段"[①],现代大学早已有别于传统大学的脱离世俗之态,走向了经济社会的轴心,且拥有着无限知识挖掘、特定创新能力和复杂结构体系等新的特征,需要实施科学、针对性的管理来实现组织发展目标。况且,如美国学者科尔所指出的,"任何一所大学都不可能提供所有学科领域的知识,而是要更多地集中于最需要的和最擅长的方面。"[②]面对各类影响因素的作用,重要的是在错综复杂的关系中保持理性冷静和积极适应,并通过管理决策调整来化解诸多压力于无形。这便带来了该如何看待管理和妥善实施管理的根本问题。学术事务上的建设相对容易,但机制保障以及资源优化配置等管理必须有所为则难处颇多,答案的聚焦点在学科身上。管理一所大学并不容易,但化繁为简,将管理之力作用于学科之上,以学科为对象简化管理的复杂性,那么学科管理与大学发展之间会产生什么样的同频共振,是否有其道可循?再以此道寻脉延伸至大学管理的其他诸多方面,又会给发展中的大学和学科带来什么呢?

一、学科管理之道释义

释义学科管理之道,首先要明确学科管理的意蕴及其内涵。概念上,简单归纳就是以学科为对象进行的管理,或是针对某一独立学科,或是将若干相互关联的学科组成学科群整体看待,通过发挥组织机制保障作用,关注来自学科内外部的影响,从而对学科发展过程及其关联要素实施系统科学管理,以促进管理目标的实现。再行辨析则有三重涵义:一是管理对象的区别,指向与学科类属相关的个体、整体以及交叉共生体,这些是高于大学人、财、物和信息等管理元素的核心要素;二是关联应该是有规律可循的,如人的成长规律、事物发展的客观规律等,对学科实施的管理需要遵循的规律则更多,内在运行激励及其学科间的关系都是学科管理的重要内容;三是学科管理不是单一要素的管理,而是系统集成管理,关联着学科的多个方面。某种程度上,学科管理可以看成是微缩的大学管理,若是与早期的单科性大学

---

① 德兰迪.知识社会中的大学[M].黄建如,译.北京:北京大学出版社,2019:165.
② Kerr C.The User of the University[M].Cambridge:Harvard University Press,2001:190.

相论,学科管理几乎等同于大学管理,况且现在讨论学科,已经涵盖了教学、科研、社会服务、文化传承与对外交流等各项职能,连接着教职员工、管理队伍和相关群体,组成依托既定学科的专业共同体(如科学共同体、学科共同体等),并在知识的运作中实现既得收益。虽然已有研究表明,学科水平和学科规模之间没有必然的联系[①],因为不是说大学内的学科越多就代表这所大学水平越高,世界闻名的一流大学虽然多是综合性大学,但并非学科门类样样齐全,自然也不是所有学科都是一流的,但是学科水平高低与大学发展实力强弱却有着直接关联。

何谓"道"呢？人们自然会想起古人所云"道法自然""道亦有道"等之说,其最早见于甲骨文中,原意是指路径或道路,后来引申为方法、途径、手段、技艺和学说等诸种内涵。如所谓的"道不同,不相为谋",此处"道"便指思想学说。若从内涵上深究,"道"或有天、地、人三维之分,"天道"即合乎天之规矩,强调尊重客观发展规律,不可违背天意而逆行之,应当顺自然、知天命,这并非唯心之论,但冥冥中却自有天理,有些现象即便是今天的科学和技术都尚不得其解。"地道",似有落地之意,强调任何事物都有其内在发展变化规律,通俗地说,即有着特定的生命周期,过程的变化受环境影响因素诸多,使得变化发展道路崎岖不平,跌宕起伏,要妥善接地气而处理之。"人道"固然强调人在其中的影响和作用,因为人不具有稳定性,有着很强的主观性,极易受外部环境影响产生内在行为、情绪等变化,甚至往往在重要时刻决定着事物发展的大局,过程中也客观存在人与人之间的博弈。

那么,何以理解"学科管理之道"呢？即要充分认识到人的心理和行为驱使,客观遵循学科和管理应有规律,注意把握好内外环境的影响,并合理选择具体方法、路径以实现目标的过程。具体把握好两点:一要把握周期性和华丽蜕变,不要过于关注需求和逻辑。坚持问题导向,加强需求引导,是大学学科谈论比较多的内容。学科管理应遵循客观发展规律,这合乎科学和理解应有之义,也需要强调通过具体学科的研究去实现知识的创新(更新)、知识体系的建构与完善等来满足社会多样化的需求,并且提升学科的知识自组织能力,如借助现代信息技术强化知识的整合与生成。而在大学中,学科是基本组织单元,承载着大学的研究框架和组织设置,承担着应尽的责任和义务,但对学科的管理要求是非线性的,要求符合学科发展的生命

---

① 翟亚军.大学学科建设模式新解:基于世界一流大学的分析[J].学位与研究生教育,2009(3):42-47.

周期。作为客观事物,即便学科并非实体性实物,但其存在的客观性决定了其同样要受到生命周期理论的制约,需要在适应变动的环境中进行有意识的华丽转身或精彩蜕变,以此实现能力水平更高层次的提升。这既是自然规律,也体现管理规律。管理的科学性本身便注重目的性和规律性的统一,管理按照计划、组织、指挥、协调和控制等职能的运转,围绕着具体目标的实现,通过实施目标管理、模式选择、资源调配、机制制约等方式,创造有利条件促使成员在一定规则下朝着预期的目标努力,这便是管理之道。

学科管理自然需要遵循这些规律和要求,并契合学科生命周期的阶段性发展特征,否则会因此带来不匹配造成管理的失效。再者要抓牢创新与转化,不要过于偏向求知与治术。创新是发展的不竭动力和源泉,革新是对沉疴的破除和焕发生机,学科需要求变,因为社会在变,对知识和技术的需要在变,而且这之中还涉及文化层面。"现代社会是一个学习型社会,在学习型社会中,高深知识积聚在知识模式的层面上,而且多数知识已整合成社会文化形式。"虽然由知识模式变化引发的主要社会变革具有偶然性[①]。顾名思义,结合知识探索、社会发展和文化延续等变化要求,学科管理当然不可仅偏向于对知识和学术量质的创新获取,结果要做到比较理想,但更应关注过程的意义。因此,要依凭科学的管理并积极创造优良的管理环境(或氛围),促进学科及其成员在不懈探索的过程中延展时代和社会对新知识的诉求,在产生自我价值增值的同时实现高质量和和谐发展目标。这同时是一个以知识为中心,持续创新与改革、不断推动知识转化与应用的循环周期性过程,正如当下所提倡的创新驱动、科技成果转移转化等理念,彼此是一致的,在蜕变中求得新发展,在变化中获得发展良机,这或许是真正的学科管理之道。

二、学科管理道之关系核心演论

所论及的道之关系,当以学科发展为核心来分析。若以相关检索机构数据作计量分析,关于学科的研究始终是建设多于管理,或许是因为学科不强,需要首先考虑的应该是如何培育和建设,让学科先立起来,其次才是有的放矢,围绕如何建设的系列问题分析如何实施有效管理。所以,我们知晓的是,许多关于学科的研究侧重于学科建设的资源性、结构性、生态性和应然性等问题,解决的是如何发展以及破除过程中的障碍,最终形成的结论会

---

① 德兰迪.知识社会中的大学[M].黄建如,译.北京:北京大学出版社,2019:29-30.

认为学科建设比学科管理更加实际。

这里需要弄清一个基本问题,即建设与管理相比应优先偏向于谁,或者两者本就不是同一概念自然不可相提并论?实质上,这两者是有着上下位的区分关系的,上位者为管理,因为学科的建设、组织运行、机制建立、资源调配、绩效评估等具有鲜明的管理特色,蕴含着对应学科的人才培养、科学研究、社会服务、环境整治等管理的各个方面。相应地,学科建设应立足于下位考虑,其同管理严格上说来是整体与部分之间的关系。即便如此加以区分,也不尽然合理,许多时候是分不清管理与建设区别的,彼此你中有我、我中有你。回到现实来看,当前大学里,建设学科一般属于行政管理范畴,如普遍设立的学科建设办公室、发展规划处或隶属于相应研究生院(部、处)、科技处等机构中,这就让学科管理转变成了旗帜鲜明的"学科建设"性管理,但实质上这两者并不能等同,因为还需要坚持学科的学术性特征,即行政性的学科管理并不切合学科应然之意,因此往往产生了一种奇怪的现象,即学校层面偏向于学科的行政化管理,力求强化管理的效果,如加强制度建设与执行、实施全方位的绩效考核、资源经费的分配与使用效能评估等,而二级院系层面则体现对学科的学术性管理。在好的大学里表现得更加明显,考虑得相对"单纯"些,即便对学科建设的认同,多数情形下会简单理解成高层次人才的培养、高水平研究成果的生产、知识探索的软硬件条件改善等,因为做好了这些学术性工作,学科便有了好的成效,学校要求的学科建设效果自然就达成了,这是非常显著的外显表征,看得见、摸得着。而且,对于学科中的一般教师而言,按照学校和院系的要求做好自己分内之事便足够了,教学达到目标、研究任务完成、人才培养质量符合要求、所分配之事做好、履行好教师职责即可,至于学科如何建设和管理,并不需要个人考虑那么多,毕竟学科最终还是需要通过个人的努力和成效来体现发展状态,所以当教师个体取得了不错的成绩时,不仅自己会感到骄傲和自豪,学科也会因此获得荣耀,这是一举多得的好事。所以,一般情况下,院系层面会加强对教师学科任务的分配和要求,不断增加压力,至于如何管理学科反而显得不那么重要,这在知名大学里表现得可能更加突出,故学术性管理才是学科管理的根本,是大学发展的活力之源。

另外,这里还有一个组织性的问题需要重点提及。按照伯恩鲍姆的说法,大学处于一种"有组织的无政府状态"[①],是一个"松散联合"的组织,但这

---

① 伯恩鲍姆.大学运行模式[M].别敦荣,译.青岛:中国海洋大学出版社,2003:34-39.

些特征却不可显现在学科中。学科中的学者们可以追求学术自由,崇尚独立自主的学术精神,恪守学术本真和治学严谨,但是学科建设却不能完全放任这种自由,这不完全是"自由学术"的事情。问题的答案显而易见,因为学术研究包括技术创新、技术研发等需要与所服务的大学发展之间建立必然的联系,大学需要各个学科贡献研究力量,由此产出高质量研究成果,目的是服务社会需要。由此,大学的学科建设要求将科学发展方向、学科研究领域与方向、大学发展规划与目标、学科(学位)点发展需求、学者们的学术取向与区域经济社会发展需要等有机结合起来,并借助系统规划设计、政策制度制定、发展目标设定、组织协调统筹、优化资源调配、流程再造重组等,将有限的学科力量有效地组织起来,使得学科生产能力在较短时期内得到较大幅度的提升。当然,提升学科生产能力最为直接的方式是引进高水平团队,这比大学学科自身培养和单人引进要快捷高效得多。所以,在学科建设中,要特别重视学科管理的创新,探索一套理念先进、科学合理的体制机制来驱动和管理学科生产过程,激励和约束学科成员的行为[1]。

此时,学科管理遵循应尽之道,学科自然会得到健康发展,但学科发展目的却不是单一学科的孤芳自赏,而是对附属其上的大学发展贡献力量,并连同其他学科成为大学强弱的"代名词"或声誉指针。首先,学科管理是架构大学学术组织体系和会聚特色优势的关键点。现今的大学发展高度强化优势与特色的竞争,其中,优势主要来自学科,特色源于实力和创新,学科特色同样成为大学特色的标志。这两点无论状况如何都与学科共同体的功能发挥有关,需要建立一个系统完备的体系用作支撑,体现运行、组织、群落、人员等运转科学有序。若涉及多类学科,还需要分清彼此轻重缓急和优先次序,并随着发展战略目标变化随机而变。比如,当前安徽省对应"十四五"发展规划,普遍要求未来几年,大学及其学科要对接区域产业转型升级需要,形成服务支撑科技创新策源地、新兴产业聚集地、改革开放新高地和经济社会全面绿色转型区的"三地一区"[2]新格局。这中间就需要通过管理进行宏观调控,非建设所能完全实现。由于学科建设较为关注学科的结构性、

---

[1] 刘小强,彭颖晖.一流学科建设就是建设一流的学科生产能力[J].学位与研究生教育,2018(6):19-23.

[2] "三地一区"概念最先在《安徽省国民经济和社会发展第十四个五年规划和2035年远景目标》提出,并成为安徽地区高校服务区域发展的重要理念和行动指南。对于不同类型的大学,则讲求分类指导,围绕目标、问题和需求,在服务支撑过程中实现富民强省,实现高质量发展目标。

资源性和和集聚性问题,是一种对应学科要素由无到有、由少到多、由多到精的"堆砌"过程,确切地可用积累、升华等词汇指代。但是"成家容易守家难",即便建设成功,之后的问题更为重要,甚至往往更加突显,因为需要耗用大量的时间、精力、资源等维护和保养,而且建设过程本身蕴含着管理成分,两者本就密不可分。对学科追求道之管理,是一种更为理性、科学和细致的深思熟虑,是将学科放于复杂关系体中的重要位置去系统设计,在把握规律基础上可以更加清晰明确地洞察学科发展实态,理顺其间遇及的不可预期关系,必要时再寻求联动加以应对。对于学科建设而言,这是一种讲求"以动调动"的高级别"以静制动"策略,如同"最佳的进攻便是最好的防守"一样,由此可以保证能够及时准确地掌握学科信息,进行科学管理决策以推进学科发展。若没有管理的督促,建设会慢慢缺乏制约,变得逐渐游离、散漫和滞缓。

再者,学科管理是大学柔性管理与能效发挥的有效途径。学科管理具有比较典型的柔性特征,因为其可"以一种虚拟的形式来集约所有符合其学科使命的资源的实体形态,而不必一定要以清晰的刚性结构来规范它的实体"①。这里的"虚拟"有两层涵义,一是比较自由开放,遵循学术本质,未严格圈定研究领域,也鼓励跨界互涉,依赖于责任与使命来维系成员的组织行为;二是强调伸缩自如,灵活应对,积极适应,对内外环境变化有着较快的应变能力,体现了对知识、学术、学科和学术人的尊重。而一般的组织管理是传统意义上的企业管理范畴,强调依靠严格的制度刚性、既定的目标约束和层级性的组织体系实施有效管理,达成企业发展目标。学科自然有自己的发展使命,其使命达成依赖于学术共同体的共同努力,而且知识探索发现与企业产品生产本就不同,这是在创新驱动背景下的自然选择与主动适应的动态博弈过程。因此,在宽松的学术性管理环境中更能调动成员学术探索、人才培养等积极性,往往能取得意料之外的收获,柔性的学科管理符合现代管理规律,适应人本管理理念,在强化目标管理的同时淡化了权力、权威意识,一定程度上贴合世界一流大学和学科的管理思想。

最后,学科管理是大学保持固有精神和优良传统的有效方式。学科的发展本就是一个长期持续且点滴积累的创新过程,需要在固守与创新、传统与现代、均衡与倾斜、主要与次要、精致与覆盖、一流与常规等寻思中合理选择,不是一朝一夕便能抵达某种高度的,不仅需要全体成员的共同奋进,还

---

① 宣勇,凌健.学科"考辨"[J].高等教育研究,2006(4):18-23.

需要妥善的管理运行机制加以保障。一般来说,学科的建设周期设定为5年,进行学科评估也都是以近5年或短则3年业绩作为评判依据,自是有其道理的。但是,若以建设的急功近利、片面追求卓越甚至"大、全、多"来对照,发展会逐渐失去学科原有的传统,当然有的学科甚至凭空而来,并无任何历史沉淀,在没有十分充裕的资源投入保证前提下,这种发展将是危险的。众多世界知名大学和学科发展实例已经表明,学科成果的产出与资源特别是经费的投入之间呈现高度相关。学科的建设与发展是各类资源高度集约和系统渐变推进的过程,需要有科学规范的管理加以约束。通过管理,学科资源能够有效分配,学科力量可以围绕既定目标和方向集中发力,由此可以较好地解决单打独斗的散乱局面,毕竟若是能力许可,学科共同体成员会按照自己的需求、兴趣和能力匹配程度选择适合的运作方式,并不一定需要借助团队力量达成需求,而且一般个体的需求量相对较小且更容易实现,比如申报研究项目、利用专长与中小企业开展产学研合作、发表一些期刊论文等。正如瑟尔(Searle)曾指出,学者们的忠诚是出于对自己的学科专业负责的,而不是对自己所供职的单位而言的。但是,当学科发展需要通过一些关键领域与核心重大项目取得突破时,这种个体运作的方式就显得非常局限,故而如何调动个体成员的主动性,朝着同一方向共同发力,这是学科管理的重要内容,也是难点问题。管理大学包括管理学科,是一个系统整合的过程,其中要求所有互相关联的部分协同工作。举例来说,发展需要坚定正确的政治方向和走中国式发展道路,这是我们需要恪守的准则;如果只是重视发展的成功而不注意有效的成本运作是缺乏远见的;如果只是重视校园条件设施的改善而不重视文化传统的熏陶是欠缺的;同样,只是重视教师的教育教学效果而不注重学术研究的促进反哺作用也是短视的。在技术和战略的管理层面,过程取得的结果和持续的成功并不依赖于富有戏剧性的创新,虽然这时常是重要且必需的,但更为重要的是如何保证关联各部分的管理实现和谐而互相强化。也即,如何使原本比较单一的组成部分通过某种形式的整合优化,在功能上实现合力最大化,争取达到最佳的组织效果。

所以,学科从大的方面来说具有适应大学和自身发展的功利性,小者而言存在内部成员个体的自我需要功利性,而且不同学科之间还有着相互的牵制力和促进力。若缺乏一个良好的体系机制和整合动力运作,学科发展的深层次问题会逐渐显露出来,矛盾冲突不时出现并逐渐成为发展的障碍,这不利于学科健康成长,也分散了学科的精力和资源。所以,许多世界一流大学在决定自身发展或布局调整学科时,更多地采用"有选择的卓越"策略,利用基本法则"加、减、乘、除"法来调整优化学科布局①。"加法"即先行确立优势学科和重点发展对象,不均衡施力,而是有针对性地重点倾斜,改先前的"撒胡椒面"做法为突出重点、精准发力;"减法"则有些"壮士断腕""舍军保帅"的意味,对一些学科做到该撤的撤、该丢的丢,若是从组织承载力方面而论,合理的裁剪掉一些需求不高或质量相对较低的学科(院系)有利于保持组织内部以及组织与外部环境之间的动态平衡,虽然这会是一个艰难的决定;"乘法"强调交叉融合,促进文理交融、理工结合等,如近年来教育部开展的哲学社会科学重点实验室建设,便是在原有的哲学社会科学重点研究基地基础上,通过学科交叉实现科研组织模式创新,促进繁荣中国学术、发展中国理论、传播中国声音;最后的"除法"则从学科结构入手,优化结构与布局,重建起新的结构体系,可以树立这样一种理念,即当一个存在的学科不仅有利于知识创新且能推动知识的演进,而且还能够以自身的魅力向其他学科领地延伸并成功灌输本学科的精髓,虽然这可能存在"道义"上的争论,但长远发展而言会促进该学科获得更大的成功。

三、学科管理道之困境刍议

学科管理之道阐释了学科管理涵义,但大学的学科管理绝非易事,说与做完全不是一回事,即便粗犷或精细地厘清学科发展思路,但若想保证学科按照预想的路径取得可喜的成果则需要管理主客体的协同努力。"一门学科的成长壮大不可能在朝夕之间立竿见影,而是在学科传统、资源平台、制度变革、文化传承、社会需求等众多学术发展要素的合力作用下经年累月形成的。"②如同沙漠中的一片绿洲,需要由一棵棵树木栽培而起,要精心培育与呵护,无论是前期已经存在的一些散乱树木,还是完全地从荒沙"零点"育起,直至木已成林,这都需要特殊的过程和不断积累,还要有良好的心态来承受可能或必然的培育失败,当然资源的供给也是必要的。若是单纯地只

---

① 孟照海.有选择的卓越:世界一流大学的学科布局调整策略[J].高等教育研究,2018(3):30-36.

② 武建鑫.超越概念隐喻的学科生态系统研究:兼论世界一流学科的生成机理[J].学位与研究生教育,2017(9):8-13.

是将现成的树苗大批量直接栽培,就妄想能够收获片片绿色,这是不现实的。栽种之后的科学管理是关键。所以,即便拥有或提供了大量优质的资源,没有中间管理作用的有效发挥,期望学科"成大器"自然是虚妄的。当然,管理会存在困境,因为来自现实的障碍颇多,这主要源于学科场域的复杂性,对学科的理解认识存在多元化,再加上理念和决策等方面的差异性,以及执行或实施的目标达成度,都会影响管理成效。能否实现对学科发展的内部与外在逻辑合理兼顾,一方面需要从学科已有的基础与未来发展定位目标之间的差距入手,设定学科发展的主要内容和阶段性目标;另一方面要从学科外部经济社会发展的需求出发,寻找学科发展与之相结合的内外逻辑交汇点,据此来谋划和凝练学科的方向、特色和比较优势,找准学科对应发展的切入点,从而拓展学科建设与发展的增长点,为形成学科强劲的生命力和竞争力打下基础。因此,对学科的管理要求积极回应经济社会发展对人才、技术、服务等现实合理需求,加强过程引导和激励,使学科与社会紧密联系,这是双赢的途径,理由自然比较充分,其中之一是社会拥有无尽的资源,学科要发展单靠高校的经费资助不足以为继,大学外的"找米下锅"是应然之道。当然,回应社会所需并不代表学科要从流,强调"致用"更需要保持本心,即在任何时候都需要坚守学科的固有传统和学术精神,坚守学术探索的信念。

至于学科管理面临的困境,当有三点可圈。圈点之一是学科组织的不成熟及其相对隔离的状态以及管理制度体系的缺陷,这些会成为学科发展所需资源汲取的阻碍。学科组织最为常见的是院系、研究性质的中心(实验室等)和一些更为基层的学科组织(如学术委员会),院系往往具有强烈的行政属性,作为大学内的行政单位存在,但又与学术交杂,现实突显的是行政导向,甚至学术性被压制在行政权威中。专业性的研究机构如一些科研院所职能明确,若能独立运行和发挥能效,作为学科组织是比较理想的。至于基层学科组织,作用难以切实有效发挥,一般会受制于院系行政组织的管理,多缺乏独立性和自由性,以形式化的表现居多,而所能起到的作用还与成员的独立个性、自由表达思想以及对学术的遵从严谨与否等密切相关。对于这些不同类型学科组织的存在,从管理角度来说,应加强彼此之间的协调和配合,以协同性来增强管理合力,避免各自孤立和单兵作战的统一性不足。所以,学科的管理要强调给予不同学科及其组织以适度的自我发展空间,这里的"适度"要求是在总体目标约束下的弹性自主,简言之,因为"整体的结构维持整体的聚合力,局部的杂乱无序导致创新和活力"①,而且学科的学术性决定了需要保留一份传统的不受影响的自主探索。但同时,重要的变化是学科需要交叉融合,一来现代科学技术的许多重大发现和创新突破来源于交叉领域的挖掘,二来外部环境变化促使单一学科越来越难以适应复杂多元的社会需求,多层次的合作成为必然趋势和客观要求。在此背景下,既要对单一学科实施扶持性管理以提供优越的生长环境,又要强化学科之间壁垒的适需"消除",进行必要的管理协调。这点若是在学术团队中则较容易处理,如按照学术成员的研究专长分工,将研究项目转化为具体小项目或任务,成员各司其职又团结协作,共同实现目标;但对于大学的学科管理,这样做并不容易。即便是按照科学的目标管理来组织实施,而我国大学多采用较为直接纯粹的校—院—系或校—院组织结构,学科附属于科层制和行政化,无形中产生了"隔行如隔山"的科际距离;在院系内部,组织性要求会形成一个相对稳定和良好运转的团体部落,行政管理进一步强化了部落成员的目标集聚性,在统一规范下可以保持行为一致。然而,若需要跨部落寻求发展联盟,牵涉的管理问题自然变多,在需要跨学科合作时,学科管理往往形同虚设或实际效用并不大,而且大学的其他相应管理运行机制如人力资源管理、职称评聘制度、绩效分配与考核等,若不健全完善也会限制学科资源的合理流动和优化配置,包括挫伤教师的积极性。由此,不流畅的学科管理难行其道。

圈点之二是学科文化的影响,会阻隔学科共同体之间的互联互通,形成学科无形壁垒。华勒斯坦曾言学科是"一个以具有正当资格的研究者为中心的研究社群"②,预先设定的权威标准会成为这个社群、学术部落相互交流和学术研究等的基础。从概念上论,学科文化有着广义与狭义之分,广义的学科文化包含物质、精神和制度层面,涉及描述性、系统性、结构性、遗产性、规范性、去结构性、历史性等多种方法上的界定③,不同学者界定的学科文化

---

① 彼德斯.复杂性、风险与金融市场[M].宋学锋,等译.北京:中国人民大学出版社,2004:7.

② 华勒斯坦,等.学科·知识·权力[M].刘健芝,等译.北京:生活·读书·新知三联书店,1999:20.

③ 这里可借鉴克鲁伯(A.L.Kroeber)和克拉克洪(C.Kluckhohn)1952年对学科文化概念界定方法进行梳理,参看文献:Kluck H, Kroeber Y. Culture: A Critical Review of Concepts and Definitions[J].Harvard University Papers of the Peabody Museum of Archaeology and Ethnology, 1952,47(1):1-223.

其内涵和外延也不完全一样;狭义的学科文化则是"从事某一学科的人的思想观念、价值体系、行为规范、社会认同、制度体制和文化产品等一系列范畴的总和"[①],是学科形成与发展的思想基础、精神动力、智力支撑和行为与道德规范。学科文化或直接影响其中的学科成员,成为该学科类属下的一种有形、无形制约,并对进入其中的学者构成特定学科的约束规范力,生成"学术部落"归属感和独特的身份认同;抑或间接地提供社会人区别于学科成员的评判标准,使用学科群体的职业语言和专业文献等来建构学科的文化身份,以体现一些基本的差别,界定本学科成员身份,保护自己的学术领地,维护本学科的权威。由此,因为学科文化的存在和价值,会对任何已进入和希望进入的人产生保护或排斥作用,构成一种文化屏障,具备了相应的资格和能力并意愿成为这个学科部落的社会人便可通过屏障,成为部落成员;反之则会被排斥。对于任何个体或群体来说,这种屏障可谓对事不对人,是比较客观公正的,符合条件资格便可突破屏障,一旦要离开或跨越希望进入其他学科群体,同样会由于另一学科的价值取向、思维理念、研究方式、行为规范等差异而产生排斥作用,此时,个体或群体要做的便是如何融入新的学科部落中,被新屏障所接受而自然融入。于此,学科文化屏障的存在,总体是优甚于劣且是必需的,虽然会导致一些学科之间互相封闭、互相排斥、互相批驳等现象,难以构成相对和谐共生的关系,但这并非学科本身的问题,可以去追求学科管理的"失职"或"不作为",因为不同学科需要有独立自主的发展空间,需要维系着学科本源而不断拓展深入,当需要不同学科相互作用和联系时,需要中间身份来协调,搭建互通桥梁。如今强调学科的交叉和融合,更应关注管理的效用,否则需要花费大量的精力去处理过程中产生的不协调乃至激烈的冲突与矛盾。因此,学科管理需要认识学科文化,重视学科文化的作用,不是力求消除或淡化文化的影响,而是要强化不同学科文化之间的交流与合作,对于教师个体则是应该积极推动他们的发展转型,简言之,即增强跨学科性。

圈点之三是学科的学术性坚守,对此的弱化会阻碍学科管理能效的发挥。学科管理的模式和形式是多样化的,不同类型的大学完全可以根据本校学科的特点采取针对性举措,积聚堆砌也好,稳步建设也罢,均无可厚非,不必褒贬一二。发展较为成熟的大学及其学科当然需要理性认清社会竞争态势,稳扎稳打,更进一步;对于那些底子薄弱的,则要奋起直追,努力实现

[①] 陆根书,胡文静.一流学科建设应重视培育学科文化[J].江苏高教,2017(3):5-9.

一些重要突破,无论是争先还是"破点",而若单靠一步一步地前行,发展的相对速度已经是缓慢了,因为加速度低。另外,现行的一些重要评价体系往往关注单点衡量,某个关键指标经过上下共同努力越线了,就意味着达到标准,即可获得相应的声誉、身份和地位,如ESI学科、学位点授予等。这些衡量方式会极大刺激大学和学科的主体朝着最有利于自己的发展方向发力,过程自然是越方便、越便捷和越简单为好,追求一种纯粹的目的论,希望是"1+1=2"。至于中间阶段的全程管理,并不那么强调。但是,学科的基本特征是学术性的,是对知识的不懈挖掘与研究探索,学科管理遵循之道不可脱离这项主旨,否则就会变得行政化,体现出学术性管理的弱化。早在1999年,南京大学率先在国内实施"学科特区"制,创新学科组织模式,紧跟学科前沿和国际惯例,促进了学科快速发展。如今,在国家"双一流"战略的激励下,国内众多知名大学新招频出、政策涌现,令人眼花缭乱,成效比较明显,近几年来,我国大学的学科在世界排行榜上、ESI学科榜上题名不断增多,排名逐渐前移,充分显示了我们强劲的创新能力。即便如此,这主要还是归功于建设的成效,以及一批学科人自由地钻研探索所得,而非管理的功能,大学仍旧缺少真正意义上的学术性学科管理,管理并未强化反而是弱化的。

上述圈出的组织缺陷、文化隔阂和认识差异等均是学科发展中的难题,我们似乎在有意回避或无意超脱于这些问题的存在,转而以比较容易解决的方式来推动学科发展,如优质资源的堆砌、丰厚待遇的诱惑和研究压力的传导等。众所周知,知名度越高的大学,为了更显突出、出类拔萃和体现一流水准,对教师和研究人员设定的任务是比较重的,至少相对于一般的普通高校教师来说,可谓"压力山大"。当然,处在这样相对高端的平台上,压力自然也是动力,更能创造出卓越的高水平成果。回到前述,夯实整体的基础是提升全局内涵的前提,个别点的优先突破固然会带来示范、引领效应,然而,不同的突破例子并不都具有可复制性,创新乃是根本。重视建设中的管理创新,遵循学科之道,以一种更高层级的远瞻性去架构不同学科的管理之道,妥善地处理好超级专业化的学科及其内外约束的阻力制约,大学的学科管理才可能获得解除障碍的"解法"。

四、学科管理道之有效解法

如何行事,才能有效破解学科管理求"道"之坦然?学术独立和管理干预之间是很容易产生比较紧张的关系的,并且这种关系始终会存在,故而由此再度引起的紧张又难以避免,如此循环往复。坦言之,学科管理最为直接的是对资源的优化配置,包括来自外部和内部的。这些资源是学科重要的资本,"教学科研人员将依赖学术资本主义来维持研究资源,并使声誉最大化"①。但是,一方面,我们必须允许某些学科能以不受外界影响的自主研究不断发展下去,很多时候这些研究是不能计算代价的,需要持续的资源投入和背后默默的鼎力支持,自然也需要一批低调平凡的人"潜心问道";另一方面,我们又必须积极从外部获取支持和资源,毕竟"坐吃也会山空",但外部社会的支持往往是计成本、算价值的,甚至会苛刻地要求不允许失败,还会要求学科的研究活动被引导至其认为是最合适的领域,如若不然,便会以必要的形式进行干预,此时受制于人的感觉对任何学科人来说都不会好。威尔莫特指出,在大学环境中,对学科实行单一的行政管理实际上会扼杀学术创造力。另外,管理主义的负面行为会造成大学教师献身于其所在大学的程度降低,进而产生后续的如组织僵化、学术研究和创造力受到抑制等不良现象。因此,埃尔津加认为:"自主原则不能丢弃,相反,学术自主的重大意义和学术责任的压力……必须提高人们对知识过程的内在质量监控机制的认识"。这便是典型的管理范畴所研究的问题。因此,破解管理之道需要解决好三个基本问题,即不可实施单一的行政化管理、教师的自主探索性必须保护和强化、管理应张弛有度和深入人心。具体如何"解"可考虑如下方面。

首先,要持续创新学科发展理念,至少先进的教育理念要不断融入学科发展中。思想认识不动,动机行为必然滞后。如今,我们在奋力追求大学的一流化、特色化、国际化进程中,在世界范围提升中国大学的话语权和充分展现中华民族伟大复兴自信力的前行中,需要的是无畏的勇气和敢为人先的魄力去尝试新的思路、模式、方法和技术等,从而不断走出适合自己的特色发展道路,这既需要前人积累的财富予以传承弘扬,更需要自主创新不断求变求新,传统的优势与精神需要保持,固有的保守和僵化理当革新。而且,对创新的理解早已是多层面的,一点一滴地与之前不同并能有好的效果,这是创新;大刀阔斧地锐意改革,焕然一新显现新格局,这更是创新。当每个进入学科的人都普遍抱有这样的思想和认识,并且愿意为之付出,也不计较个人得失,这自然是学科管理道之境界。何以达成,学术为先、标杆左右、导向支撑、融通与协同增进是基本,要将学科管理摆在大学管理的中心

---

① 斯劳特,莱斯利.学术资本主义[M].梁骁,黎丽,译.北京:北京大学出版社,2014:104.

位置，建构起新的管理模式和运行体系，自成一体，由此可解困境的"三成"。

其次，要建构合理的管理分级单元。很多大学由于资源特别是经费相对有限，对学科的投入难以兼顾均衡，要么下大力气重点加强几个学科建设，倾全力支持；要么实行"重点＋象征"方式，即个别学科重点扶持，"饮食"丰富充足，其他学科零星象征性"施舍"一些，不至于"挨饿"便可。一般情形下，很少有大学会将有限的资源做到均衡分配，普惠于各学科，因为这样反而激发不起竞争性，也着实负担不起。这三种均是资源高度集中的统配性模式，管理往往是从传统的预算编制开始，直至绩效考评结束，过程琐碎复杂，大量的精力可能耗费在无用的繁文缛节上。所以，需要将大学的管理单元由资源要素转变为学科单元，以学科为单位进行分类配置，让学科成为相对独立的发展体，在形式上可采取学科门类下的大学科组织或学科硬件组织，如重点实验室、研究中心等，也可以是相关联的一簇学科群。为获得持续性发展，各学科发展体必须紧紧追随学科最新研究前沿，关注社会发展动态，关心社会环境变化，积极适应国家和社会发展需要，讲求"一荣俱荣，一损俱损"，从而将自身行为转变为成员共同自觉行为，以利于形成强有力的发展合力。同时，还必须考虑各学科发展体的功能与作用，这需要高度的宏观把握，不求趋同，但求各异，并加强发展体之间的联合管理，由此可以最大限度地培育优势学科，减少过程中熵的作用，带动学科之间的竞争和实现突破。这与世界诸多一流大学的发展模式是吻合的，如20世纪30年代美国加州大学伯克利分校，便以一种前所未有的学科组织和管理方式，创设了"大物理学"学科发展体，围绕核物理学科集聚优势，迅速使该学科脱颖而出，成为世界物理学科发展方向的引领者，甚至左右了世界物理学科发展范式。此举若实施有度，可解困境之"两成"。

再次，要组建多元链网结构体系。今天的社会已经是多元协同的有机整体，产业链、供应链、人才链、教育链、价值链等不断融为一体，互为交杂。链网中的每个节点都需要顺应新形势变化闪烁新光点，并与其余节点交相辉映。这还是一张无形无穷的大网，如同璀璨的漫天星辰一般，缩小观之，甚至都不清楚身处何方，链网将会延伸至何处，处在这张网中的我们是如此的渺小，能做的事情是极有限的。不要期望单一的管理单元能在其中发挥多大能效，链网的复杂性要求节点随时应对来自不同方向的张力与压力，保持伸缩自如和弹性有度，想要达成这点并不容易。因为，节点自身要加强与周围节点的关联，把握好网链间的运转规律，维系着在网中的地位和作用平衡；节点内部则需要建立高能的体系保证高效运转。大学的学科同样是复杂的，其一，任何大学内部都有诸多学科，学科间需要建立一定的有序联系；其二，学科需要将大部分的职能和发展任务面向大学外部，构筑外部联系的节点。因此，为便于管理，需要构建支撑型的层次性学科链网结构。当前我国大学的学科结构整体较为单一独立，若从跨学科角度分析，这种结构存在组织、制度和资源等障碍，学科会以一种相对孤立的松散态势实现自我点状发展，并不会过多考虑与其他学科的相互支撑。对此，要急切地改变这种格局，管理上加以引导，将所有学科纳入链网体系进行统一管理，并依托某一中心学科零散分布，但又同处在一张链网上。链网中的各学科既相对独立地作为单独的小节点，又与其他学科节点互为作用，当需要整张链网对外发挥功效时，可以中心学科为主体，汇集链网所有学科力量齐心发力。

最后，要巧借外力助跑长远发展。资源和投入是学科发展的重要制约，一流大学和普通大学都面临同样的问题。一流学科是高水平、标志性的项目、团队、成果、平台和传统、文化等的聚合体，依靠自身力量谋发展毕竟有限，也不是处在闭塞的时代和环境中，故而需要"借鸡生蛋""巧借外力"，联合外部力量共建，以创新型项目为依托，以学科智力创造力为支撑，利用或联合企业建立创新平台，善借外部社会力量发展学科，这不仅能有效解决资金、硬件等不足的问题，也会使学科团队的创造力、潜力能有更好的输出渠道，体现学科价值。当然，任何支持都是有条件和代价的，需要在相对平等的互换中各取所需，这要求有必要的支持性政策倾斜和制度配套保障。由于强调学术性的学科管理会在某些程度上对大学的现有管理体系产生冲击，必要的制度安排是必需的。在最大限度保证学科持续发展的前提下，这些政策和制度以规范和激励为主要体现，保证公平客观地对待每一位成员的辛劳付出和科学认可，并营造优良宽松的学科环境，呈现良好管理氛围。

"凡事预则立，不预则废。"现代大学的竞争除了人才的竞争外，最能体现竞争力的便是学科的强弱展现。人们会因大学的传统精神和校园气息青睐之，会因大师学者和标志性建筑的存在心生向往，但左右选择的却是大学拥有哪些强势学科以及这些学科所支持的专业未来发展前景，入读其中的学子能够接受什么样的熏陶和教育，可以获得怎样的成长良方，可以习得何种知识与技能以及进入社会后能够获得一份什么样的好工作等，这些是普通大众所关心的。所以，大学的领导者、管理者和学科人有必要建设和发展好学科。如今，我们需要花大力气建设和发展学科，因为我们的基础不厚实,学科的整体实力不强,甚至对学科究竟为何还不清楚,我们也需要学科管理,因为管理的控制属性会让所有人朝着共同的目标前进,不至于行动散乱。但是,学科管理不是学科建设的形式转换,不是强调对人、资源和要素的全程严格控制,控制是管理的涵义,但并非管理的实质。我们所需要的是一种高于各类资源要素管理的学科集聚型管理,强调并确立学科在大学管理中的主导地位,突显学科(群)为基本管理单元,围绕学科发展战略目标,优化配置资源,促进学科相融相生,消除隔离与障碍,对于学科的学术性和群落特征更应如此。这一管理层次的提升又进入"治理"的范畴。

五、大学学科管理与治理之道

若要延伸上述学科管理的分析意义,有必要探究一个相对更为重要的问题,即"治理"与"学科治理"。目前,学界一般不太常用"学科治理"一词来表征,对此讨论的还不多,多数情形谈及的主要还是高等教育治理或大学治理问题,或许是因为大学内的学科众多,相对微观且并非所有的大学都适合谈论学科治理,需要自身的学科建设或发展到一定阶段,达到整体比较成熟协调的水平后,再以治理推动学科实现更高层次的提升,故而可能认为论及学科治理有些言之过早。而且,单一的学科实质上是没有多少决策权力的,从治理体系构成看,包含内部治理和外部治理两个层面,外部治理指的是要妥善处理好主体与外部其他相关治理主体之间的关系,内部治理则指权力的分配和使用,考虑决策权力的制度性安排问题。

至于大学,关系着国家发展和民生福祉,需要强化治理,提升治理能力,若不深究警醒则实为不妥。再者,国家发展战略已经确立了"推进国家治理体系和治理能力的现代化"与"依法治国"的深化改革目标,一时间,社会科学各个领域关于治理的研究蔚然成风,如社会治理、流域治理、国家治理、全球治理和环境治理等,大学作为现代社会重要的组织机构,治理问题自然不可回避。有趣的是,治理问题类型多样,不同类型和领域内的治理多由不同学科的学者完成,这就造成似乎学界都在同时研究"治理"和使用这一词汇,但认识却又因学科领域不同大相径庭,社会学有社会治理的概念,教育界有教育治理的特殊韵味,技术学科领域有技术创新推进的治理认识,可谓各展所长,倒不免有些"自说自话"的味道。

作为国家治理体系重要组成部分的高等教育治理或大学治理,努力构建现代治理体系和提升大学治理能力成为新时期高等教育改革研究的重要命域。此处使用的是"命域",而非常用的"命题"一词,说明对此的研究将会是复杂多样、不确定和不可知的。大学的问题是复杂的,并非指代教学、研究、服务、文化、交流等职能的实现,其还属于一个小型功能齐备的社会,与大社会紧密交互,因而大学内部和外部均需同等对待。而且,若是单从管理而言,今天的大学因时代赋予的使命已经产生三大重要变化。一是形成综合性多元巨型大学,大学越来越大,人数越来越多,管理层级不断扩张和加强,多校区管理的大学更是如此,许多大学和地方政府也乐意支持建立分校区,以扩大规模和影响力。二是政府加强了对大学的绩效监管,我国的大学多数为公办,财政经费划拨是大学收入的主渠道,生均拨款、项目划拨和专项投入等是主要经费来源,大学希望尽可能从政府获取财政经费,而政府考虑适度均衡前提下的助强扶强,并建立绩效分配、巡视审计等机制引导大学负责任地实现公共目标,这加剧了大学的政治权力和行政权力,政治权力的加强可以保证大学的正确政治方向和坚定的理想信念,是大学办学的根本保证,而行政权力的强化在大学环境中并不见得是件"好事"。三是大学应对市场和社会的主动性增强,商业化气息越发浓郁,强化了大学与社会需求导向的结合,某种程度上,大学的管理有些趋同于企业管理,大学管理者的行为取向趋近于企业的管理层,等级性变得鲜明清晰,有进一步拉开教师和管理者之间距离的趋势,这加速了大学的行政化,大学过于行政化会激发一些新的矛盾和问题,因为大学毕竟不同于一般性的社会组织。

因此,当前治理最为迫切的问题是解决好管理意图和学术期望之间日益扩大的间隙,以及由此造成的行政、管理人员和学术人员之间信任的缺失,并力求通过某种有效方式在政治权力、行政权力和学术权力等之间建构某种新型平衡,加强各方的协同参与,协调好各方主体行为及其利益关系。这便是典型的关系识别与处理问题,却又是最难以厘清的。原因在于,其间夹杂着复杂的权力冲突、难以调和的利益矛盾、需要传承的文化精神态度之争、学科部落专属领地的保护性行为以及群体个人的自我价值实现需要等。再者,我国大学的孕育成长过程比较特殊,从清末产生以来,大学的治理便一直纠缠在中国与西方、保守与超越、传统与现代、集权与分权、计划与市场、借鉴与创新等二元文化的冲突中,很多时候对待问题是用比较简单的非此即彼方式来应对,或淡然不知、视而不见,或随性而为、摸索前行,抑或头撞南墙、不管不顾。事实上,这种非此即彼的一般性关系处理方式会将问题简单化,虽可以较为粗浅地应对无需精细操作获取结果的宽泛问题,然而若是探究其理,这样的思维逻辑和行事习惯会让过程中一些关键性信息被忽视或随意带过,最终会因为信息失调而无法根本性解决,反而会造成后续潜藏的矛盾和问题频发。历史经验和已有研究都表明,这样的关系处理让大学治理的许多努力付诸东流,难以寻得相应的平衡点。既然平衡未能达成预期,便是处在倾斜状态,由此可以说明基础不扎实、管理不到位、运行不顺畅,故而楼层盖得再高,终会有一朝倾覆的风险,这不可容忍和迁就。对于相对微观的学科来说,同样也存在这些问题,只是容易被忽视罢了。

诚然,现实中出现的问题并没有所说的这般严重,一般也不会出现那样不可控的情形,但还是会有一定"牺牲"和需要付出相应的代价,因为会有一个不断纠偏调控的过程,即管理的控制会起作用。而且,治理本身也是调动多元主体参与管理的过程。当未可预见的时刻发生时,权威主体多会秉持"惩前毖后、治病救人"的积极心态,不太会和太过追究于管理的失职、决策的失误或者能力的缺陷等致因,多会将症结集中在资源匹配上,如资源供给不足、外部支持力度不够、群体向心力弱化、制度机制不健全等诱因。何况,治理过程始终是处在变化中的,不是静态不动的,比较难以实时控制和掌握,即便有迹可循和使用一些科学的方法加以约束,却没有形成或不会有最有效的模式,也很难有最好的方式。世界许多国家对此有专门的研究,也推行过影响深远的一些专项改革,但都没有形成共同的认识或达成一致意见。由此可知,期望通过模仿或借鉴的方式来解决自身的治理问题并不可行,无论是宏观的大学治理还是中、微观的学科治理,成功与否取决于治理主体自身的创造性实施,需要的是具有清晰的思维和创新的动力,在清楚治理的核心要义和组织场域优化基础上,考虑深层的文化要素和影响,把握好"三元文化"冲突[①]的客观存在,继而因势利导,机制运作,通过推动共同参与、激发活力和相互建构等方式,实现有效治理。学科治理的许多重要问题直接或间接涉及学科资源的配置乃至学科利益的分配,必须借助一种基于学术自由和学术民主原则,足以协调学科层面"冲突和多元利益"的决策机制来有效解决[②]。

治理应当是有效的且与管理有着根本区别,否则便没有讨论和实践的

---

① 一般情形下,对于治理通常采用"二元对立"的规约予以彰显和表达,呈现典型的"二元文化"现象,但是大学存在的特殊性,往往表现出较为明显的"三元文化"冲突,如政治、行政和学术文化,科学、技术和人文文化,管理者、教师和学生文化等。

② 龚怡祖.大学的梦想:龚怡祖文集[M].南京:南京大学出版社,2016:152.

必要,况且治理是以积极主动的态度,针对目前管理存在的问题提出的进一步升华考虑,不论是党的意志和国家战略的强力推动,还是自身发展已经到了需要作出深度变革的时刻,若不治理则会影响到事业的长远发展。可如何才能达成有效治理,不得不说有些难,且对其的理解并不一致。舒斯特等人认为,有效治理是实现高质量的决策,需要建立在具备一定的治理能力基础上,并给出了实现高质量决策的一些原则判断标准,包括:以结果来界定治理;治理涉及过程的整合性;基于证据的决策等。伯恩鲍姆认为治理受到治理文化的直接影响,有效治理强调对治理的预期与实际运行和结果之间的匹配度,关键在于改进领导、建立人际关系和组织信任等①。若细论什么是有效,则有不少预设问题需要解决,如组织化、治理结构、主体关系、权力分配、文化冲突、治理路径等,最后才是讨论到关系的平衡。回到学科来看,从组织角度看,学科治理首先要建立起学科组织,并让学科转向组织化,且这一组织是以较为纯粹的学术性为纽带,体现强烈的学术决策权力和充分的制度安排,如此可以将同一学科的成员结合在一起,实现对学者利益和学术主张的保护,也可以实现比较有效的利益表达。学科需要建立起学术组织基础,这是一种直接介入性的保护,是有组织的存在,才有可能避免因为信息不对称、权力冲突、行政干预等造成的学术决策失误,并给予学术人员充分表达意愿的机会和途径,否则会比较彻底地显现在非学术权力的光辉下。"只有当组织是自愿的并扎根于自由的领域的时候,它们才可能产生助益和具有效率,而且组织如果不调整自身以适应其观念中并未虑及的情势,那么它就只有失败。"②所以,学科治理先要将学科转变为学术共同体成员意愿纳入的学术型组织,尽可能减少或削弱行政权力的介入,维护学术领地的既有边界和应担负的学术使命,教师积极参与是共同治理制度的内涵实质。继而,构建合理的治理结构和强化治理过程,结构是一种制度安排和系统组成,与权力和权威相关联,具有可观察性和可控性;过程则强调治理主体涉众、群体关系梳理、权力分配与均衡、文化差异零和调适等,并借助可取方式将错综复杂且多变混乱的组织关系变得有序单纯。这会逐渐幻化为一种自然逻辑,即学科—组织(学术共同体)—科学管理—有效治理。

"治理"一词,英文为"Governance",源于古希腊和拉丁语中的"操舵",本义是引导和操控。所谓治理,是指由治理主体、内容、机制、效果等要素构

---

① 伯恩鲍姆.高等教育的管理时尚[M].毛亚庆,译.北京:北京师范大学出版社,2008.
② 哈耶克.自由秩序原理[M].邓正来,译.北京:生活·读书·新知三联书店,1997.

成的有机、动态和整体性的制度运行系统,涉及什么是治理、由谁来治理、如何去治理以及治理效果如何等四大基本问题,关联着治理理念的现代化、治理主体的多元化、治理机制的科学化和治理过程的法治化。实质上,治理的对象就是各种关系,包括治理对象内部各种关系的处理、治理对象与外部关系的处理以及关联作用因素的相互关系处理等。大学治理涉及这些关系,研究学科治理同样牵涉这些关系,主旨讨论和解决的便是各种关系,即寻得一种有效途径或方式解决好这些复杂的关系,以便治理对象能以更为有效的运作机制实现预期发展目标。当然,我们对治理活动中的理解是有生命的,虽然前述中提及不同学科人对于治理的认识存在不一致,但不能因此而消除"有组织的无序状态",无论是大学还是学科,都不完全是一个理性组织,学科的组织性相对要更弱些,是"松散结合的组织"。由此,希望遵循理性主义变革治理体系和结构是可以提高决策效率的,但不一定能很好地解决决策的"效力"提升。成功的治理注重参与、倾听、表达和价值一致,即建立组织和机制引导各方主体积极参与治理,在高等教育情境中,这是管理者、行政人员和决策机构给予教师的一种承诺,借此方式来倾听教师的声音,让教师充分表达自己的合理意愿,在参与中分享思想和洞见,从而形成一致的价值观。这样的有效治理不仅需要分享权力,更需要建立尊重和信任的关系,进而让参与治理的教师愿意从繁忙或个人热衷的事务日程中抽出时间为大学学科发展一起努力,而不必身后赶、奋力催、方法激以及因行事执行不力和效果不佳等而感到"苦恼",甚至以此抱怨、埋怨教师的不配合、不理解等。这应该是治理强化的根本所在。

  那么学科管理与学科治理又有着什么样的关系?诚实地理解,管理在先,治理在后,管理是必要的,但治理却未必需要实施。前提是,管理能够执行治理的相应职能。之所以要转变为学科治理,或许是为了超脱"管理"本身的控制性和等级性,因为管理有着上下级施受的权力关系,管理层根据组织授权,有权下达指令或命令;接受者则需按照要求有效或主动创造性执行,并根据管理者对执行效果作出的绩效评估,而被管理者以一定方式承认业绩,如薪酬和地位的提升、奖励与津贴的发放、领导赏识和重视等。在这相互施受的过程中,管理者的身份是比较复杂的,外行管理内行是常态,被管理者迫于组织压力和权力制约关系"被动"地接受管理,因为地位上存在天然的不对等,故按照组织的要求,完成既定的管理任务,做好自己的本分即可。由此,彼此的关系简单也复杂,简单在于只要被管理者完成了目标,便会考虑尽可能不受制于管理的约束,转而寻找自我欢喜的方式去做个体之事;复杂则在于管理者会尽可能地强化管理的约束性以及自我权力的权威性,因为目标任务会不断加强,管理目标未完成会给予相应惩罚,而完成好的除授予一定奖励外,下一阶段的目标也会随之增长,这是其一;其二是管理具有"统治"意味,虽然现代的民主、科学管理很大程度上弱化了统治性,然而管理的自然属性要求政令统一,特别是其中若施加了政治、行政要求,则只能在比较有限的范围内主动作为、高度统一,但这些框框的制约,反过来因实施主体的理解存在偏差,其作为又会变得有限,至少大多数人会理解成"适可而止",而非"无限可能创造"。当然,现实中还会出现因权力失衡、资源分配、文化差异等带来的管理冲突与矛盾,结果耗散了组织内部力量,反而需要为此花费大量的精力、资源来处理,既影响组织运转成效,也难以激发成员的积极性。

随着现代大数据和人工智能技术的发展,个体在社会结构中的主体性作用越来越重要,治理逐渐成为更重要的要素。故此,学科治理命题的提出,强调的是学科自身的专业性和主体性以及立基于此的学科自主权和治理权[①]。学科是一种知识体系,也是组织体系,学科的发展具有组织化、制度化的内在需求和要求,组织化需要学科共同体成员共同参与,制度化需要建立有效的运作机制增强学科内部的学术民主氛围和整体凝聚力,最有效地削弱行政权力和学术权力的叠加效应,科学解决权力的制约耗散,谋求学科治理同学院乃至大学治理的兼容,并加强以文化人,构建起良好的学科文化生态,让人宽松民主地乐在其中、奉献其中。

至于推进学科管理与学科治理以及遵循两者的"道",自然有所区别。管理之道注重"科学与规律",即尊重科学,按照事物的客观发展规律行便宜之事,保证管理目标顺利达成。治理之道则讲求"平和与融合",即平衡多元主体关系,以平和的心态合理地弱化权力之争,围绕学科本源和发展主旨,按照学术本位逻辑,追求知识体系的完善,追求卓越的学术文化轨道,避免产生庸俗化的学科成就"成果",并尊重学术权威在其中的核心地位和引领作用。

---

① 陈金圣.大学学科治理:现实语境、多元价值与推进路径[J].国家教育行政学院学报,2019(1):62-68.

本 章 小 结

建设也好,发展也罢,大学学科的运行连接着大量的关系处理。即便是针对资源的优化与配置,实质也是为了协调和处理好若干关系。发展学科既需要专业的学术人员集中有限精力去探索未知领域和空白,同样也需要专门的管理人员统筹协调力量去妥善解决问题与矛盾,两类群体各负其责,齐心守好职能的边界。而且,这种边界是相对的,也应该是平衡的。学科管理应以解决后顾之忧为职责所在,为学科共同体尽可能创造推动学科发展和学术繁荣的有利环境与条件,以引导、协调和服务为主导,保证管理职能有效发挥,而不必恃权凌驾于学科和学者之上,更无需跨越边界对共同体成员及其学术事务横加干涉、指责,故而要保持良好的权力心态,勿将权力等同于权威。学科学术的权威理应由权威的学者和专家对外辐射,增强影响力,但即便是学术权力的使用,对于学科共同体成员也应当做到一视同仁,推动共同参与、共同进步,避免出现"学术统治"和学术霸权等现象,甚至严重的将学术权力与行政权力联合,施加强力控制,并美其名曰"科学管理",这并不是管理,而是所谓的强权,需要治理。"管理的作用……并不是关于英雄式的领导,而是关于在一组织中管理不断涌现的活动的社会技能和能力,随着时间的推移而达到适合于目的的持续不断的成果。"[1]

学科的发展需要以一种平和、宽松和民主、自由的心态客观地对待每一个个体,处理好每一类关系,以便人尽其才、才尽其用,保持学科的长远健康发展是根本。而且,从深远影响论,学科管理应当追求一种新的范式,强调以共同的价值主张为主导,由不同参与者贡献学科的创新活动构成一种动态协调结构,体现学科作为特殊组织的自组织特性,并能在与学科外部环境的反馈循环中不断演化,有助于学科关联的组织、群体和个人进行持续性创新,有了创新才会有更好的发展。"学科治理"取代"学科管理"将成为必然,有助于重塑学科的发展环境,这种转变不仅是学科管理制度的"升级换代",更重要的是对学科建设路径桎梏的"解锁",倡导治理共同体理念,形成学科从自治到管治再到共治之格局。

---

[1] 夏托克.成功大学的管理之道[M].范怡红,等译.北京:北京大学出版社,2008:47.

第三章 评价中的大学学科关系审视与审思

本章将从大众熟知的评价视角来探讨学科关系的衡量问题。任何能够揭示或描述的关系都需要以一定方式加以表征,尽可能用比较显现的简便方式客观呈现关系所关联主客体之间的亲疏程度。只有明晰彼此的松紧,才能更好把握关系的影响及其实质。若要对此进行量化分析,一般情况下多会使用"评价"或"评估"方式来评判整体,或者选择其中的某些变量并借用模型处理方式数量化地揭示关系性质。什么是"评"呢?"是根据一组显性或隐含的标准,有系统地衡量一项政策或方案的执行或成果,其目的是经由此项工具的使用来改善政策或方案的质量。"①基于此,针对学科的评估或评价也就是事先设置一定的显性或隐含的标准,通常是比较直接明确的以指标体系体现,然后比较系统全面地衡量学科建设政策的执行效果或建设取得的成果"性价比"(即绩效评估),其目的是希望经由此种方式来了解学科的发展状况,进行比较分析,进而调整完善政策与举措,进一步提高学科建设水平。虽然对于"评"这样的做法褒贬不一,甚至饱受诟病,因为无论何种评价都有着科学性与合理性与否问题的争论,有认识论和政治论上的差异,特别是对指标选择的质疑较为普遍,但现实中对于学科的整体性衡量,并没有形成非常中肯的其他方式来替代之,正如社会普遍关注的高考一样,高考对每一个学子都是公平的,虽然这一考试形式在不断改革,甚至不乏取消的呼声,但直至目前并没有寻找到可替代的、更为公平的方式来实现社会层次上升,故参加高考在较长的时期内仍是大众家庭跨越"龙门"的最佳途径,能够最大限度地保护绝大部分群体的利益。本着"凡存在必有其合理性"的思想,所以论及整体层面的多元关系还是会通过设置多样化的综合评价指标进行转化分析,这相对容易实施,也具有较好的说服力。"评"既是技术和工具,也是一种呈现和存在方式。另外,还有目的的考虑。学科建设有目的,评估(评价)一样有目的,不同的"建"与不同的"评"通常还基于不同的目的

---

① 官有垣,陈锦棠,陆宛苹.第三部门评估与责信[M].北京:北京大学出版社,2008:6.

考虑,这就很难说孰优孰劣。"建"的目的与"评"的目的要保持契合度,这很重要,从"评"的性质功能上看,服务于"建"是最基本的原则,"评"是为"建"服务的。所以,若是"评"偏离了"建"的目的,或者"建"对应标准刻意去迎合"评"的目的,就会出现为"评"而"评"的现象。

单就比较纯粹的学科关系来论,不仅关乎学科内部结构及其体系的健全完善,更超越了学科和大学的边界走向了无限的社会领域,并在彼此的交融中体现自然规律演变。对于如何衡量学科关系,当下的做法纷繁异彩,却也无外乎评价、评估、知识图谱以及对特定要素的数学模型量化分析等之类,这既为社会公众提供了了解大学学科信息的畅通渠道,也因权威真实与否、结果与预期的匹配等引发了程度不一的争议,在众说纷纭中人们会进一步发出对"什么是正确答案"的追问。可惜的是,对此并不会有正确的答案,即便有评价的主导驱动,只会有不断变动的、让人满意或不满意的现实表现,再加上是否厘清了关系实质、是否有必要全面考察诸多的关系,有时显得并不那么重要,因为进入得越深会不断增加问题涉及和处理的复杂性,多数情况下仅需掌握存在的关系以及能够比较客观精确地明晰关系的性质、程度、状态等即可,这与"水至清则无鱼"的道理是一致的。确切地说,一来衡量的过程中有许多因素是难以量化的;二来数据、信息和资料等处理的过程是复杂的。换言之,我们总是希望能以最为便捷的方式应对处理好结构复杂的问题,或者是将复杂的问题尽量简单化,所以,对关系的衡量当然是讲究过程越简单越好、结果越清楚越好。目前通行的学科评价(评估)便具有此种典型特征,既可以借助指标设定、权重赋予来反映关系的类型及其联系程度,也可以看清关系涵盖的内容和涉及范围,有着比较清晰的"图解"和"视窗"作用。至于是否需要就其中某些特定关系加以深挖或进一步探索,则是另一层面需要探讨的问题,全凭专门群体、个人的兴趣或实际研究需要。而我们需要认清的是,在新的发展时期,如何正确看待学科关系,如何借助评价(评估)这些衡量手段,能够更加清晰地明确关系的存在和变化,以及尽可能把握全面的各类关系对于学科建设与发展的价值体现。

一、学科关系衡量的现实审视

关系的厘清需要借助相应的媒介,正所谓"知己知彼方能百战不殆"。

学科所处关系之所以复杂,有历史的、现在的、跨科类的、社会性的、文化的等多重因素影响,主要表现在:一是学科始终处在不断变动的状态,短期内这样的变动虽然可以忽略不计,但为此投入的资源、人力、物力等却是客观的,这需要计量与核算成本,并向支持群体作出合理解释或说明,以验证所投入的价值性;二是发展环境变化迅速,环境对学科的影响和驱动是理应关切的重要方面,何况来自学科领域的最新研究动态以及关联社会行业企业发展的最新进展等,这都要特别考虑,需要纳入学科发展中综合衡量;三是基于社会对学科的诸多需求,大学及其学科存在有其社会意义,学科承担有自身的使命,最大限度满足社会所需是责任却不是本分,如服务社会科技创新、产业振兴发展、生态环境治理、社会创新人才供给等,都需要发挥大学学科的重要作用,也需兼顾各类社会群体关系,但本分上学科作用的发挥是通过学术知识探索和人才培养间接作用于社会的。

(一)评价中的学科关系考究

从评价角度来论,目前的学科评价操作是存在局限的,人们也一直在尽力完善一些弊端带来的影响,以充分体现其合理性和价值性。也是因为没有特别好的办法来实现,最后反倒觉得还是传统或通常的做法比较合适,这符合人们的惯常认识而能获得较高的认同。具体表现如下。

一是眼界视野还不够宽。国家"双一流"战略推动了大学学科要站在力争的高度去实现既定目标,要在强塑自身中增强对外交流与合作,在学习和比较中寻找发展契机,但由于受到文化隔阂、组织缺陷、思维偏差、条件制约等限制,外向扫描力度显然不充分,很难有富余的机会去了解外部的世界学科发展,通常只是象征性的、在有限地域范围内的搜罗与经验汲取,或者以扫描前沿研究成果给予密切关注,这就很难对学科发展状态得出全面概括,包括发展定标的不确定性、比较观照的单一性和分析处理的模糊性,故而经常割裂了学科的知识和组织二元特性,分离了知识管理和价值管理,淡化了学科的生态和社会属性,从而选择使用一些比较容易量化的评价指标来反映实际状况,或者以此衡量贡献群体的能力与水平,渐渐地形成了比较固化的衡量模式。其中以对科研和学术的关系表征量化最为突出,因为这部分显而易见且可直接量化,如学科产出的高层次项目、标志性成果、高水平奖项等,可最简便地体现学科发展与成员努力之间的关系,再结合资源投入总量,当可进行数据分析以反映学科投入和学科产出之间的关系,虽然这种实证性研究也具有一定的难度。如有学者利用相关数据,在科研产出的学科分布方面,研究得出我国与世界主要国家之间存在较大的差异,认为学科间失衡严重,学科发展在一定程度上是畸形的。[①]至于一些软性因素的作用,如学科文化和学科生态群落是否存在、学科优良传统起多大作用等,这些一般多以定性分析为主,常被淡化或作模糊处理。

二是导向性存在迷失。关系明确的目的是科学引导学科发展,弄清左右学科发展的内在机理和外在约束,以建立相对完善的运作机制。很多大学的学科建设,声势不小或斜风细雨,项目风生水起、规划条理清楚、工程轰轰烈烈、数据光鲜漂亮,但其实学科整体表现并不尽如人意。学科发展需要组织、制度和管理等"保驾护航",但这些只是外部的条件和必要保障,更需要能够激发学科人自由探索知识的学术文化和环境,确切地说,体现出学科的知识贡献度,这也契合了学科发展的知识逻辑起点。这应该是学科坚持的正确导向。目前,短期性的学科评价容易被短视行为青睐,为了使评价结果更加出彩,指标指向大多是一些易于表现与衡量的学科外在和组织指标,对上和对内均能客观反映效果,进而传导至学科建设与管理的各个环节。

三是影响作用显得不辨。学科具有生态性,有着独特的生态规律,其演变动力体现于学科所携带的"遗传基因"信息经迭代更新并与时代环境建立的关联作用。同样,学科依附于大学,大学存在于特定的地域空间中,空间的产业结构、功能布局和资源供给等都会在一定时期与学科建立联系,但这种联系一般不会主动吸引,并非"异性相吸"的关系,而是在空间分布发生调整变化,特别是处于失衡状态时,在经过客观评估学科作用的前提下,才有可能针对性地建立地域和学科之间的合作关系,以促进地域空间功能的量质转变。在此过程中,与学科关系较为密切的群体大体分为四类,包括行业企业组织、社会管理者、社会大众和学科共同体等,每一类群体都必然站位于有利角度,多少带有对学科的理解或偏差,以特有的方式表现期望。这些期望若缺乏深入细致的调查研究,是不明确的,进而以这样混沌错杂的多因素影响来推动学科发展轨迹的改变,变数会很多。虽然我们知晓知识的学科本质存在和组织的学科外在表现,也知道一些规律和逻辑必要遵循,无论是对应"建成"的还是"生成"的学科,但道路却难免生出诸多波折。以上这些问题无形中给科学评价学科和衡量学科关系设置了不小的障碍,虽然对此一直孜孜探索,甚至渐成品牌,但东西内容若多了就会令人无法适从。因

---

① 李宁.中国科研产出学科分布的演化与成因[J].科研管理,2019(1):1-11.

此，分析学科所处的关系不单要明辨影响它的种种因素，还要考虑诸多利益群体的价值取向，在彼此的博弈和共赢中协同创新发展，努力找寻适合自身的有效路径，追求自我成就大道。

泛观已有的学科关系衡量，呈现寥寥数语和稀疏文献，知识性和组织性是讨论较多的主题。但若是以评价来论析学科关系，那则是"丛林性"或"井喷式"的跳跃，其或构建多类型的学科排行榜来区分学科的"三六九等"，虽然初衷并非如此，但是否榜上有名关乎脸面，上榜者自然笑逐颜开，榜位不高者会忧心忡忡，未入榜者则会质疑评价操作科学性；或者，以高水平的学科产出寡富论英雄，小学科以产出绝对值论，大学科以绝对高端相对值论；或是单以某方面的优势论实力，以己之长攻彼之短。这构成了一道道亮丽的风景线。

有一点需要提醒的是，学科关系的讨论有着比较鲜明的地域标签，但很多时候人们并未意识到这一点，而一味地追求实际的合作关系。由于客观的文化传统、环境资源、经济水平等因素体现的价值，评价学科需要关注地域差异。比如，国外的学科评价起步较早，相对开放和张扬，一般由中介性机构或权威媒体操作实施，偏向于为社会择校、资源调配、咨询服务等提供支持，较为关注社会和同行对学科的态度，主要依据的是一些权威和数量庞大的数据库，并结合社会声誉调查与同行评价来获得对学科的综合评判，并借以反映与学科关联的诸多因素、群体的共存关系，比如通过社会满意度来衡量学科与社会企业关系，借助就业率体现学科与人才培养质量关系等。即便这些评价学科的方式所依据的指标和采用的方法技术各不相同，也不必过于看重这些评价，其充其量只是为我们提供了了解世界学科发展的窗口，并不能真实全面地反映出学科水平，何况多少还有着国别、意识形态差异，合理地借鉴参考是可取之道。

至于国内的学科评价，作为现代高等教育兴起的后发国家，在经历一段时期的"超常规"发展后，经过三十余年光景的时代变迁，渐有起色并开始了具有中国特色学科评价问题的系统性改革与探索之路，如今也是显见成效。2020年10月，中共中央、国务院印发了《深化时代教育评价改革总体方案》，围绕新时代如何实施教育评价给出了指导意见，同时对学科评价工作也提出明确要求。方案中，强调要改进学科评价工作，坚持以立德树人根本任务落实和人才培养中心地位确立为主旨，突出评价学科的特色、质量和贡献价值，淡化论文收录数、论文引用率、奖项数等数量指标评判得失，纠正片面以所谓学术头衔来评价学术水平的不当作法,等等。这总体要求我们的学科评价,应当立足本国高等教育发展实际,着力于反映大学学科建设的水平,如对一流学科建设的重视和倾向性支持,过程中遵循学科发展规律,凝聚最大共识,借助研究专家、大学学者以及专业性组织等力量加强理论研究,积极进行应用实践探索,并在最大范围内调研论证、广泛听取意见的基础上改进、提高和完善,意在促进我国学科建设整体水平不断提升。这充分体现了国家办学的主导地位和教育方针政策的指导性,使得在发展学科的国家、地方和大学等方面具有高度的思想认识一致性,有利于形成强大的向心力与合力,具体可从教育部设置的评价指标、各省设计的指标体系以及各大学实施的内部评价中得到答案。诸多评价中,国家层面最具权威性的当以教育部一级学科整体水平评估为核心,并在先后四轮的实践中不断创新和改善,即将开展的第五轮学科评估坚持继承创新和与时俱进,按照"改革结果评价、强化过程评价、探索增值评价、健全综合评价"的要求组织实施。虽然这些行动取向和改革动态对于能否真实准确地衡量学科发展状况,有待进一步商榷,但由于共同权威契约的存在,即便方法或指标存有一定欠缺,主导思想和操作理念符合国情、反映时代需要、体现中国特色、对接国际发展,这就足够了,所得评价结果便认可为权威可信。

另一点需要关注的是,对外宣传交流的重要性不可忽视。"学术研究最根本的就是交流。"[①]也就是说,要在尽可能广的范围内提升学科的外部显现率,类似娱乐明星的"出镜率"。好的大学有其自然顺畅的交流展现渠道,无需刻意追求,学科便能够在好的平台上找到恰当对接点,与该学科关联的学者及社会群体也乐于相互打交道,甚至放心地将优质资源交至这些学科的代表人物手中。反之,一般性的院校便无此等优惠待遇,有时甚至需要以近乎"乞求"的姿态才能获得一点并不足以称道的资源,而这些资源究竟后续需要以什么样的代价进行等价交换,则另有主张,即使解决的实力没有问题。即便这样,也有着种种的难处,但坚持自信、自立和自强依然是正道。近些年来,国家和地方的政策、发展战略、布局结构等持续调整,发展形势大好,各个层面采取了不少积极举措应对激烈快速的变化,大学和学科的发展取得了喜人的成就,众多的世界知名学科排行榜上时时闪现我国大学学科的身影。可以说,新一轮的大学之间的"学科比拼"已经打响。譬如,从学科

---

① 比彻,特罗勒尔.学术部落及其领地:知识探索与学科文化[M].唐跃勤,蒲茂华,等译.北京:北京大学出版社,2015:121.

的国际排名来看,以QS世界大学学科排行榜为例,2017年我国内地有74所大学的560个学科进入全球前500名;到了2020年,数据有一定增幅,内地的84所大学有653个学科再度进入全球排名500名以内,其中,有5个学科进入前10,100个学科进入前50名。①同样,在其他的世界大学学科排行榜上,我国大学学科的入选情况都比较理想,成绩斐然。坦白说,这些排名不能反映出学科发展水平的全部,但确实可从一定侧面表现在国际比较中所处的位置。大学学科在努力增强自身实力的前提下,再借由这类榜单形式的途径来呈现努力的结果,这不仅是评价和评判成效的需要,也是对外展示实力的有力表现,自然也是一种宣传交流的方式。可是,若没有达到这样的条件和水准,不足以参加国际性的学科排名,有不少地方院校的学科论条件、资历都难以参与国家、省级学科评估,那只能另辟蹊径,不能不"东奔西走"奋力去开拓渠道了,这些开拓要面对的不再是评价本身,而是学科各类关系的梳理和处理。

(二)衡量关系的理念与创新

理念是行动的先导。秉持何种行为理念会影响主体实施的效果。在衡量学科的不同类型关系上,没有创新理念作为驱动核心,关系的把握和揭示将是不全面的。故而,一者要强调过程的合目的性与合规律性统一,把握好所强调的"道"之遵循;二者要敢于创新,勇敢打破相对固化的思维定式,以先进的思想和理念牵引极力寻求新的突破,因为发展前进只会让现实关系变得更加扑朔迷离、错综复杂。而且,任何类型的关系都会指向特定的对象,并伴随着专门问题的生成,要求对关系的把握重点应关注涉及主客体的取向,并以发展的眼光去思量过程中不同的人、物和事之间的关系及已经出现的结果。此外,就学科属性考察,学科本质存在基于知识的划界论、基于人的区隔论和基于关系的权力论等区分。②知识是理解学科的起点③,每门学科都垄断着自己领域内的专门知识④,并按照知识类别将从事研究的学科

---

① 学科排名结果具体可参看QS年度世界大学学科排名(http://www.cingta.com)。
② 吴丁玲,胡仁东.一流学科建设的逻辑遵循与行动策略[J].高校教育管理,2019(6):64-71.
③ 万力维.控制与分等:大学学科制度的权力逻辑[M].南京:南京师范大学出版社,2005:28.
④ 钱志刚,崔艳丽.知识生产视域中的学科制度危机与应对策略[J].中国高教研究,2012(10):46-49.

人分为不同的领域与群落,学科整体反映的都是人、知识和权力之间的相互作用与影响。由此,学科是一个复杂的关系系统,它会将分类的知识、从事知识创造的人以及由知识衍生的权力杂糅在一起,而一旦有了权力之争,问题就变得更加复杂,刘易斯·科赛给出了知识的权力危机说法,即"知识一套上追求权力这个重轭,就失去了其本质特征,变成辅助性的了。"①

那么问题的焦点是,如何具体操作知识、知识人和知识权力构成的学科关系?在具体的学科评价中,又该如何体现这些由此构成的复杂关系网?细思量,需要强调三个重点方面。

一是要强调对多维度面向的系统性把握。学科绝不是独立、孤立的虚体存在,虽然没有具体有形的实体客观表征(注:现实中一些平台实体可以体现,但不足以构成学科的全部),要受到内在、外部以及不明确的第三方等多种因素的持续综合作用,包括学科基础、外部环境和社会需求等,很多时候我们并不轻易就能捕捉到一些影响因素的干扰,但其又作为变量不时地直接发挥着作用,属于潜在变量、中介变量或者随机干扰项性质,因而造成学科的发展变化是绝对动态的,程度可能比较轻微,乃至难以察觉。而且,由于各类因素的作用程度与效度的确存在差异,学科的变化有着矢量特征,这就好比大海中航行的船只,如果按照既定的航向和速度保持直线行驶,是到达不了预定目的地的,因为还有水流、气象和船况等影响,综合航速和航向是流速流向、风速风向和船速船向等矢量的综合值。以此来分析学科,若衡量学科关系只是考虑一些体现研究实力、人才培养、师资力量、软硬条件等显性的指标,虽然比较容易操作,能够反映一些显而易见的关系,比如高水平教师数量与学科科研实力的关系、学科产出与硬件配备的关系等,但实难统摄关系的全部,尤其是过程中比较容易忽视外部环境的影响,还有如文化、经济和学科群落的作用等,这样反而不易厘清关系。因此,把握学科关系要在强调科学分析的前提下,多因素、多维度和多面向地确定衡量指标,强调长远并存、点面结合、内外兼修,这样把握的关系才是系统全面的。

二是要强调动与静相合的发展性关切。时下研究学科多将其"视为一种静态和当下呈现的结果,鲜有将其置于大学自身发展的历史场景和时间脉络中,用动态和系统的眼光来加以审视"②。评价学科一般不会局限于时点瞬时值,而是以近几年的周期发展状态作为可视依据,有时限上的衡量,

---

① 科赛.理念人:一项社会学的考察[M].郭方,等译.北京:中央编译出版社,2001:203.

② 谭镜星,曾阳素,陈梦迁.从学科到学科群:知识分类体系和知识政策的视角[J].高等教育研究,2007(7):31-36.

具体多以可量化的数据分析为主。然而,学科体系结构的复杂性,时时会受到自身生态群落和社会环境系统的联合作用,发展变化是绝对动态的,并沿着学科的生命周期呈现基于连续时间维度的、由单个衔接有序时点状态构成的变化曲线,表现为客观事物常规的"S"型动态特征,即产生、成长、发展、顶峰、后续选择等。这种动态会给多样化的研究学科增加难度,比如,可以对应某时刻点度量特征曲线上的瞬时值,反映即时变化,此为静;可以选取某特殊段作分析,探讨其为何有着特殊之处,生成机理和动因是什么,此同样为静;还可以作曲线截断,进行前后比较判断,分析关联因素和作用机制等,这为动。不难看出,静态的衡量相对容易,动态的把握较为困难,尤其是技术层面需要考虑解决的问题比较多。故而,在点线面的综合分析要求中,由点成线最终延伸至面,体现的是对问题与对象的认识深化,厘清的是相互关联的要素脉络组成,获取的则是全面立体的发展全局把握。

三是要强调创新逻辑的持续性生成。生成论哲学认为,事物的生成过程不是结构组成要素的分解或重组,而是"潜在性"的突现,是自组织、新事物的生成[①]。学科更是经典的自组织,是围绕知识的传承、创新和应用的学术系统,而且这一组织"不仅是嵌入环境之中的,更是为环境所渗透和建构的"[②]。从本源上分析,这里强调了学科发展不能脱离知识生成创新而独立存在,当然也涉及学科组织创新,包括以组织创新促进知识创新。因为只有创新才是发展的根本。我们不可完全以各级各类学科评价指标为要素,将学科简单地进行分解或机械性地堆积,从而误解了学科存在着自然生成过程,而是要建立以知识为核心的学科关系场域,重构学科的知识关系结构。另外,学科发展需要关联的各方主体恪守己责、协同合作,避免因职责权限不清而出现越位、错位和失位行径以及背后深层的知识生成边缘化、客体化等问题。因此,学科各方都应该在尊重知识生产逻辑的前提下,按照必要的行政取向、市场需求即遵循一定的行政逻辑和市场逻辑,去建构本就关系多元的有效平衡与统一,以免将发展学科沦落为以抢夺资源为中心的"权力游戏"和"市场游戏",学科或学者的学术资本主义更容易显露出这些行为。只有"尊重以自然生成为基础的知识生产创新才是推动一流学科建设的根本

[①] 纽曼.大学的理想[M].徐辉,顾建新,等译.杭州:浙江教育出版社,2001:20.
[②] 斯科特.制度与组织:思想观念、利益偏好与身份认同[M].4版.姚伟,等译.北京:中国人民大学出版社,2020:91.

动力。"①事实上,当前的学科建设有些"陷入巨额投入、重金挖人、只重学科、青睐排名、自由竞争、国际标准等'像一流'的模仿陷阱而难以自拔"②,虽然这样做很容易让一些评价指标变得光亮醒目,有更加自信的资本,进而在评价竞争中胜出。学科的发展需要这类一时胜出的功劳,如奉行的"学科GDP主义",因为可以应付外部评价所需的条件条款的提升排名。比如,近些年来,在评判学科综合实力时,国内不少区域和大学都将学科能否进ESI或其位次提升、入选学科数量多少等作为重要标志,并以此推出系列举措加压。不可否认,这类排名对学科的要求甚高,主要是科研水平的量化标准高,能够代表学科的国际水准。但胜出的同时,积累和创新却是核心,有前人发展留下的基础,加上今人的创新进取,再施加必要压力以提升学科发展空间。

如此,恪守传统的固化理念已不适合现代学科发展的内外需要,局限于相对容易量化的评价思路更难以诠释学科发展主旨,学科结构复杂的关系场域和日渐杂乱的时空关系需要系统全面、连续监测和创新推动,要加强过程的系统控制,及时进行科学分析,注意客观的差异性和空间自组织演化特征,并在矫糅着传统的学术精神、现代的理性主义和适度的工具主义中,不断实现学科创新突破。

(三) 关系衡量的科学性确证

学科具有现代性。在现代学科评价中,任何带有非理性、浓厚情感色彩的工具化操作实施结果往往很难令人信服,不仅会影响评价的信度和效度,也会左右人们对学科的直面感官。基本的要求是加强过程的科学性遵循。为此,有两点不可偏废,即目的性和规律性的统一遵循。目的具有层次性,阶段性地体现高低之分;规律有着强制性,在目的和规律之间需要寻求零和博弈。学科的发展与建设大学关系着国家高等教育竞争力和创新能力的提升,从中者论关系着大学综合实力的展现和地方经济社会发展能力,从小者言关系着学科、学术和学人间的和谐共处。实质上,衡量学科的种种关系是一种基于事实基础上给出价值判断的实践性认识过程,也可以将其理解为评价的操作准则。而我们对关系把握与衡量的所求或期盼是因为其具有特定的意义和价值,能够满足我们之所需,也借以获取信息认知,这中间必然

---

① 田贤鹏.一流学科建设中的知识生产创新路径优化:基于知识生成论视角[J].学位与研究生教育,2018(6):7-13.

② 唐任伍."工程"思维泛滥之祸[J].人民论坛,2010(8):6.

会夹杂着个体、群体的情感喜好和固有模式的经验判断,客观上是完全难以保持中立的,因为关切的利益主体要求和资源供给的绩效驱动,需要对他们由此的付出所直接或隐含提出的主张、观点、需求以及过程调控带来的影响等从基于自身价值利益获得角度,给予积极的回应或必要形式的强化。也就是说,学科涉及的主客体之间关系的确认是带有比较强烈的主观目的性的,并非利益无涉,带有个体价值取向性,毕竟纯粹价值无涉的学科也是不存在的,这会要求在实施过程中按照形势变化建立监督和控制的新机制,即不断完善学科评价管理运行机制。

可是,当学科发展比较容易成为基于地域和大学财力资本的存量布局调整对象,而非根植于学科知识体系健全与成长的结构性、生态性、系统性的自我能力提升时,学科关系会形成特定的路径依赖和惯性维系,从而在"唯技术化标准""轻体系性能力构建""纯学科视域"或"弱合纵连横蝶变"[①]中徘徊踌躇。资源配备掣肘式的"无米之炊"对于学科的发展至关重要,没有必要的全身心"投入"却希望有着比较理想的成果"产出",这是不切实际的空想与空谈,是典型的"不劳而获"思想桎梏;反之,光有巨量资源的投入,却没有承担责任和勇往直前的勇气,想要获得理想的产出同样也是一句空话。当然,结果或具体目的的实现很大程度上取决于学科成员个体或团队的行为动机,毕竟积极贡献于学科发展的活动是各显神通的能力体现,加之各个主体对于问题的理解、关切的角度、自我价值的认同和实际需求的诉求等都客观体现差异,由此追求成功或寻求解决问题之道则必然有着区别。假如极力透视其行为之根本,在于主客观选择的偏重与合理选择,具体而言,一来要注重主观经验取向,强调对以往积累成功经验的信任、专家群体智慧集聚的依赖、定性分析可取等的看中,再结合运用现有的各种方法和先进技术做进一步挖掘,从而形成对触及的关系问题认识;二来偏向客观实在取向,注重精确衡量,这就需要借助数据分析技术来实现,从而以模型处理的方式给出关系的相对确定性结论。之所以说是相对的,因为即便是能获取非常可靠的数据,方法技术也能较为准确地做到科学量化,但关系本身的复杂性预示着很难对涉及的因素实现百分百到位地考虑,远近、高低、大小、内外、收放、显隐等诸种关系类型及其关联变量,实际上仍然不清楚一些潜在的变量所起的作用是否能达到微乎其微的效用,以致并不需要考虑它们

---

① 赵渊.我国世界一流学科建设的路径依赖及其破解[J].中国高教研究,2019(6):27-32.

存在的影响,可经验往往却是"不以事小而不为"。诚然,处于这两个极端自然不可取,过于主观缺乏精准,人为因素干扰较大;过于客观相对僵化,缺乏灵活操作性,况且不是一切有价值的都能够量化,教育领域的研究尤其如此,也不是一切可以量化的都具有价值,而且,一般通过量化方式得到的结论都不是量化的,偏向于定性的居多,最终管理决策所需要的也只是这些定性的结论,不太会过于关心量化分析的过程。同时,与一般性事物相比,"学科"该做何种理解,学科关系又该如何认识,这本身是模糊不定的,若用精准的方法技术去测量这种模糊的对象,很难想象会出现什么样的状况,又会得出什么样的结果。

仅有目的还是不够的,各种关系的存在与新的出现或许本身就不是为了某种目的实现而存在,只是学科发展到一定阶段后由于某些牵连相互之间需要建立某种联系,以维持某种平衡,并根据后续发展强化或弱化这种关系,甚至还带有一定的偶然成分。比如,今天的大学都非常强调不同学科的支撑,一流学科的突破需要各类学科构建起比较完整的学科体系,形成学科生态群落,并推进跨学科的融合、交叉共生以及产生超学科等,不同学科之间需要建立起一定联系,相互之间有多种多样的关系,这不是单一学科与生俱来的,而是大学发展、学科发展以及体系发展综合的需要且到了某一阶段后表现出的客观要求。而且,它们的内部还需要有一种和谐机制,要求进行相互调节与相互比较,做到相互校正、相互完善、相互平衡。所以,有目的地体现了价值取向和目标导向,能够诠释"合理性",但还有着"合法性"危机的质疑。"合法"有两层涵义,一是遵守外部约法,包括国家有关的法律法规和规定、官方出台的制度性文件政策以及社会约定俗成的看法、习惯等,以此为规训框架获取权威认可;二是遵守内部运行法则,即以内在属性特征和客观规律为基准,按照一定的规则和规范要求来组织运作,以适应内外环境变化作出适切性调整,维护系统动态平衡。按照常理,理应是遵循前者的外部大法,再切合内部需要作出针对性改变调整。这一过程不能以权威特权忽略特定准则,执行方针政策尚需遵守内在运作规律,不可偏向比较纯粹的利益驱动。然而,就目前通行的量化评价操作,模式与基调是较为一致的,如设置标准、确定目标、遴选指标、体系架构、数据分析、结果讨论等。所以,若为了迎合评价所体现的关系衡量,极力去追求声望的"好听"和荣誉的"好见",进行学科的"非规律性整合",短期内看似乎造就出高水平学科的宏大外形,但由于学科内在关联要素的不紧密和内外关系构筑得不稳固,特别是缺少精神与文化等这些关系的强效黏合剂,这种学科的凝聚状态无非是"外强中干",不仅一些既有的优势和特色难以很好持续发展,急速的资源集聚也不见得就能显著增强学科的实力,这不能称之为学科发展、学科建设,而应直呼其为"学科组建"。能够组建成一个优势或一流的学科,或许是我们自己太过于自信而导致自负,抑或是不自信只能退而求其次,事实上,任何针对大学或学科的评价从理性层面分析都是很难进行的,都难免有着削足适履之感。学科不仅仅是知识生产和培养人才的"机器",也是一个有着部落式凝聚的文化共同体,理论上可以为实施评价提供各种理想的技术手段或操作范式,但由于人的理性是有限的,实践中很难真正把握;所以,拼接而生的学科存在因为缺乏长期的磨合与融合,靠着堆砌的方式达到理想的高度,这违背了自然生长的规律,过程是欠科学的。

　　基于以上所述,故尤为需要遵循科学的规律。如何认识和科学把握学科关联的各项规律,可从学科历史发展中找寻答案。学科是社会制度性的自然生长产物,学科的发展路径主要归结有两条:一是学科制度约束和政策驱动下的外因牵引之道;二是学科自组织系统的生长与发育中的内因主导之道。外因是常态,为常选之径,但过于强调此举容易使学科步入一些锁定的发展窘境,如拼凑、功利、指标、竞争等,即使这样的做法能短期内有效改观学科状况;内因应倡导,属回归之径,力求以人性化视角关照学科的递进发展逻辑,在开放包容与借鉴学习交流中追求融通创新发展。在内外相合之中,学科是生命体,是群落生态组织,是交叉融合创新体系。作为生命体,学科具有同一般事物相同的生命周期,同样存在产生、发展、成熟和消亡的周期性变化,并且变化中还会受到内外环境的综合作用,发生阶段性不可预料的改变。作为群落生态组织,学科自然要遵循相应的生态规律和组织运行规律,并在与其他学科的自然关系中突出"产生—发展—创新—再生长"的持续演化规律,学科之间可以相互共栖、优势取代、杰出引领,不同学科在学科生态体系中需要保持互动关系和整体平衡稳定性,这是一种自然生成现象,属于学科顺应环境的自我调整或修正,是学科存在于一定群落中且处于特定发展阶段的应变行为,而任何从外部施加集中化制度安排的学科行为,并不会实质性推进渐进有序的生成过程,只是从结构和表象上突出短暂的学科强势地位而已,长时间的积聚不仅对资源供给是巨大挑战,也会挫伤和破坏学科自身发展的生态规律,"拔苗助长"便是显著例子。作为交叉融合创新体系,学科所需遵循的规律则更多,如学科与外部环境相适应的规律、学科相互交叉融合的生成规律、学科的创新发展规律、学科与区域协同发展的规律等。如今,因科学的分支、知识的升华、认识的深化以及创新发展驱动等影响,学科之间的交叉融合、渗透与协作等已变得越发频繁,借用不同学科的关联所形成的边缘性、前瞻性、创新性的新兴学科更是成为创新的策源地和汇聚地。跨学科培育新型学科的发展前景已经被世界各著名大学的跨学科研究中心所实践[①]。"跨"之一字能够诠释学科发展的现代性。

目的与规律是相辅相成的,割裂了两者关联,偏向任何一方都无益于把握学科关系的实质,会导致认识上的"黑洞"。衡量学科的关系需要在遵从两者统一的基础上,深挖对象的本质特征,把握体系构成样态的多样化或多元性,并在传统(或过去)与现代(或现在)的两种学科发展逻辑中开放式获取关系表征,进而再借用可行的方式衡量之。关系衡量的前提必须是科学的,需要进行科学性认定。

(四) 关系衡量的方法挖掘

对学科关系的衡量若从方法论上探讨,无外乎有纯理论性分析、数据性量化和量性结合三种。纯理论性分析侧重关系的性质、类别、属性、特征等的阐释,可分析得出客观存在的某些类型关系以及这些关系对学科发展的总体性影响。纯数据的量化注重关系本身的精确衡量,前提是对关系认知比较清楚且需要科学界定彼此的相关性,以此确定相互影响的程度,并借此为管理决策调控提供确实依据。至于第三种,通常以理论分析为先导,后数据验证为辅,最终两相结合得到一定结论,以进一步架构关系解释的合理性。

在方法的具体使用上,大体也有三类:

一是排名式的评价方法,这在前文已有多处论述。这一方法在很长时间内仍将会被不少国家和机构所奉行,目前惯常做法是设立一些学科排行榜,借助于大数据、数理统计分析技术等,依托社会声誉调查、同行评价和相关数据库等,经综合评价赋予学科相应评分,再按照分值高低排序列出名次,呈现在设计的榜单上。该方法喜闻乐见,直截了当,直观形象,但不会具体展现学科其中的某些关系,不自然地将关系弱化,而是综合性地体现整体

---

① 马陆亭,刘承波,鞠光宇.扎根中国大学建设"双一流"[J].现代大学教育,2019(3):11-16.

实时状态。只要得出结果的指标体系能得到广泛认同,也确实能反映出客观事实和有着科学合理性,那么这种评价或排名便是成功的,至于质疑则是普遍问题和现象,无需过多理会。

二是学科专业性的认证,这相对比较复杂,通常做法是先选择认证标准,各学科自主申报,由权威认证机构对符合条件的给予授权认定。至于标准的认定机构和体系各国有所不同。可是,认证所表现的学科关系具有鲜明的独特性,不太容易从直观上体现,但具体标准中又明确要求达到一种规定性门槛,门槛便是水准,与学科发展关联的各种要素都需要符合这些水准,这实质上揭示出内在的隐含关系和关系的变化。也许,从这一角度分析,不免有些牵强附会,会造成一种与学科相关的任何事物、行为等都可以从关系上论析的认识。事实是这样吗?那到底什么是关系?其实,我们平常所谈论的什么关系,如数量关系、亲疏关系、直接或间接关系等,这些都是外在或内隐的存在形式表现,也可以理解为定性分析的结论,但同样,关系有着大小、远近、高低等之分。学科存在着这种关系划分,比如位居学科最前沿和学科体系最顶层的"大学科"和孕育出的新兴"小学科",实现"国际可比核心竞争力"的"远目标"发展学科和紧紧围绕国家发展战略服务体现"中国贡献"的"近目标"发展学科,引领学科整体竞争力提升的"高端"学科和维系学科体系平衡与联动的"低层"学科,诸多等等。

三是可视化图形成像技术。需要对研究对象进行数据挖掘,继而通过多元统一、社会网络分析、共被引矩阵等方法,根据相关引文数据库,如中国知网(CNKI)、中国引文数据库(CCD)等,建立可视化分析图,从而比较形象地直面学科特定关系。具体应用方法可谓多种多样且不断变化,较为流行的有可视化工具、结构方程、数据包络、神经网络、模糊数学、灰色系统理论、层次分析、粗糙集等,其中不少仍然需要选择相应的分析指标。这些偏向理性方法和技术的多学科借用,有效弥补了学科自身方法论体系的不足,完善了学科研究的方法论体系。而且,就我国高等教育而言,因没有形成独有的专门方法,我们所熟知的如今被广泛应用于大学与学科研究的各类方法,多为触类旁通,以自然科学、社会学、数理统计学、管理学等学科的方法居多。在"不管白猫黑猫,逮着老鼠便是好猫"的认识下,只要能为高等教育发展所用,对解决大学中存在的问题有用,便尽可归为我所用,毕竟方法没有学科部落的严禁边界,具有无限领域流通的跨界性,也可扩展问题研究的空间。即便如此,仍要注意的是,方法是针对具体问题解决而选择的,不能仅着眼于结果的表达,还需尽可能地密切关注需要具备哪些最为核心的因素才能保证或维系关系的存在,包括优势关系的领先地位保持和未来发展的可能性所需,这些问题的解答是学科发展必要的。我们需要用创新的理念和方法技术来"理解每一直接当下的存在需要它先于自身而存在的过去,如何需要作为其存在自身的本质要素的未来",又"需要理解不变形式的单独存在如何需要使自身侵入变化着的历史创造中"。①

综合来看,目前对关系衡量常用的方式总体是基于数量基础上的定性化,但这种方式"只是在指标量化设计或权重分配层面寻求解决方法,创新力评价的空间已经非常有限"②,且多数情形下并不能较为满意地深究学科对象的内外在关系,也难以分析学科本身结构性差异带来的影响。可惜却又没什么好办法。坦白说,学科虽然有些虚无缥缈,并没有一种有形的实体感观存在,但确实又是一种有着特殊内涵和一定实体的"有机生命体"。发展学科追求的是学科实力与水平的提升,明面上是体现出各类指标的幅度上升,潜在反映的却是形成学科的组织运作、资源优化和学科要素集成等表现出的量变与质变关系,因为变化有因果关系。以此作为分析学科关系的逻辑点,那么不仅要准确把握学科"生命体"的体重是增加了还是减轻了,还要确定组合结构的具体变化,即使这种变化是微不足道、不易察觉的。

前述单纯的指标性评价与衡量,并不能揭示学科结构的客观实在,实际上,通常所论及的学科结构也只是要素之间的组合、规模、类属等之类。按照理解归类,处在一定发展阶段的学科应该具有某种我们所不知晓的特定结构,学科是有其结构的,一旦受到外界环境因素的影响,或者内部某些要素发生变化,则结构必然随之变化。如此,通过认识学科结构变化,可以把握学科关系的变化;而把握好关系要件的发展变化,又会预见学科结构的未来变化。因此,理解学科结构及其变化规则可以换角度认识学科关系。当然,这首先会遇及三个重要问题,即由一定关系组合而成的学科具有何种形式上的结构,结构与关系有什么必然联系?从学科组织模式看,什么样的学科结构包括学科群落生态结构和学科的知识组合结构等能够有效促进学科的发展;如何在复杂多元的、开放交融的、层级混合的诸多结构学科中科学把握学科种种关系?前两个问题主要指向战略规划与管理决策,对应于学科发展要求,强调结构优化保证学科健康发展,要求对各个结构要素和关系

---

① 怀特海.思想方式[M].韩东辉,等译.北京:华夏出版社,1999:76.
② 钱玲飞,邓三鸿,杨建林.人文社会科学学科创新力多层次评价体系[J].西南民族大学学报(人文社会科学版),2012(12):236-240.

主客体同等对待,这便涉及前文的学科治理问题;后一问题涉及关系衡量技术性操作,客观上要求传统与现代技术的集约,特别是现代许多新的技术优势,需要充分借用和发挥作用,这需要保持与时代技术创新的同步性,也便于更为直观地衡量学科关系。

二、学科关系衡量的理性审思

扫描不同层面的学科关系表达,因为学科"已深深地和各种社会权力、利益体制相互交缠"[①],理想情况下,学科要与其他关系体建立起基于应对内外环境变化的协调平衡机制,而科学界定与衡量这些关系赋予了学科新的使命和责任。学科发展可以说是关系的和谐共赢。而对于一般意义上的发展学科,我们多关注的是学科资源配置、学科结构匹配和学科人事相合等问题,这些问题当然重要,在建设目标驱动下,需协调处理好涉及的各种关系和矛盾。但学科资源与结构只是存在形式,在一定的目标框架中,需要被动地进行适应性调整,各安其位,被合理安放在应处位置,从而构筑完美的学科发展蓝图。追求学科关系的清透性,科学衡量这些关系的实质,要的是知己知彼,能够绘出学科发展清晰的阵形图,并以比较高瞻的视角来统揽学科的前行,学科的发展不能过于感性和急切地追求,应保持一定的理性,加强过程的反思。

(一) 点面均衡发展的追求与实现

我们认清学科关系,包括以评价、数据等来科学衡量这种关系,并非简单意义上展现学科之间需要进行强弱比拼或实力较量的错觉,虽然不乏实际比照,因为要在定标比较中缩短学科间差距,在相互借鉴中取长补短,但主旨是对内在"症结"的发现与精准"施治",属于后知后觉。

其一,关系衡量要能满足必要之需,即要借助这种方式明确学科发展不足,进行自我解析,寻缘中找到解决问题之根本。其间,首先要放低姿态,从细弱处入手,发现和尽力克服"短板"影响。对此,要密切关注对应于学科的各类影响因素,做到客观全面分析,既要合理区别对待,也不厚此薄彼。对于一些关联影响甚为重要的因素或关系,当然是力求将作用发挥到极致以

---

① 华勒斯坦,等.学科·知识·权力[M].刘健芝,等译.北京:生活·读书·新知三联书店,1999:2.

便最大限度地提升学科发展空间;反之,对于那些关联影响可有可无、不决定方向或性质以及明显是"拖后腿"的因素或关系,则应当断则断,妥善处理,不必遮掩模糊。一般而言,我们在分析牵涉的关系时,或在选择若干关系衡量的指标时,是有着趋于利己主义取向的,多半会朝着有利自身的角度去看待,会带有专业的眼光作出评判,却很难做到绝对的公正与公平,也很难深究这样的选择是否全面系统。因此,为了降低衡量复杂性的影响以及由此带来的考虑不周,简便的方式是借助第三方力量,以期获得比较客观的结果。但即便如此,第三方的专业权威性以及其运营的商业化性质等或许又会令人质疑。这好像进入了一种怪圈。

其二,所衡量的关系指代要素或影响因素,具有展现的必需性。把握关系不仅是明确关系主客体的客观存在,更为了能够客观揭示要素或因素的存在价值而服务。对于影响学科发展的各类要素或因素等,从理论上应该同等对待,但实际却必须厚此薄彼,因为资源禀赋或实力的制约。任何一所大学所拥有的资源总量是有限的,为了做大做强,必须将有限的资源用在"刀刃"上,突出优势与特色集聚,故而反对效仿与均衡发展。虽然均衡发展的理念没有错,但在特定阶段的特殊目标要求下,需要客观看待和大局正视,均衡发展对于学科很难做到,如学位点突破、重点学科实现、高水平学科团队打造、高端学科平台突破等,往往要的是"毕其功于一役",待目标任务完成或功成名就之时或许会考虑后续均衡问题。我国的大学综合性强,学科分布密集,无论是地方应用型大学还是高水平研究型大学,学科门类较为齐全,故很难在所有学科发展上实现"一流",在达成规模综合化的同时只能以牺牲大多数学科的利益,优先发展若干优势学科,形成"一荣俱荣"的局面,进而在带动中逐渐实现共同强大。

(二)学科内外协同体系的科学架构

任何事物的发展变化都不能脱离依存环境的制约,这并非强化了环境的主导作用。学科在处理好内部运作的小环境和协调内部顺畅关系时,尤需兼顾外部大环境的改变,并且时刻密切关注大环境的动态,以及时作出针对性灵活调整。学科需要与内外环境之间保持息息相关的感应随动,加强彼此动感协同。具体可从两个方面分析。

一方面,对关系要求作出相对准确的衡量时,应在坚持必要的可量化规则如教学、科研、软硬条件、社会声誉等结果性量化框架内,适度转向关系认同的"软性"作用,将其转移至比较容易忽略的学科环境、学科文化等重要因素上来。众所周知,相比可量化的业绩成果,软性因素的衡量费心费力且效果并不理想,况且其中不少因素定性可以,定量实难达成所愿,故只好做些简便轻易之举。但毕竟,无源之水不足以流长远,无本之木不足以成茂林,学科水平的提升需要强劲的源动力和雄厚的资源辅助,需要对体现作用的组织、结构、制度、机制、文化等因素给予充分考虑,这是非常重要的。通过这些因素引入的分析与把握,可激发学科深度思考与环境的关系问题,包括与环境中的人、事、物等交织的复杂关系。这种整体居于高位的宏观视野和秉持的系统理念,是有利于推动学科组建和谐共生的运作机制和关系体系的,有利于学科建立协同创新网络,有利于学科借助各方优势和资源等促进建设,终究是便宜于学科发展的。

另一方面,"木秀于林风必摧之",学科的规划建设不可让其置于"独秀于林"的境地。相信会有人对此产生疑问,即这种说法与当前支持大学和学科创建"双一流"的战略是否相悖？规划布局上,我们需要的是在较短的时期内,集中优势力量将某一或部分学科打造成"中国一流"乃至"世界一流",全力发出本学科的强势声音,目的就是要让某个学科"独秀之中",成为独领风骚的存在。那么,不能秀于其间,是何解？这里要强调的是建构学科的关系体,即按照"金字塔形"搭建稳固分明的学科层级关系,各类学科如基础、应用和交叉等各安其位,各展所长,共同支撑金字塔顶端学科的"矗立"。学科尤为需要关注两个关切点:一是始终应追求知识的体系创新,并将其作为学科发展的恒久动力,因为学科源于知识,知识创造是其根本使命,知识体系的"枝繁叶茂"是职责,这也需要学科之间建立协同;二是抓牢推动学科"落地",在"落叶归根"、扎根地方环境中体现功能价值,这也是学科履行应尽社会责任和服务地方经济社会发展的必要过程,源自于学科的独特属性和自身的专属优势。当然,也不必完全倒向功利性,如有的大学学科,学科群体将过多的精力放在加强与地方企业的产学研合作上,以获取多大的项目资金和收入增加作为目标,反而相对淡化了学科的本质属性追寻,这并不可取,但也无可厚非。

因此,学科若是希望走得更远,与地方区域建立起密切的关系是重要依凭,这是将学科的创新能力转化为知识生产力和社会服务能力的核心途径,同时也需要对这种落地服务的效能进行检视。

（三）开拓进取的学术本心保持

事物的发展有着客观规律遵循和特定的生命周期变化。学科的发展有始无终,关系衡量只是为了更为全面科学地认识学科。在纷繁复杂的当今社会,学科的关系日渐复杂多变,对其的衡量和把握也有着不懈的探索发现过程。何况,今天的大学学科已不同往昔,使命不再单一,发展学科要兼顾的利益和规则多样,如融入世界高等教育的发展潮流、在研究与交流等方面遵循一定的国际通行准则、契合国家战略发展需要、满足社会期望,同时,还需要保持大学及其学科的本心,持之以恒,奋勇向前。虽然历史的变迁、发展的阶段、条件的优劣等客观原因造成了学科彼此间的天然差距,正所谓"前人栽树,后人乘凉",不少人因此从中受益,少了从头开始的奋力拼搏之旅和历经失败与成功的转换迭起,转而有了一份"坐享其成"的自然荣耀。先天的荣耀不值得炫耀,尤需精心维护。比如,地方大学的学位点建设,今天仍然有不少的地方本科高校没有获得国家授权的硕士点、博士点,没有研究生教育资格,并为此汇集全校之力力争实现突破。随着形势的变化,特别是诸多职业技术大学的异军突起,地方本科高校面临的压力巨大,不进则退,未能实现学位点的突破,会有落得不如"职业院校"之感。相反,很多大学如那些历史悠久的早已功德圆满,大学中的学科点及其共同体根本不必再为点的突破聚心聚力,甚至会因研究生招生太多和培养指导太多而徒增烦恼。纵然有着这样那样的先天差距,不可回避,自然也不可否认,但缩短这样的距离也并非一朝一夕之功,需要几代人为之不懈地传承与创新,这体现的根本是学科文化的价值导引。杰出的学科可不是建设出来的,精神与文化层面的精髓实质才是其经久不衰的秘诀。

反观当下我国诸多大学的众多学科,少了淡雅平凡,多了浮躁虚华,其明暗相争的资源、名利、地位、声望等现象可谓司空见惯,不胜枚举。学科的发展整体少了自由心态、精神追崇和从容心境,要知道学科中的个体或群体并不是他人游戏中的过河卒子,他们自然会看到社会的一些变化以及由此对人、对己的影响,故而相应作出自我调节,以维持自己的优势地位,而可能不为外部影响的压力所动的毕竟是少数。按照科根的话来说,学者们"很多时候在工作期间并不直接明了具体的外部压力,而是自己对具体的外部压力与可能的外部压力进行建构,树立自己的观念,而且重要的是内心对具体外部压力的感知。"所以,任何短视的发展行为都不应该成为学科的主导模式,后期为此付出的代价将会是巨大的。当然,改变这些既存的不良状况是比较痛苦的过程,难点不在于自身随之而变,而是社会或外部主体需要建立更为科学有序的竞争环境,加强科学引导,外部不变,内部则只能从流,因为受背后的资源获取利益所驱动。

(四) 学科发展竞争优势的培育构筑

关系衡量的诸如政策性、指令性或终结性等模式都是具体运作形式,可以此显现关系的存在,但还不足以构成关系厘清的全部。与学科发展相一致,学科关系的形成与稳固自然是一个长期、动态和调控的过程,我们需要对关系本身以及影响其产生、发展、表现、作用、影响等环节进行全面掌握和实时分析,进而为学科发展提供科学的管理决策支持。然而,现实是关系类型多样,衡量的点、面相对单一;认识不尽全面,过程衡量环节显得尤其薄弱,不仅缺少必要的资源、人力和设施条件等,关键是如何科学把握难度较大。按照常规的逻辑考虑,一般也是在输入环节提出要求,过程环节抓好规范,输出环节验证成效。至于如何看待关系与发展的关联,如何发现关系的存在机理和适度改变,如何稳妥解决因关系杂乱带来的难题等,这些明显心有余而力不足,结果处理也显而易见,在不能科学得出应有结果的前提下,往往是以较大的主观性或经验性决策来替代。

因此,梳理清楚学科有哪些关系是第一步,找准关系影响要素是其次,随后的科学衡量需要创新改革。要充分对应大学和学科特点,清晰表达学科的关系,创新关系衡量的模式,丰富关系理论研究内容,并在具体方法方式上推陈出新,其中的关键在于对现代量化技术的采用。我们需要借助必要的学科决策管理平台,实现学科数据的高度集成和智慧处理,进而将原本强化的终结性衡量逐渐弱化为过程性衡量,构筑起相应的竞争优势,这符合关系把握的初衷,符合学科发展的期望。

本 章 小 结

学科关系牵引学科发展。对关系的把握应当秉持何种理念、贯以何种方式、过程如何实施、倾诉何种结果等会很大程度左右学科发展。在跨越国界、纷繁涌现的诸多关系风景中,学科如何独善其身,如何以欣赏的眼光去客观看待这些风景背后所体现的差异、所施加或造成的影响,以及如何应对有的放矢地去改变,最终实现学科本真发展,这值得我们深思。大学的学科既需要在自由宽松的环境中翱翔着追索科学知识的无限延伸,更需要在务实进取的氛围中扎实应对现实问题的层出不穷,客观迎接来自各类关系和环境的干扰,于静默中发力,于沉静中化解,这是学科的重要使命,也是学科关系的职责,但关系把握只是手段,并不是根本目的,其具有的诊断、引导、辐射和示范等作用应得到有效发挥,要形成正确的导向,最优化地提升学科实力。

第四章　结构视阈中的大学学科关系建构

　　学科与学科、学科与非学科之间的多种关系究竟应以什么媒介作为重要依托，且能够紧密连接彼此达到有效作用发挥，这个问题并不容易回答。按照前面篇章所述，人们会给出许多不同类型的答案，仁者见仁、智者见智，但唯独不可缺少对"结构"这一选项的解答。结构是与关系非常密切的一个传统概念，之所以用"传统"一词来描述，是因为其具有与生俱来的关联属性，结构体现、影响、制约和发展着事物的各类关系，关系则通过一定形式的结构给以表征。故而，有必要基于学科结构角度来讨论学科的关系与发展问题，这或许能揭示一些深层次隐含的不确定性。比如，基于外部原因而诞生的多种学科，包括一些新兴交叉或社会急需的应用类学科的产生，如会计学、护理学、金融学等，它们会因此架构起全新的学科结构及其体系，同样清晰地体现了学术界与其外界之间的相互关系与相互作用。这些学科不仅因为"新"，在学术上能够被研究、被接受，就社会大众的职业感观而言也是实际所需的。按照布卢姆对此形成的理解，将其描述为"外部刺激"模式："当有人觉察到某一特定现象（一个自然过程或结果）可能具有满足某种社会功能的潜在效用时，一个技术领域就开始产生，开始发展了。"[①] 由此，带来了现有知识的重组与新问题的产生，如此新颖变化的新知识和层出不穷的新问题进一步催动着人们对此好奇心的满足。

　　在现实中，一般谈论较多关乎结构的语词有经济结构、社会结构、产业结构、人口结构、物质结构、空间结构等，语境、语域和情境等毋庸多言，以此描述客观事物和人类社会的存在状态与发展变化。因此，结构既是一个对事物认识上的观念形态，能够比较简便地将复杂事物化繁为简，以一种相对容易识别、便于识记的方式固化之，呈现简约化的应有之形，也是事物客观发展的存续状态，并在人们的主观认识中适需性调控存在状态的显现度。

---

① 比彻,特罗勒尔.学术部落及其领地:知识探索与学科文化[M].唐跃勤,蒲茂华,等译.北京:北京大学出版社,2015:196.

那么,结构到底作何种理解？概念上,是强调对客观事物固有属性的本质概括,反映的是事物组成部分按照一定规则或标准构成的体系以及体系内部的相互作用、相互联系和所形成的组织运作方式。从词义上分析,"结"有结合之意,"构"为构造之义,两字合起来成词,理解上就是主观世界与物质世界的结合构造。若是按照系统论的观点,结构指的是系统内部各要素之间在时间、空间方面的有机联系与相互作用的方式或顺序。因而,论及结构,核心要件始终是要强调形成整体的各部分的组成比例、相互联系与作用方式。由此推论,我们探讨的学科结构可以比较纯粹地认为是学科与学科之间的相互关系及其作用方式。但这并非接下来本章要讨论的主题,而是转换思路,进入比较微观的单一学科内部,由学科内生性去揭示自身发展和体现的主题变化。至于较为宏观或中观的区域性学科结构状态,自然关联着学科的发展,学科结构与学科发展相生相息。

一、何谓学科结构？

结构是一个可以无限放大却又能够相对缩小关照的灵动词汇。因为学科从属于大学,大学成为高等教育及其系统的组织核心,那么,研究学科结构的逻辑起点,自然是先由上位的"高等教育结构"入手,须将之放置于这一宏观的大系统环境中来思量。但可能感到奇怪的是,所能知晓的种种结构及其体现的复杂关系最终又会让"关注点"集中回到了学科结构上,这与研究大学终究还是要回到大学的学科专业是一致的。对于什么是高等教育结构,学界多年来已经进行了比较深入的分析探讨,形成了众多结论与观点,如认为是高等教育系统的"内部构成状态"[1]"内部各要素之间的构成状态和比例关系"[2]"内部诸多因素相互依存、相互作用的关联方式(或组合方式)"[3]以及"内部诸要素和外部环境诸因素的关系形式"[4]等,体现了这一系统的"序的规定性"[5]。此外,还体现在规模、布局、类型、层次、学科、专业、人才等多方面,这些要素相得益彰,共同组合构成了比较完整的高等教育体系(结

---

① 郝克明,汪永铨.中国高等教育结构研究[M].北京:人民教育出版社,1987:3.
② 戚万学.高等教育学[M].济南:山东大学出版社,2008:278.
③ 潘懋元.高等教育学讲座[M].北京:人民教育出版社,1993:77.
④ 齐亮祖,刘敬发.高等教育结构学[M].哈尔滨:黑龙江教育出版社,1986:40.
⑤ 李枭鹰.高等教育强国建设需要什么样的高等教育结构[J].高等教育研究,2019(5):21-23,19.

构),并以此决定了高等教育的功能变化。

但是,作为高等教育体系中的亚层次结构,人们对于学科结构的认识却没有如此多优秀的表现,呈现的是不太系统、较为零碎的论述。一般意义上,还是较为偏向于高等教育的宏观管理层面,牵涉到学校与地方、政府、市场等职能的动态调试。其中,关注较多的是区域的学科布局问题,有布局优化论及不同学科的组合,并且时常"以学科专业调整形式出现,包括学科划分的调整和学科专业点布局调整两个基本方面"[①]。若沿着历史发展脉络追寻,我国早期并没有学科结构的概念,《四库全书》中的经、史、子、集可以勉强作为学科体系结构划分的依据,是最为接近学科结构的特征描述。在西方世界,也是直到近代,英国著名哲学家弗朗西斯·培根才第一次在科学史上对学科结构作出了比较系统的认识,提出要按照思维特征来划分"学科结构"的观点。之后的1959年,美国教育心理学家布鲁纳在其所出版《教育过程》一书中,系统地阐述了学科结构论,他认为,每门学科都存在一系列的基本结构,即所谓的"学科基本结构",具体指某门学科的基本概念、基本原理及其相互关系。可以说,任何一门学科随着时代发展都有着特定的结构与特性,按其对学科结构的认识,大致可分为朦胧意识、自觉认识、整体把握和系统综合四个时期,相关的代表性理论除培根的思维特征学科划分说,还有康德的链式学科划分说、圣西门与孔德的纵向式学科划分说、知识体系型学科划分说和科学方法型学科划分说等之分。我国著名学者陈燮君先生从内部来定义学科结构,认为"学科结构是学科的知识纤维、理论板块、学科体系发展演变而形成的有机构成,是学科内在逻辑的集中反映,是学科时代精神的构造性体现,是学科空间分布和时态变换的结合方式的选择。"[②]赵文华和庞青山两位学者在描述何为学科结构时,着眼于大学层面,都强调大学内部的学科组成及其比例关系。还有的学者分别从学科(学位)点分布、学科知识构成、学科知识分类等多方面给出揭示。可见,学者们对学科结构的理解形成了基本共识,认为学科结构是大学或者特定区域内的大学所拥有的学科比例关系及其组合方式,包括学科门类与分布、学科规模与布局以及为适应变化的环境和履行承担职责进行的动态调整。

从研究对象范围看,国内学者对学科结构的研究几乎涵盖了所有领域且内容丰富,涉及体系(系统)、要素(因素)、关系(联系)、机制(体制)等许多

---

① 瞿振元.刍议学科建设历史、现状与发展思路[J].中国高教研究,2020(11):7-12,18.
② 陈燮君.学科学导论:学科发展理论探索[M].上海:上海三联书店,1991:18.

基本问题的探寻,其核心是关系(联系)问题。作为高等教育结构的重要组成部分,学科结构是构成高等教育结构的核心要素,既具有一般意义上理解结构的相近逻辑,也有关联着学科知识逻辑的特殊性,还需考虑社会(市场)逻辑对学科的关联性。宏观上,国家战略实施和经济社会发展需要高等教育呈现一定的结构匹配,以满足实际需要。中观上,高等教育结构中最为基础的脱离不了大学的学科专业结构,表现较为复杂的是区域布局结构(包括区域自身发展的布局如产业结构调整、学科专业的区域性布局如学位点和重点学科设置等),两者需要匹配以增强互动,这就要求对大学的学科专业结构不断进行适切性优化与调整,从中必然牵扯众多复杂利益关系,关系若再不能保持良好的平衡,必将制约发展生态的建构,这对于任何一方都是破坏性打击,不是乐于见到的局面。微观上,不同经济水平地区、不同层次类型的大学定然会出于战略规划发展考虑,需要对本校的学科结构进行针对性调整,以增强内外的适应性、灵活性和有效性,这已经成为大学应对形势变化的常规性举措。此外,还有更加细微的如教学改革、课程教学、人才培养、教学模式、知识结构等具体性内容,属于单一学科内部的细节性改变。但是,无论居于什么立场,学科结构的表现特征一直强调与外部环境的要求达到比较理想的匹配程度,使之能够处于适应环境的最优状态,达到优化平衡的状态,由此才能推动学科的健康发展,至少不会与环境脱节或格格不入。前者是国家或地方政府基于经济社会发展要求作出的引导性调整或强制性布局,如重点支持建设若干所大学的若干个优势学科、减少资源配备限制某些学科发展等;后者则是大学基于外部需求变化与学校发展实际作出的战略性调整。结构体现状态,体系反映关系,抓结构体系就是要使教育在宏观上契合经济社会的发展需要。①所以,学科结构整体上已经并非简单的科类问题,而是一个内涵科类划分、层次差异并聚合复杂利益诉求与权力博弈的体系。②另外,作为关联知识的结构类型和作为社会需求反映的结构属性相互交融衍生的产物,学科结构有着不同时期的发展诉求,其合理与否决定着大学的人才培养、科学研究、社会服务、文化传承等方面所能达到的质量与水平,进而对国家战略、社会进步和大学发展包括学科自身等产生重要影响。科学合理的学科结构及其体系能够促进学科知识体系的不断完善,能够增强高等教育机构对社会需求的适应性,提升大学的核心竞争力,直观

---

① 马陆亭.面向新发展格局的"十四五"教育[N].学习时报,2020-10-23.
② 刘国瑞.关于高等学校学科结构调整的再认识[J].大学与学科,2021(1):72-81.

的作用可以促进学科发展。因此,研究学科关系不可回避学科结构且需特别关切,具有某种理想的学科结构同时蕴含着丰富和谐的学科关系体现。

再者,比较宽泛意义的学科结构如前所述,指代的是全局性的不同学科的组成规模和空间分布格局,主要体现学科数量上的多寡之分,"近水楼台"之距,以契合高等教育和地方经济社会的发展需要,并根据形势发展变化,实施相应的结构调控策略。所谓的区域学科结构合理,指的是区域内大学、研究机构等拥有的各类学科能够保持与区域经济社会发展有较好的协调一致性,包括在智力支持、技术创新、服务支撑等方面的匹配程度,这与当前各地对大学及其学科提出的服务社会要求是一致的。大学内的学科结构合理强调的是对应大学办学定位、特色培育和优势打造等,不同学科在维系大学声誉、地位和实力中的政策制度以及管理机制安排,以及由此构成的学科结构体系,如什么是重点学科、什么是特色学科、各类学科的支持力度、学科的层次性等。落到具体某个学科上,结构一般首先指知识结构,是何种知识体系。关于学科结构,这中间还存在着诸多的发展逻辑,如政治导向逻辑、行政管理逻辑、组织发展逻辑、市场需求逻辑、知识生成逻辑等,交叉着政治、行政、学术、市场、社会等多种力量,已然成为多种逻辑交互作用和相互影响的复杂关系领域。

人类知识系统是一种客观存在的结构体,来源于人类对未知世界的不懈探索,但对于知识系统的划分却是人为的。[①]学科结构的变化与否,主要推手在于人类的选择。故而可以说,每一个特定学科的教师和从事专门研究的学者都会或多或少关注学科结构问题,只是在角度把握和具体理解认识上各有侧重。教师主要从教学角度来论,体现教学内容、教学资源、教学改革、人才培养、知识结构等,关联的重点是知识传承和教学方式变化,并会因此逐渐成长为某一知识科目的专家;学者研究则具有广泛性,分布在已知的所有学科领域,但关注较多的还主要集中在科学、教育和文化等领域,定向于自己所熟悉的学科,并借以了解本学科与其他学科之间的关系。总体来看,即便研究与关切较多,但国内对学科结构的研究整体还是显得理论探索不多、层次深度不够、结构不尽合理,而且角度相对单一,较多的聚焦于,一是学科的区域宏观结构分布,二是与产业结构之间的互动。因为高等教育结构和学科结构需要优化调整,地方产业结构需要优化转型升级,大学与学科作为推动地方经济社会发展的支持力量,彼此不适应、不平衡或者不匹

---

① 瞿振元.刍议学科建设历史、现状与发展思路[J].中国高教研究,2020(11):7-12,18.

配将无法协调实现共赢,会与所倡导的协同创新、共同发展、高质量发展等理念和战略相悖。因此,国家对两者的关系已经作出了重要部署,并提出了明确要求,如《国家中长期教育改革和发展规划纲要(2010—2020年)》便提出"优化学科专业结构"的发展任务,"十四五"规划中也有一定的表述。学科结构与产业结构是相互影响、相互促进和相互制约的关系,且会直接影响着高等教育(机构)与区域经济社会发展之间的关系,甚至因此推动新的重大变革发生。

若以千百年来学科结构的演进历程细观之,学科结构根本上论及的还是知识生产和社会生产的交互作用。若再细分发展阶段论述,至少可以分为三个阶段:一是从中世纪大学产生到德国柏林大学的改革,所形成的学科结构主要基于知识生产的创造,是因为社会对知识的诉求和研究的推动;二是从德国柏林大学改革到20世纪末,大学随着第二次工业革命兴起越来越走向社会中心,不再是遥不可及的象牙塔,社会生产和产业发展推动着学科结构演进,建构了学科与社会更加密切的关系,学科知识为社会发展提供了坚强助力;三是自21世纪以来,各种革命如知识、信息、产业等蓬勃兴起,知识以未曾预料的几何级数飞速增长,知识转化为生产力的周期大大缩短,学科结构变化进入知识生产和社会生产协同发力的时代。正是因为知识的膨胀和人们的多样化选择,学科不断发生分化、交叉与综合,新学科不断产生,老学科消亡或更新,交叉学科纷繁出现,逐渐形成了今天仍在持续变化的学科体系形态。有学者分析了大学里学科的产生机理,可分为"先有学科后有大学、学科和大学相互依存、经人的理性设计或权力的规划而出现的诸多学科以及通过传统学科的分化、交叉或科际的整合而形成的新兴学科"[1]这四类,是有其道理的。

以上所论知识与社会的关系,便是强化学科结构与产业结构的关系,有其必然性与合理性,中间环节则是通过人力资本即人才的培养起主导作用,毕竟人才是联系学科与产业等一切的纽带。而且,今天的学科发展已经不是单一学科的孤军奋战所能达成的,不同学科之间需要建立某些联系,进而形成一定的能够切实发挥最大功效的组织结构和成长规模,尤其需要强化学科间的关系连接。为何要做这样的客观要求呢?一来借用类似于生物学上的生态群落组成概念,其同样要求学科组合成群,构成一定的学科生态群落,体现群聚效应,相互取长补短,促进共同发展,并联合"抵御"外来攻击。

---

[1] 王建华.知识规划与学科建设[J].高等教育研究,2013(5):1-11.

二来单一学科的知识体系和技术方法毕竟有限,建立起学科关系有利于挖掘潜在能力,发现交叉重叠部分的闪光点,更易解决一些复杂问题,若是"只搁在一个学科内部来认识与之有关的一切问题是不够的"①。三来单一学科的存在缺乏比较参照性和相互依赖性,显得"独芳自赏",很难获得长足的创新发展。比如,新中国成立初期,为了培养大批急需的专业技术人才,设立了很多单科性的行业院校,甚至将原先一些强势的综合性大学进行了拆分重组,然而随着社会发展,这些依存于单一学科的高校逐渐暴露出发展的弊端,故后期又开始了大规模的院校调整,重建了诸多综合性和多学科性高校,进一步强化了发展中大学与学科、学科与学科之间的关系。

有不少文献对学科群聚问题进行了专门研究,强调的多是针对学科的应然状态,即要实现抱团发展、相互支撑、优劣互补和超级发展等。学科发展过程中既要应对内部压力和处理好内部要素的运转与矛盾,也要积极面对外部的强力冲击与施压,内外部始终处在博弈的情境中。这还涉及学科的生态建设问题,需要特别重视学科结构、学科文化、学科生长环境以及学科制度、学科管理等作用。假设现在某一大学的领导者和管理者对学科有着某种较高的发展预期与目标期望,对发展全局的把控和管理调控能力比较强,并谋划切实推出了一系列革新举措促进学科结构优化调整,以期实现学科高质量发展,惯常的做法是:前期进行大量调研和论证,摸清学科自有家底和校外发展情形,并做适当比对;校内优选若干拟重点建设的优势学科;调控各类资源集中这些学科的建设,并对学科提出具体要求;学科及其共同体则按照学校工作部署和要求积极推进,取得预期成果,达成既定目标;开展外联性工作,如产学研合作、成果转化应用等,使学科契合社会发展需求;学科在社会适应中反哺自身,进而持续发展。如此要求持续循环往复,从而实现学科水平的不断提升。

从中可以知晓,支撑学科建设与发展的基本要素主要有知识、资源和需求三类。其中,知识是基础,学科要源源不断地创造新知识,有着能够体现价值贡献的大量新旧知识应用,知识则来源于学科共同体对高深知识的不懈挖掘,而共同体内的学者们必须先获得足够的资源支持才能有效完成知识创造,至少不必为生计发愁。资源是保证,对资源的供应、调节和分配是关系着学科能否"吃饱穿暖"的重要问题,但现况是不能保证所有学科都达到饱暖,毕竟亲疏有别,即便是想一视同仁也做不到,因为存在结构性调控,

---

① 莫兰.复杂性理论与教育问题[M].陈一壮,译.北京:北京大学出版社,2004:96.

通常是谁做得好、谁实力强则分给谁多些,或者全凭学科自己外出"化缘"所得。若没有足够的能力,结果要么"乞求别人施舍",要么"忍饥挨饿受冻",不会被同情,也不要寄望于获得同情,因为优胜劣汰的自然法则始终起作用。需求则是动力,是学科外在价值的体现和发展的外部动力,知识和资源都需要在社会需求的满足中凭借真才实学而获得,学者们可以在学科专属领地内乐悠悠地探索发现新知识,但一旦对接社会需求,外部社会力量是比较实际的,追求的是知识的溢出效用价值,而不是知识追求的过程,并不会关心学术本身,需要的是成本付出与效益收获之间的比较。可见,这一过程尤其需要建立一种微妙关系的平衡,最先从学科结构入手,结构调整成为学科不同力量的平衡器。因此,既要保持一定的学科自留地,让学科人充分追求高深知识,持续进行研究,无论是兴趣式研究还是问题导向性研究;也要推进学科的外向开发,让学科与外部力量充分接触和交流,最大可能获取一些可观的效益和高水平成果,同时还要建立学科的中间协调机制,处理好学科内外发生的问题。

平衡是相对的,需要科学建构和极力保持,但在发展主旋律和先进理念倡导下,平衡仍会不断被打破,并在静与动的博弈中证明关系体的实力比拼。所以,大学内外的学科结构自始至终都在不停歇地优化调整中,主观的或客观的、看见的或看不见的、缓慢的或急切的、主动的或被动的,各行其道,很多时候这些调整是非常细微的,小到让人不以为然,甚至不知觉、不察觉,或是被看成一件平常之事习以为常。很多时候这些调整又是非学科因素客观驱动的,主要推手却是人的主观判断,是我们主动选择和模糊建构的结果,当然,驱动中还是会有一定的科学性和管理决策依据。又如,学科的知识系统是一种客观存在,但对于知识系统的划分却是人为的。在这种人为的主张建构中,将不同的学科按照相应的逻辑和主客观需要进行排列组合。也许很多人会认为,这种排列组合不需要那般讲究,大体合理确定哪些学科为主、哪些学科次之即可,再配以一定的资源和必要的管理保证学科按照预设的想法前进便可。但实际绝非如此单纯,深究这种有机组合却是一门极其高深的学问,甚至有极难的考验,难度绝不亚于中国古代的五行八卦、奇门遁甲等秘术推演,若不深入结构内部去钻研,实难窥其道理。但是,很少有人拥有此种能力,能对学科结构以这样高深透彻的思维逻辑去分析。所以,我们所论及的学科结构实际还是存在较大程度的"想当然",依据一些已有的数据进行主观判断,整体是比较粗犷的,不会对此去进行科学量化上的精准匹配，而只是根据需要进行阶段性的局部调整，当然有的也借助先进的智能分析支持系统进行科学决策。通过这些调整，形成符合期望的学科结构，让学科体系的功能更好发挥以契合社会需求。故云，学科结构与其认为是一个学科存在状态，不如说是一个持续追求的发展目标。基于结构，重建学科；基于学科，重建大学。

二、学科结构与学科发展的关系

既然学科结构并非那么不重要，当然要分析另外一个问题，即结构与发展是什么关系？这种关系不建议从知识角度来论，因为学科是随着社会发展水平的提升不断变化的，取决于学科共同体的专业性探索，但又必须回归到知识来谈，要着重于系统性的知识体系构建，因为"学科和大学的交汇点、矩阵结构的节点、各层级大学学术组织都是以学科为基础的知识组织，以知识为直接操作材料，承担着教学、科研、咨询服务等职能的知识组织"[1]。以知识来论结构，强调的便是学科的知识体系衍变，关系着知识的生产与创新增长，即侧重对学科主题结构和知识结构的研究，但是对此的研究主要集中于图书情报领域，研究方式主要有知识图谱的可视化分析。人类对未知领域的探索是无止境的，因为以知识为核心的学科发展态势会是无限延伸的，这蕴含着"学科结构—知识结构—知识发展—学科发展"的、以知识传承与创新为核心的学科逻辑关系，即学科是为知识而生的，赋予杂乱知识以学科之名（家），知识改变着学科，造就了学科，但同样改变着学科结构，所以，以此理解学科结构问题较为容易和易于接受，也是基础与核心。

显然，学科还存在着"外部适应性"的应用逻辑关系，即应该保持与政府、高校、行业、企业、部门、学术团体等多元主体之间必要的张力和吸力。学科不会有一成不变的结构，在不断发展变化，只要存在着人们的需要满足和好奇探索，只要学科受到社会需求的约束和期盼，便不会停歇。而且，这种结构是比较有趣的，趣旨在于以知识为核心的学科结构会经历一系列的"裂变"和"重构"过程，转变为另一种以组织为核心的学科结构，知识变为组织。这中间发生了什么？放宽视界，经过时间的积淀，已经成熟的学科有着比较健全规范的知识体系和运作机制，体系具有较为稳定且功能良好的结构特征，不同类型的知识会在相应机制运作下被有序安排并转运充实到学

---

[1] 翟亚军.大学学科建设模式研究[D].合肥：中国科学技术大学，2007：23.

科结构模块(如果可以依一定规则划分清楚的话)中,因为结构本身需要完善坚实,这种安排属于知识的嵌入编排,有点类似于孩子搭积木,让学科的既有知识体系不断合理地塑形扩展。可是,学科的知识体量是在不断增加的,甚至随着技术的进步以不可预料的几何级数成倍增长,一来有部分乐于发现的学者持之以恒的知识追求,二来有另外学者应对变化的需求不断充实更新,这两类新旧知识接连更替,促使学科知识体系壮大。人们当然会根据知识体系的变化,对学科容量进行预先结构性调控或者事后亡羊式修缮,以适应这种壮大的需求满足,但当知识扩展到超越学科承载上限后,直至学科边界无法承受其重,学科共同体也觉得再难以驾驭,又或者配套支撑的学科自有条件、管理治理举措、资源配置等着实跟不上,即所谓的水满则溢,此时知识分化(学科分裂)将成为必然,学科知识开始出现结构边界的破点外溢,逐渐按照相近原则汇集成团,直至形成新的学科领域。

知识外溢可以是多点相继"破损性"溢出,也可以是某点"受压式"溢出,至于猛然地"爆炸式"飞溅外溢并不多见,因为内部压力一般不会累积到如此之强的地步,那样的话这个学科将会分崩离析。由此,可以隐约看出,若某一学科广受学者追捧,学科群落的集聚性强,会在短期内汇聚成不小的知识力量,若此时受到外压激发作用,激励性带来的学科知识容量增幅将会加大,知识更新速度会加快,而且一般会在学科知识结构中的某一个或者若干个结构面上凝聚成独特优势,并将优势逐渐外显扩大甚至超越学科本身,延伸至跨学科、超学科范畴。优势一旦形成,对学科发展而言固然是有利的,但也非常危险。有利在于学科内外的众多群体都希望学科能"独占鳌头",实力强劲,身处其中会倍感荣耀,享受着这种优势提供的便捷和所带来的可观效益,这也是众人努力所得和所希冀的。危险在于极具优势的结构面会助长知识创造者的自大自信,若没有自觉的道德约束和低调的发展心态,当进展到一定阶段和程度后"物极必反",那时可能会不安分地开始闹"独立",要求分封"自立王国",或者与"志同道合""臭味相投"的其他学科、学科结构面等联合共建"新王国",甚至有的"忘恩负义"回过头来打压"旧王国",有些外力再借此"火上浇油""添油加醋""煽风点火"一番,助力内部这些"反叛"行为的迭起,"坐山观虎斗",起到诸类多彩样态的催化作用。结果显而易见,无论主动的还是被迫的,先前的学科结构已然破裂,迫切需要进行重构组合,导致结构版图发生新的变化,并在后续的日子里不断重复着这种演变。然而,由于这种结构演变大多是符合时代要求、前进发展性的,反倒是不太会有多少力量出来干预阻止,少数比较守旧的势力可能会加以抵挡,但终架不住时代的发展洪流,要么融合"受降",要么被冲击得"体无完肤",短暂一时的阵痛终会被时间所埋没。这便成就了有趣的一道风景,或者可以用"置之死地而后生"来形容之。

经历了知识裂变和重组等过程的学科由此走上了不断"进化"的道路,这是学科发展的历史使命。进化后,每个学科需要重新划定自己的生存空间、获取有利的发展机会和汇聚成特定的学术圈层,更要以其新鲜度、开放性和吸引力等来汇集学术共同体的加入,渐渐形成专属的学术部落,有人才好便利行事。要知道,外部可谓强手如林,弱者自然也有众多,生存环境可谓错综复杂,不进则退,故学科需要调整自身结构以应对变化多端的竞争,并赢得发展良机。然而,一旦身处外部环境中,学科已然身不由己,关系学科的结构创新、组织设置、资源安排等很多便与学科没有太多关系了,更高层级的组织如大学或地方区域管理部门会按照战略规划要求作出结构性调整和制度性安排,要求较大范围的学科形成一定的新型结构,以适应发展需要包括应对一些复杂问题,所有学科会被要求从属于这种需要并作出积极贡献,一些优势学科更被赋予了特定的要求,比如我国高校的博士、硕士学位授权点立项建设(培育)学科,实现授权学位破点是急切期盼的。舒适安逸自然难得"真经",只有在面对真正的重要需求面前,有迎难破解的勇气和能力,学科的发展才能寻得突破口,才能激发有力的动力以获得意想不到的效果,当然这绝非打无准备之仗,依凭的还是自身有足够的实力与竞争力。此时,单纯依赖知识逻辑来推动学科的内外强势很难有快速提升的可能,至少会路漫漫其修远兮,那么"组织"的作用已经登场发挥,具体则"显著地依赖政治领导者与政治集团的选择、行为和决策"[①]。由于"组织在某种程度上都是同时嵌植于关系与制度背景之中的,所以组织既关注协调与控制活动,也关注对自身的合法性说明"[②],以此,学科结构的调整被有机嵌入到特定的制度体系中,遵循着与社会发展的同构逻辑,这体现了合法性,即要适应社会发展的制度环境,同时由于对知识体系的重视和知识逻辑的遵循,又体现了合理性。所以,组织层面的学科结构优化调整具有合理性和合法性的双重意义。

---

① Lipset, Martin S.The Social Requisites of Democracy Revisited[J].American Sociological Review,1994(1):1-22.

② 迈耶,罗恩.制度化的组织:作为神话与仪式的正式结构[M]//鲍威尔,迪马吉奥.组织分析的新制度主义.姚伟,译.上海:上海人民出版社,2008:54,80.

诚然，这种组织制度是一只"看不见的手"，归属于不同类型组织的所需，如国家出于应对战略发展需要对学科作出的规模调控和结构调整，侧重于系统结构层面上的学科类别分布控制，其主导思想是实现学科多样化、专门化发展以保持优劣学科之间合理的张力，或者在特殊时期对学科做特殊对待。比如，新中国成立后，多次进行的大学学科结构调整便呈现出较为典型的政治与经济关联性，结构的变迁伴随着社会发展经历了"应用逻辑的院系调整、学科逻辑重塑学科专业目录、同构共生的体系建构"三个阶段[①]，这是国家对应经济社会发展需要对学科结构作出的战略性调整。至于微观的大学层面，必然是培育自己的优势或领头学科，建立"主辅相合"的学科结构群列，设计积极主动的学科制度和政策，建立学科之间互利互惠关系，彼此有合作有竞争，有支撑有主次之分，从而促进学科欣欣向荣发展。对于更加微观的学科内部，同样会强化作为最能动因素的学者及其学术组织的作用发挥，学科内部需要协调平稳，对外部环境要求积极应对，虽然不能用"内外交困"的不堪境地来加以描述，但大多要主动增进内外适应性，此时的学科内部若没有形成强有力的组织结构和制度体系，只是一味地引导学者们释放自己的学术创造力与贡献力，而非构筑行之有效的力量聚合机制，可能会出现迷失混乱的局面，造成学科力量的耗散，单打独斗、独自作战会成为常态，这不是学科发展应该有的状态。必须花大力气系统整合学科内外优质资源，建立能够匹配现代大学发展需要的学科结构体系，促成多学科协调发展新格局的转变，这是各级部门、各类高校、各个学科的应然之举，合则赢、分则亡的观念鲜明地体现出这一点。

所以，当学科的知识结构已经达到比较成熟稳定且短期内难以突破的相对平衡状态时，强化组织层面的结构匹配和做好应急制度安排是驾驭学科持续发展的有效之举，此时变化已不可阻挡。建构合理的学科内部知识结构，能够促进知识的分化和知识体系的逐步完善，而构建有序布局和相对平衡的学科外部结构则能够增强学科的社会适应性和核心竞争力，这怎么看都是有利之为。当然，学科结构不是简单的学科科类划分，不是单纯的异类学科空间搭建，重要的是在多重逻辑相合基础上的对关联学科及其要素组成对接内外需求响应的嵌入与融合应答。对于大学的微观学科来说，一要加强学科结构调整与社会需求变动的有效衔接，建立双向信息畅通共享

---

① 王战军,张微.新中国成立70年来我国高校学科结构调整[J].中国高教研究,2019(12):36-41.

机制,让学科更加接地气,善于在一定程度范围、一定层面覆盖上与社会实现合作对话;二要构建学科人才培养预警预测系统,抓牢学科发展的根本任务即落实立德树人,并为学科结构调整提供科学决策依据;三要建立比较科学的学科结构调控机制,体系内学科的进出、增减、升降等变动需符合规范程序,避免急功近利和过于主观。

三、量之学科结构问题寻思

第三章已从评价角度探讨了学科的量之关系。通过一些数据分析处理可以达成预期的衡量目标,并设立指标体系在综合量化赋分上解决学科关联要素彼此可比性、可量化等问题。定性的关系分析只能概括性地指出相互之间可能存在的某种关联,有的基于经验基础上的主观判断,有的立于一定事实证明之上的客观验证,但这些并不如量化分析来的直接纯粹,既能指出关系存在的客观实在,也能描述关系的密切程度。所以,对于关系的把握,若条件许可,能做到最大限度的科学量化理应作为第一选择,只是在数据和模型处理上要着实费些功夫。

如果说之前论述的两点主要是从定性层面来分析学科结构与学科发展的关系,那么能否以量化的方法客观准确反映出学科的结构性差异和体现所蕴含的学科多样关系及其变化,以及由此衡量出学科之间的水平差距呢?答案会很模糊。毕竟,若是能够对这些问题揭示清楚,无疑是学科研究的重大进步。而处在一定周期发展阶段或具有一定水平和实力的学科有着内在某种特定结构,这一结构并不与外部大环境要求的学科规模与结构布局直接关联,因为那是教育行政管理部门的职责,大学相对处于被"引导"的地位。当然大学可以根据区域、自身发展需要以及对应区域发展要求调整其学科发展战略,进而优化和改变内部的学科结构,且当某些学科发展到一定高度时,自然会引起社会广泛的注意,此时政府和社会的优质资源自然也会另眼相看。至此,可以粗浅认为,不同水平学科之间的差别根源在于学科结构。[1]而且,我们一般所谈论的学科结构要么是知识体系结构,要么是组合关系结构,通常很难用数据来转化成定量信息进行可比分析。同时,学科有没有较为稳定的、边界清晰且轮廓明确的实体结构形态,这不容易得出结

---

[1] 刘艳华,于朝臣,胡宝名.基于NK模型的学科结构复杂性研究[J].河北大学学报(哲学社会科学版),2009(2):69-76.

论,可还是有着一定的结构特征的,形态与特征共同构成了学科结构的两个主要属性。遗憾的是,特征可以归纳和把握,但形态却很难全方位立体呈现。

转换其他角度来论,如果学科的确具有某种我们所不明晓的结构形态,当赋予学科一定的资源或按照人们的目标预期发生了变化,学科的实力和水平会升降,并可通过一些局部的外显特征反映出来,且还会随着时间的延续、投入的增减以及内外环境的变化等产生持续的变动,其原先的结构形态必然改变,表现出另一种结构形态。如果这种变化并未涉及一些根本或核心要素,那么结构变化可能不会太显著,反之则会引起原结构的"解体"。"解体"有些夸大了,但和先前结构不一样是肯定的,而且结构变了,体现的学科蕴含关系也会随之改变。因此,结构由资源或要素量质而决定,资源或要素则由关系主体提供并决定,故而,从结构层面去进一步把握学科关系,不仅有利于完善学科研究的理论体系,拓展研究的空间和思路,对于推进当前的学科建设、管理与关系衡量等也具有重要意义。

对学科结构的量化或衡量,顾名思义,是指借助科学的方式,以某种可视化的技术或手段将一定发展阶段的学科结构形态勾勒出来,进而再精确对点聚焦,以更为精细的方法分析学科所具有的形态特征以及随着学科发展变化所带来的结构性改变,在此基础上,将学科的发展状态和实时结构结合起来进行综合衡量。由此可见,这一量化的核心环节是如何能比较准确地绘制学科结构图。目前常用的方法是数据挖掘技术或科学知识图谱(地图)分析,主要通过对学科的相关数据,一般是文献资料数据,进行技术挖掘并绘制知识图谱(地图),以此比较形象直观地分析学科。此外,还有平行坐标、鸢尾花数据集、几何图等方法。这些技术能帮助人们更好反映学科发展变化的动态以及学者、文献与学科的关系,但多局限于如论文、期刊等少量学科要素的数量量化上,应用一些如社会网络分析和本体技术等来加以建构,做不到全方位衡量,虽然可呈现知识结构,但与学科结构不是同一概念,故而不能相提并论。即便现今,我们对学科的理解也是从平台场所、仪器设备、人才团队、图书文献、项目成果和奖项、人才培养质量、社会评价和声誉等表征中反映的,显然这些也并不构成学科的全部,因为还有着许多难以量化的软性因素。那么,选择哪些要素作为学科的结构点,按照什么样的逻辑来链接这些学科点,又采用何种技术集能够比较科学地绘制出结构图,这些问题都需要解决。

第一个问题的解答是,要充分考察学科发展的前因后果,历史和现实相统一,最大限度地将关系学科发展变化的各类因素汇集起来,每类因素再从中遴选若干关键点予以明确,兼顾关注的面,这之中可以量化指标为优选项。当然,不同因素所起的作用存有差异,对结构变化的影响不一,合理地分配因素的重要性程度即通常所说的因素赋权是必要的,至于用什么方法来科学确定这些权重实际并不那么重要。可以换种思维方式理解,选择目标参照定标法,即应用过程中可以选择一些世界顶尖的学科,将这些一流学科作为目标参照,用所选择的指标进行前测,并不断修正调整指标,直至比较满意为止。现实情况是,一般会结合专家的主观经验判断,辅以一些量化处理方法如层次分析法、模糊数学、粗糙集等。实际上,评价量化或者结构量化的本质是为了促进学科发展,在自我前后时间延续的比较中还需要了解与强势学科之间的差距,比如以本校的某类基础学科和国内某知名大学的该类基础学科相比,差距究竟有多大,差距应该如何缩短,这是我们发展学科所关心的重要问题。可惜的是,一般我们不太会选择那些"高不可攀"的大学学科作绝对比较,反而会放低姿态,在一定区域的同类中寻找一些"安慰"或自信,因为既是同类,当属性与特征相同或相近,差距自然不会相去甚远。只有在相互比较中,才能认识到自身的不足,才能采取针对性的梳理、调配、调动、管理和实现等行动。同样,进行结构性量化的初衷也是如此。若论结构,可以不必追求学科结构与形态的完美诠释,但需要有结构性理念思维,在结构的呈现与变化中,体现结构要素的动态改变以及要素本身揭示的学科关系变动。

第二个问题的解答是,要坚持知识(学术)逻辑、行政逻辑和社会逻辑的相互统一。三者是不可分割的整体,甚至还需要其他逻辑的介入。道理不言而喻,发展学科首先强调学术性和知识性,要求持续探索和发现新知识,围绕学术研究推进学科,不能脱离此根本,进而再结合实际所需,适度偏向于行政逻辑或社会逻辑,以及合理处理三个逻辑之间的关系。目前来看,围绕知识生产核心的学术逻辑和以强调适应外部需要的社会逻辑之间的边界日益模糊,甚至社会逻辑逐渐占据了上风,并有着弱化学科内涵建设的风险。学科结构调整谈论比较多,但结构优化调整却很难达到满意的程度,因为诸多大学的学科相互之间究竟形成了什么样的结构,很难说清楚。而且,很多时候的调整缺乏可靠的数据支撑和科学依据,进而反复出现错位、同质、同构、持续等思维立场的困境,由此带来质量水平提升不快、结构性过剩等问题。究其根本,还是对学科的内涵理解不够、建设把握不准、举措未能到位等因素制约,这甚至会成为影响建设与发展的瓶颈。

学科是知识的集合,理应注重知识体系的系统性架构,只有积累完善了丰富的知识,才具备应用社会的先决条件或可能性。但反过来,不少人会这样认为,这一过程是否可以反向来设计,比如将学科应用于社会,在社会需求中找到知识创新与社会应用的结合点,再以当前知识为直接操作材料,借助学术组织的创造力,完成新知识的生成,从而解决社会需求问题。当然这样理解的前提条件是保持有学科存量,既要有学科结构的存量,更要有学科知识的存量,甚至知识和结构之间还需要建构某种适合存量调整的优化结构,管理和治理的问题同样需要跟进。至于行政逻辑,强调满足国家的需要,瞄准或对应国家未来发展需求和世界科技发展前沿,为国家的科技进步和创新发展奠定坚实的学科基础,并相应地将学科结构变化纳入宏观的发展大局,加强方向上的引领。现如今,一些服务于国家战略且指针学科发展的举措,都非常重视战略布局问题,如《中国教育现代化2035》、新工科建设等,均是战略性的学科宏观布局。

至于第三个问题的解答不再赘述,之前已结合有关技术做了一些说明。基于文献计量学的知识图谱、知识地图、知识网络等技术运用虽可描绘出学科结构,但此结构已非彼结构,因为主要体现的还是知识层面结构。强调学科知识固然有其合理性,但学科并不等于知识,或者说并不全都是知识,软硬兼备,而将知识化为易于描绘的文献图形数据,再从这些数据信息中建构出预期的某种分析或特征形态,以此结构来发现学科的发展演化和动力机制,进而延伸反映学科知识的集聚、交叉、继承和发展等关系,并可在时间和空间上构建学科知识网络演化模型。这是一种比较直观、客观且主观的处理方式。所谓直观,当然是指可以比较形象的以某些图形呈现学科的关系和演变,客观即来源于反映学科发展变化的真实数据并以此分析得出结果,主观在于这种方法还是依据人们简便易俗的心理驱动从而选择比较便捷的手段。另外,还有一类也比较常用的"可视化"技术,其经历了科学计算、数据、信息、知识、学科等不同发展阶段,采用具体形式对学科知识进行视觉呈现,帮助研究者可以更加直观地去把握某一学科领域的发展状况。我们相信,随着现代技术的发展,人们探索自然和世界的方法、方式推陈出新,在探索中会多元选择以符合所需的期望目标,推动科学不断前进。

四、学科结构多维向度分析

研究学科结构还存在一个空间维度事先确立的问题。处在什么样的时间区间和空间范围内,选择何种分析维度,所表现出的学科的结构形态必然不同,比如一般所论的二维空间、三维空间、四维空间等之类。大至国家战略宏观层面所讨论的学科结构,本质上是大学学科在既定时空的规模布局,考虑学科布点的平衡性和发展性,并在同一时空下,将区域发展、科技创新、人才培养、产业格局等与学科分布建立有机联系,关注学科存在与区域发展之间的动态关系,强调存在学科要对区域发展起重要支撑作用,并且根据战略格局调整、政策策略变化和区域发展动态等来调控学科点的地域"平面"分布,接下来的便是各个学科如何扎根落地、适应环境并能够焕发蓬勃生机的问题。大学层面的学科结构,对应教育事业发展规划的周期变动,通常依据国家战略实施的五年规划,在大学内部及其对外作用的空间格局内,出于创新驱动的需要明确不同学科的地位,从而架构起学科的"层次""规模""布点""体系"宏观结构,即明确孰优孰劣、谁先谁后、谁主打谁助攻以及采取什么样的组合军团等。对于具体微观的大学内部某些学科,其结构是指不同时期或发展阶段内部要素的组成模式及其体现的结构形态变化,如同一个人的胖瘦、高矮、老幼之分,但并不强调有空间之分,看实力比拼,协同大学内部的人才培养、专业建设。但是,之所以要重点确立空间维度,是考虑如何能比较便捷科学地框定学科的形态结构,学科结构虽然比较抽象,也需要有一个具体形象的模态呈现,将既定的学科嵌入在这种模态上,进而借助模态展现出学科的结构特征,再由此去分析学科之变的合理与否以及主题所论的学科关系。

不可否认,随着分析维度的增多,即模态刻画得越加精细,关联学科的要素呈现将会越多,考虑的内容越发多元,体现的学科变量之间的关系会更加复杂,因为一个要素、一个主体的背后往往蕴含着某些复杂关系,若其与学科发展相关,就不能视而不见,即便作用相对微小,也应添其入列,不以物轻而漠视。当然,这在分析结构之前一般已就此加以梳理,且会根据实际需要进行取舍,而伴随着学科要素增添及其体现关系的复杂程度加深,结构会变得更加丰满,然而可视角度的旋转以及边角的"切磨"修正难度却变大了。就好比有一块待解的碧玉原石,切开石头得到品质较佳的碧玉后,可以根据玉彩的品质按需切割出一定的玉材,进而深加工成为高档的"玉品"。若是需求提出越多、产品设计越丰富,深加工就越是要精雕细琢,而细琢的功夫显然要比粗犷的打造难得多。因而,探讨学科的结构,通常都选择易于处理的二维平面和三维空间来分析。

在笔者之前刊发的有关文章中[①],讨论了如何借助二维平面、三维立体空间来划定学科的结构框架,并使用一些数据处理方法将设定指标具体化、形象化,如二维平面使用灰色关联分析法,三维空间则使用圆柱空间构法。前者的二维灰色关联,是比较容易理解的,理由有三。一是可将学科的结构转化至大众普遍接受的平面直角坐标系中,这样的二维平面考虑的角度要单纯方便些,数据处理难度不大,学科所有衡量指标对应的数值客观陈列在平面中,将它们连点成线,使学科结构表现为曲折线状。不同的学科都可以在平面上绘制出相应曲折线,并会呈现坐标高度、起伏特征不同的线形,借用这些线状反映学科的水平和结构差异比较直观,至少比指标对应的数值列表要清晰许多。二是选取灰色关联分析法,此为中国学者邓聚龙先生所创,而一般我们所使用或能够想到的方法几乎都为舶来品,其中大部分标签是"美国制造",包括众多的数据分析模型、理论原理甚至评价标准等,灰色关联分析法由于对观察的样本数量没有太高要求,也不强调一般数量分析要求的具体数据必须体现典型的正态分布规律,整体计算量较小,无论是否具备较深数学功底的研究人员均可方便使用,而且此方法得出的分析结果一般与常规的定性分析相吻合,故有良好的运用空间。同时,学科关系的量化包括对学科发展程度的衡量,本身难以达到自然科学对事物极其精准的要求,甚至是微米级的,其具有模糊性(粗糙性)、动态性和无边界等特性,虽然会随着人们对此认识的深化而延伸拓展,但并非是一个严格且界限分明的确定性系统,学科的这个系统体现出典型的灰色特征,因为客观的局限会导致关联学科的部分信息已知、部分信息未知、信息不完全掌握,需要进行信息生成开发进而猜测性获取未知信息,这不仅是灰色理论阐述的核心思想,也证实了为何众多交叉学科能够存在。三是可以根据曲折线之间相似程度来判断学科要素间的关联程度,曲线距离越接近,形态特征越相似,相应要素的关联性就越大,即属于同类型学科;反之则越小,这可以更加清

---

① 笔者曾先后于2014年、2017年两次发文就学科结构问题进行平面、空间的探讨,详见:朱明,杨晓江.基于空间形态分析的学科水平评价新方法探究[J].科技管理研究,2014(10):52-58;朱明,廖文和.基于平面灰关联的学科水平结构型评价方法[J].统计与决策,2017(10):64-67.

楚地揭示学科要素之间的关系，反映学科之间的差异包括发展水平的差距。此外，若曲线整体视之比较平稳，即不陡峭、不波浪起伏，类似或接近于直线形，那么该学科的各个要素水平差距显得较为"温和"，这是理想的状态；反之，那些表现得比较"激进"的曲折线，以某几个要素尤为突出，也可以对此做专门研究。

如果按照学科有着生命体的认识，那么学科应该是一个空间有形生命体，至于究竟是什么样的形体则因人而异、不能确定。由于客观事物存在于特定的空间中，时间是无限流逝的，但空间却是相对有限的，即便我们所能触及到的空间在想象中可以是浩瀚的宇宙——无边无界，如同科幻小说中的飞船跨宇宙航行，也可以是蚂蚁眼中的世界——小小的一方天，但始终是"孙悟空跳不出如来佛祖掌心"，实际也只是在比较有限集中的空间内活动，偶尔也会因种种事由漂游至其他空间。故而，学科结构的把握不能脱离"空间"概念盲目孤立地看待，一定结构的学科对应于既定空间，也需在空间中建立学科的结构构想。然而，对空间的把握却有着特殊性与复杂性，一来需要给这些或此类"空间"以必要的条件约束，使之能够相对固化或圈定出适当的范围，至少在已有认知能力触及之内。简单说，就是要以一种比较认同的想象形态来限定结构特征，以便有效地刻画或描绘，这就好比区域的发展要先圈定区域的地理边界，再结合区域资源分布、战略发展格局等明确区块的功能布局，进而"调动资源"和"排兵布阵"，建构相应的特色发展区，最后以"分而治之"来实现"治而合之"。若进一步延伸来看，则强调区域如何协同合作，如同国家实施的长三角一体化高质量发展战略、大型城市都市圈建设等一样。所以，论析学科结构，先要构筑结构依存的分析空间，这显得尤为重要。二来需要对"空间"进行科学建构，使之能够以比较形象的形式加以呈现，并在这种呈现中自然体现直观的差异性。就我们目前常用的结构形态构筑，何种是最好的并无定论，如椎体、球体、立方体、六面体、多边体等。因此，需要关切空间确立的特殊性和普遍性，特殊性是指无论选择何种形态体征，在统一的标准和体系约束下，研究对象即学科都能被描述成为一定层级的形体，具有各自的特殊性；普遍性在于要强调空间变化结果的互通性，比如分析维度从立方体转化为六面体，虽然维度发生了变化，但学科的本体特征并不会因此而发生根本变化，只是原先将学科想象为一个方体，现在变成了类似蜂巢的其他形态，但这种转变仍然可以确切地进行学科分析，并不会受太大影响。若要实现这一目标，既要进行学科空间形体的中心定位,也要选择好形态边缘点对应的学科衡量要素。前者的中心定位不必像那些空间科学家们思考如何在宇宙中自主导航的技术探索一般,即便是德国的科学家已经找到了利用"脉冲星"在太阳系内进行导航的方法,简便的方式是可以采用熟知的笛卡尔空间坐标系(X-Y-Z轴),以中心原点作为形体起始位置,之后则根据需要建立对应的空间分析体;后者的衡量要素也至关重要,因为它们是刻画形体的支撑点,点的数量决定了形体的粗犷或精致,越多则能够避免刻画过程的无妄揣测,因此,理当尽可能地将体现学科变化的影响因素纳入分析框架中。

即便如此,这样的学科形态结构刻画还是不免会落入人云亦云的传统桎梏中,即一方认为是方形的,且做了细致描画;另一方却坚持是圆形的,也提供了科学依据佐证,还有其他诸多说法,彼此可能会争论不休,定焦于思维理性、意义建构、方法运用等不同方面,各持己见。说到底,还是受限于我们对学科结构认知的不确定性,因为不会存在特定的单一结构属性,学科只是基于知识膨胀基础上的关系要素聚合体,并不会自行生长,受制于人类的认识和需要,缺乏成为客观生命体的自然属性和主观能动性,需要依托实在的生命体"学科人"将已有知识、可用资源、发展要件等按照一定的目标与要求聚合成体。何况,怎么聚合,可谓"八仙过海各显神通",强调科学合理和令人可信认同便可。但是,与其花费精力去追求结构的有形形态究竟该如何反映,反而不如将结构落在具体比较分析上,这可能是人们不热衷于学科结构深度挖掘的根本原因。而对于学科之间存在的客观差距,或因历史发展起步甚早,或因资源富足占据优势,或因外部重视倾力支持,又或因条件得天独厚等,但须把握至关重要的一点,即对处在任何既定时点和既定空间中的学科,借助所创造或适用的衡量技术,将彼此的差距结构化地呈现出来,这是根本遵循。使用什么方式、呈现什么样的结构、考虑是否周全等会直接影响对学科发展的看待,而学科发展背后所隐藏的则是三个基本逻辑:知识的分化、制度的安排和培养人的载体。知识的分化意味着学科独立,分化的知识受外部激发需要重组则体现新学科产生,这些旧有学科、独立学科和新学科动荡着学科结构组成;制度的安排调节着学科规模与结构布局,促使学科按照一定的需要以某种认可的方式运行运转,影响着学科结构的内外匹配程度;培养人是学科的根本任务,学科与专业一同架构人的培养载体,形成什么样的学科结构会在人的培养层级和内容上体现显著差异。

此外,学科要素的选取也存在维度问题,即要素维度,包括知识维度、社会维度和行政维度。知识源于既往经验和对未知的发现探索,指针科学研究;社会源于需要诉求与满足,指针学科服务和引领社会发展;行政指向导引,指针学科与区域协同。还有一些研究如从市场、制度、技术等维度进行论析。多角度地研究问题会使问题被剖析得更加清晰、透彻,即便分析带来了难度,但这些都无可厚非,所要做的是积极吸纳,但凡影响学科发展的维度和要素都应归于其间。当然,还要做好要素的分类和归纳,维度是视角问题,要素是分析问题,以何种视角对什么问题加以分析,这体现的却是学科研究者的能力和水平问题,会直接关系到对学科的全面认识正确与否。

至此,虽然关于学科微观结构的讨论并未确立起公信度高的形态表征,但却有方法可循,这其中要抓好重要的两个关键点。一是坚持比较立场。这会在关联学科的结构、发展、水平、比较中建立双向互动的学科关系网络,如学科结构会影响学科发展,相应学科发展会不时要求结构作出调整;一定水平的学科具有一定的结构,能够使用方法刻画反映出,稳健的结构是保证水平持续增长的重要条件;处在既定的时间和空间中,学科的结构、发展和水平均是相对的,需要在相互比较中才能体现差异,在比较中表现才有意义,我们需要在这种有意义中寻求提升动机动力。二是形神兼备。透过指标的纯粹数字表征可以反映不同学科的发展水平,自然可以在比较中分得高下,找出对应不足与成因。若细思量,这其中差异或差距的类型还可以作细致划分,比如,在同一起跑线点胖瘦不均的两人,是看不出彼此水平差距的,可以猜测但未必准确,然发令枪响开跑一段时间后,两人会凭借各自优势奋力奔跑并渐渐拉开距离,胖子未必慢,瘦子也未必快,原因何在?快者的优势体现,此为一种;比如,同样体型、体重的两人在起跑线上,但因先天条件不同,起跑点一前一后,甚至起跑距离差距较大,落后之人若想胜出唯有在速度和持久性上拔萃,才有机会赢得胜利,此为二种;再比如,前两种情形,两人在跑步过程中,一人沿途不断有人提供有力补给,另一人偶尔幸之有人提供善意补给,结局不言而喻,此为三种。倘若再深入其中,考察是哪些人提供了什么样高能量的补给、两人胖瘦体重差异对结果的影响程度、哪些先天条件会影响比赛结局、如何以后天优势去弥补先天不足影响、存在不足如何采取合适策略应对等,由此深入,问题会不断延伸,继而要分析的关系类型越发多样。那么,能否不对这些问题加以分析,甚至不考虑这些问题存在,而是直接常规性地凭经验作出判断?如瘦子就是比胖子跑得快,起跑超前的会领先赢得胜利等。答案显然不会如此简单。

至于究竟什么才是合理合适的？最为贴切的答案是实现比较与形神的结合。如果把发展学科当成一场马拉松式的赛跑,可以是自我挑战的个人赛,没有观众和其他人,也可以是一般意义上争夺名次的群体赛,还可以是设定既定标准的资格赛。有时候,这种关系学科发展的比拼是必要的,但更多时候,自我锻炼式的提升同样非常重要,因为身体素质足够强才会有参加群体赛并有望获取名次的机会。恰恰是这浅显的道理,可我们在面对学科时却忽视了,均衡的结构保持和整体实力的持续提升是两个需要密切关注的内容。至于如何"开跑",首先是要客观分析对手,不一定是竞争关系,但至少需要建立起比较理想的目标参照,做到心中有目标,才能有的放矢认清自我,而对于对手的认识,一般是从其以往历次赛事中获得信息资料,进而加以研究,积极应对;其次,在众多对手中结合自身能力所及,确立一个比较合适的作为超越目标,目标若定得好高骛远则没有意义,定得若低了同样缺乏参考意义,以此来调适自我,保持最佳身心状态,不可偏胖,不可偏瘦,有着与竞争对手相当的比赛合适体重与体型;再次,在技术上下工夫,增强技术有效性,建立技术优势或自我优势,并弥补不足和劣势欠缺,主动化不利为有利,奋力赶超;最后,在内外环境上营造氛围,加油鼓劲,争取更多支持。如此,天时、地利与人和,做足了这些充分准备,接下来便是真正实力与技术的较量,在赛场空间和胜出时间中达成预期目标,即便未能登达顶峰,至少实际位次不会太差。

本章小结

学科不是孤立的,难以脱离所处情境自发性发展;学科发展不是自由的,已非完全学术自由之事,否则就不需要如此劳心劳力建设;学科是有结构的,大的系统结构,小的微观内部结构,结构容纳着学科变量,它们按照一定的规则运行。依据埃里克·阿什比的大学发展"动力论"和伯顿·克拉克的高等教育"系统协调理论",行政力量(政府)、市场力量(社会)、学术力量(学者)是影响高等教育的三种基本力量形态。这些力量都有符合各自身份定位和角色认知的客观价值诉求,体现不同的立场看待学科建设与发展,这使得学科问题变得复杂,交织的关系变得复杂,涉及变量的关系处理变得复杂,也让学科结构不再是一个可以自说自话的命题,成为宏观、中观与微观的集成体。从一定意义上讲,学科结构既是学科体系和功能架构问题,也是学科所处关系与发展要素处理问题。复杂的学科体系有着相适应的学科结构，合理的内外结构保障着功能的平稳运行，三者需要协同，否则便会失衡。同样，体系的健全完善、结构的科学合理和功能的良好运作等促使学科衔接自身逻辑的同时，积极适应相应的外部需求并不断进行自我调整。学科在结构变化中诠释着价值体现与社会认同，调整着动力来源和压力传导，并处理好发展要素和群类关系，这种结构变化既可以纵览学科发展大局，将学科与其他各类学科放在同一时空中比较判定，知晓学科的作用与地位，也可以检视学科自身，进而在内涵建设上做好文章，只有做到了内外兼顾，才能保证学科内外之间建构可取的平衡，再依托这种平衡去实现人们追求的目标。进一步重审之前的结论：基于学科，重构大学；基于结构，重建学科。

第五章　面向区域中心的大学学科发展关系

"任何一门学科(或较大的学科群)都必须以学术要求与社会实践的某种特殊的、不断变化的融合为基础。这些要求与实践相互支撑,然后又得到该学科或门类的制度化再生产的不断增强"[①]。简单来说,学科需要学术探究和创造,也需要在社会应用中验证并增强制度化,相互融合促进学科再生产。故此,有必要继续来探讨学科与区域发展的关系问题。不过,需要适度转换下角度,从区域优势来看区域内的大学及其学科布点如何与区域经济社会发展建立甚为密切的关系。除却微观的学科结构,国家和区域层面较为宏观的学科结构讨论主要考察的是学科建设与区域发展的相合关系,即便中观的放之于大学层面,学科结构既为考察大学内学科的设置与调整,也关乎所设置学科与外部的区域发展之间如何建立有机联系,从而能让大学发展与区域发展保有合适的张弛度。

如今,在开放的环境下,大学的社会服务职能履行以及非大学的外部各方力量都要求大学"落地生根"和积极贡献力量,只是对不同类型的大学要求不同而已,或者是对具体追求的量性与质性有着特殊需求。比如,不要抱太高期望于地方应用型本科院校的学科能做"985""211"大学对应学科所做的"高、大、上"之事,并非妄自菲薄,一般人都多少有这种心理和心态。当区域发展遇到一些难题能求助到"985""211"这类好的大学,主导方往往也不太会愿意将任务转给地方性院校承担,即便这些院校非常有实力,也很辛勤努力,但如果没有好的契机和铁定关系也是枉然。好的大学因为平台优越,承担着众多的大项目、大计划、大工程等令人眼红的"高品质蛋糕",甚至因为太多还会有所"嫌弃",由此所获得的科研经费数量更是惊人,但因为成熟所以投入到学科建设中的经费其实并不多;反之,地方大学若费尽九牛二虎之力能获得零星的"大字号"项目,则幸之并为之高声欢呼。但是,区域的发

---

① 华勒斯坦,等.开放社会科学:重建社会科学报告书[M].刘锋,译.北京:生活·读书·新知三联书店,1997:53.

展终究还是需要依靠区域自身来解决,占据我国高等教育总量大半壁江山的地方大学服务区域经济社会发展是其使命和任务,建立大学、学科和区域间的密切关系是首要任务,而能否因产生的影响力深远和实力强劲使其成为服务区域的中心却是关键。大学整体或许难以达到这样的程度,但若以几个优势学科作为切入点推进,以学科替换大学作用,即以点带面,这未尝不可实现。另一种客观且需正视的现象是,与其说是对大学和学科的重要性和依赖程度提升,反倒不如说是对所培养的"人才"需求的急切,人才是比学科更易推动发展的重要要件。提供人才施展才华的优越平台,以一系列优惠政策加大地区优秀人才引进,并解决好人才后顾之忧,如此,人才对区域发展的重要性会远比学科的重要程度大。

当前,以一流学科建设带动和促进高水平大学整体建设,已经成为国家发展战略和现代大学前行的重要驱动力,因为没有一流的学科就不可能建成一流的大学。随着国家"双一流"战略实施的深入推进,在张扬新时代精神、秉承中华优秀传统文化精髓和新时期科技产业革命的号角下,不同层次的大学开拓进取,锐意改革,挖掘探索,展现自我风采,实现了办学指标的节节攀升,取得了卓越的建设成效。不可否认的是,新的时代铸就新的辉煌,却也因急剧变化的社会形势和高质量发展要求给大学带来了更为严峻的考验与挑战,发展与继承、回归与改革、内涵与质量并行。在诸类大学中,地方大学是推动区域建设与发展的生力军,不仅在规模上占据绝对优势,在贡献上也因独特的定位指向而凸显重要性。但长期以来,由于受专业思想推崇、师资人力受限、软硬条件制约等因素影响,虽在奋力追赶超越的进程中铆足劲头却也存在迷茫和无力之感,即便有争先创优的勇气和决心并积极付诸行动,但毕竟底子薄、理念观念滞后、思路和设计不明晰,以致整体推动进展较为滞缓,做法和成效并不如意,甚至混沌而不知所向,与新时代发展要求相比差距明显。众所周知,学科成就大学,大学需要学科。不论争创何类一流,学科是构筑大学成为一流的基本。由此发问,地方大学的学科如何实现超越发展,路径如何作出抉择,定标于具体服务的区域又如何作用,这些既是老问题,更是时代新的命题。

一、中心地理论渊源及其现实意义

在生活中,开长途车的人都有比较丰富的导航经验,当你选择需抵达的目的地时,导航的终点一般会定位于该地的中心位置,或为市中心、镇中心等,至于无中心的区域往往会让车人多走冤枉路。延伸开来,一个小的区域有着一个小中心,多个小中心又会围绕某一大中心进行集聚,渐渐地,在这些大的中心四周会形成"众星捧月"般的空间分布格局,而且这种分布还有规律可循。20世纪30年代,德国城市地理学家克里斯塔勒(Walter Christaller)为探索这一规律和分布特征,基于德国南部城镇的调查分析研究,系统提出了至今被认为是研究城市和城市体系最为完善的"中心地理论"[①],以此来阐明城市商业布局的等级结构及其内在运行规律,包括中心地的能级、数量与分布等。该理论是揭示空间结构形成与演变规律的基础理论,其基本概念为中心地,是指为居住在其周围地域(尤指农村地域)的居民提供贸易、金融、手工业、行政、文化和精神服务等的地方,而所能提供的商品和服务的种类有高低等级之分,按高低等级可将商品服务范围的大小分为高级中心和低级中心。相应地,由中心地所提供的贸易和服务功能称之为中心地职能,这一职能一般情况下不包括制造业的经济活动,因为制造业的产品存在销售空间距离较远且社会需求不平衡问题。由此,这里所强调的中心地职能通常以商业和服务业为主,还包括社会和文化方面的活动。

  这一创新理论的提出,是关于三角形经济中心和六边形市场区的企事业单位分布的区位理论,也是研究城市群和城市化的基础理论之一。理论的核心是强调城市格局的中心地等级性,主要研究不同规模等级中心地的分布格局和空间结构特性,进而为城市规划和区域空间布局提供决策依据,也可作为研究产业经济发展的重要参考理论。按照克里斯塔勒本人的观点,形成城市中心地有三个基本原则,即市场原则、交通原则和行政原则,在不同原则支配下,中心地会呈现出具有各自特点的空间网络结构和组织形式(如表5.1所示),表现出相应的等级性和功能属性,其中,市场原则居于主导地位。

  依据中心地理论,城市中心功能中的商业服务功能,其档次决定着中心城市的等级及其作用范围。高等级城市中心由于拥有得天独厚的优势和较强的资源禀赋,加之发展所带来的环境优化和条件变化等激励,使得中心的服务功能不断升级,吸引力持续增强且范围逐渐扩大,并引入了诸多新兴领域。与之相比,低等级的中心地功能也在不断发生变化,虽然从中心地理论假设出发,强调最近中心原则,然而事实上,现代社会的高流动性和交通的

[①] 克里斯塔勒.德国南部中心地原理[M].常正,王兴中,译.北京:商务印书馆,2010.

便捷性，使得人们已经跨越了不同城市的边界，从追求个性需求出发，借助于新媒体和电商平台等现代技术手段，依托现代极其便捷的物流运输，获取了更为优越的服务。由此，中心地的束缚在某种程度上得以摆脱，这相对弱化了低等级中心地的不佳效应，激发了区域空间的重构。

表5.1 中心地体系的三种组织形式

对比项	市场原则下中心地系统 K-3中心地系统	交通原则下中心地系统 K-4中心地系统	行政原则下中心地系统 K-7中心地系统
1. 原项	中心地商品和服务供应范围最大 高级中心地位于市区中央，有6个低一级的中心地分布在其市场区脚上	交通干线尽可能联系多的中心地 次一级的中心地分布于连接两个高一级中心地的道路干线上的中点位置	行政管理方便 6个次一级中心地位于高一级中心地市场区的6个顶点附近，次一级中心的市场区只属于一个高一级的市场区
2. 空间结构			
3. 中心地市场区体系	1, 3, 9, 27, 81, …	1, 3, 9, 27, 81, …	1, 7, 49, 343, …
4. 中心地等级体系	1, 2, 6, 18, 54, …	1, 2, 6, 18, 54, …	1, 6, 42, 294, 2058, …
5. 中心地距离关系	$\sqrt{3}$	2	$\sqrt{7}$
6. 交通运输效率	效率不高	效率最高	效率最差
总结	高级中心按交通原则布局，中级中心按行政原则布局，低级中心按市场原则布局		

注：
- ◉ G级中心地
- ● B级中心地
- ⊛ K级中心地
- ○ A级中心地
- · M级中心地
- ━━ G级中心地的市场地域
- ── B级中心地的市场地域
- ─── K级中心地的市场地域
- ---- A级中心地的市场地域
- ······ M级中心地的市场地域

正如克里斯塔勒本人曾提出过的一个重要问题，即"人们探索这个原因，为什么城市有大有小？人们相信，城市一定有什么安排它的原则在支配着，仅仅是我们不知道而已！"由此相问，大学的学科建设，为什么其所在大学有大有小，学科有强有弱，大的大学有的学科不强，小的学校也有强势学科非常突出，是不是也有什么内在规则支配其运行，只是我们并不知晓而已？客观上论，大学及其学科的发展存在先天条件和资源禀赋的客观差异，有着主动积极作为和被动茫然应对的主观迥异，还存有外部支持与内在塑造的动能驱动，但无论何种原因，学科发展都经历从无到有、由小到大直至逐渐变强的过程，遵循着学科发展规律，契合着外部多重规律制约，非一蹴而就。学科之所以能够有所建树,当属热情、激情和动情的相互碰撞持续生成,即老中青三代奋发上进干事创业的热情、学科人百折不挠艰难前行的激情以及广大师生息息相生与团结和谐的动情,并在相对宽松自由和务实严谨的管理运行机制与科学治理体系作用下,奋发有为,不断实现着超越和卓越的达成,进而推动着学科的前进。那么,若将中心地理论运用于学科建设是否同样适用? 这可从中心地的三个规则中见诸一般。

一是市场原则。区域的市场繁荣程度会影响学科发展的规模与速度。一个地区的市场是否繁荣其主要影响因素在于供求规律遵循,即区域所能提供的商品、服务等有效供给和区域市场消费需求拉力所形成的供求关系,以及这一关系是否达到均衡或不存在矛盾与冲突。当然,市场本身可做进一步细分,如专业市场和技术市场等,前者多满足于城市的日常消费需要,后者则可有力推动区域创新发展,这符合当今创新驱动发展战略的要义。地方大学的学科,其作用于区域市场,主要体现在人力资源、创新技术和社会服务等供给方面,这些方面能否与区域经济社会发展有机衔接,相互共鸣相生,很大程度上决定了学科的社会效能发挥,也即学科既要能为社会培养合适急需的专业人才,也需加强知识的溢出效应,及时响应区域发展和日趋激烈竞争的要求,并能提供有效支持。简言之,大学的学科若与区域的市场联动密切,溢出效应持续增强,区域会逐渐形成对学科一定的依赖性,那么学科的发展规模和速度将会加快,对学科的建设则越发有利;反之亦然。

二是交通原则。区域的交通便利与否会制约学科的外向拓展与合作。空间相互作用理论认为,区域之间的相互作用因存在方向和强度上的空间性质差异实际并不均衡,空间近邻效应使得区域经济活动显现出就近联系和高强度互动,有学者研究发现存在"优势区位趋边"[①]现象。虽然发达地区和高水平大学有着得天独厚的先天优势,但欠发达地区和地方大学也可以在占据地缘与区位优势的条件下,挖掘自身潜力,另辟蹊径,进而脱颖而出获得有利发展条件,尤其是在地方特色打造上出彩。对于地方大学来说,有两个关键点和两个要素可着重考虑。前者,"近水楼台先得月"和"服务地方经济社会需要"这两点给了这类大学学科安身立命的良机,立足服务所在区域、紧密契合区域产业行业发展需要的主导原则以及这一"就近"的密切关

---

① 卢锐,马国强."优势区位趋边"现象研究:空间现象与理论模型的契合分析[J].城市发展研究,2008(6):76-81.

联,使得学科的发展避免了空间布局的结构性失衡和空间区域传送的能量耗散,极大地减少了学科发展的经济成本,转而有一定的剩余精力投入到创新价值增幅上;后者,区位相邻和交通要道这两个要素给了地方大学学科发展有利的支撑条件,因为区位相邻,发达地区及其所拥有的大学具有回波和外溢效应,在奋力争夺相对稀缺与优质资源的同时,也不由产生禀赋梯度转移,地方大学的学科既可以获得转移资源的支持或"福利",因为学术交流的无边界、技术的模仿和借鉴创新等,也可以在相对优越的交通区域优势上寻找契合自身的空白点,进而齐聚发力获得发展动力源,积极拓展外向性发展渠道。

三是行政原则。区域的行政导向会调控学科结构与优化布局。学科建设具有较强的政策背景和时代要求,在遵循"学院科学"时代的学术发展规律[①]同时,还要围绕解决发展实践问题以形成创新要素流动顺畅、配置高效且运行平稳的知识创新体系。作为现行政体机制下的我国大学,地方与大学之间的关系体现得尤为密切,地方制定的系列规划与政策、所能提供的资源与条件支持、急需的要素和需求等会在很大程度上影响大学的发展快慢,需要大学审时度势,密切跟进,获得良机。这种影响有着两重表现:一是综合考虑,即对所属区域内大学的学科进行空间布局上的宏观调控,尤其是学位点、重点学科点方面的优化配置,从而引导学科有针对性建设;二是加强引导,即对区域内的大学实施重点性建设和分类指导,加以政策倾斜和合理引导,推进差异性建设,从而引导大学和学科各司其职,各展所长。然而,随着权力从属关系的转移或变化,地方大学所在的地方政府,其与大学之间的关系却颇有些微妙,合作共赢虽成为彼此希冀唱响的主旋律,但如何推进深度合作,却又显得困难重重,并在鼎力支持、漠不关心或有限配合等选项中游离。由于政校以及相关联的产企等不同主体所持的立场和目的不同,多方首先需要寻找到共同点,进而汇聚力量群攻之,相应的大学学科则需要有针对性地优化与调整,以更好地适应这种体现共通兼个性化的需求。

二、学科区域中心效应生成机理

由于城市本身具有行政地域和商品贸易市场的意涵,市场、交通和行政

---

① 王建华.以创业思维重新理解学科建设[J].清华大学教育研究,2018(4):40-48.

三个原则在城市中共同起作用,只是对应城市等级在功能发挥上存在孰轻孰重之分。与城市中心地研究所不同的是,位处某一区域的地方大学,既不存在对地方行政权力上的主导作用,又因限定于特定区域相应交通因素既成便利与否,故唯有借助"市场"这一中介,以加强与区域的紧密连接,体现和发挥好职能,这与中心地理论强调市场原则的主导作用是一致的。那么,如何理解"市场"这一内涵,学科又如何在市场中抢占份额和突显独特贡献,这将决定其能否积筑成区域中心地,反过来又会影响到学科自身建设。

再从认识上看,中心地是指能够向周围区域的消费者提供商品和服务的地点,按照结构布局的不同,有着高级和低级之分。就大学的本质属性而言,所能提供给区域的商品和服务具有一定的特殊性,主要包括人力资源、智力支持、科技创新服务、文化引导和应用研发成果等,具体通过相应学科、团队功能发挥和借助产学研用合作与交流来实现。因此,区域中心地的形成主要取决于学科能在多大程度上满足区域的市场需求,并在这种需求的实际满足中彰显本校学科的独特优势,或者称为"占主导地位"。基于此,从市场要素构成入手,学科若构建区域服务中心,过程中要发挥好四重效应。

(一)建构第一重效应:地缘中心效应

这是学科嵌入区域发展的"钉钉子"过程,也是学科基于距离衰减原理和能量耗散理论的最优服务区域选择过程,讲究"宜近不宜远"和"铁杵磨成针"策略。具体需注意的关键要素主要有四类:一是周边城市地理格局和产业结构布局。既要了解区域四围的城市数量、规模和分布格局,也要把握不同城市的产业结构状况和发展态势,毕竟不同城市的产业体系有差异,发展侧重点必然不同且会呈现溢出或收敛效应,摸清楚这些基本情况,无疑可为学科的支持作用提供重要依据。二是服务和影响所辐射的区域范围,即学科能在多大范围内起主导作用或产生多大程度的影响。这一范围当由小到大,由点到面,以占据先机为主要目标,不求全面覆盖,但求逐点突破深入,一颗颗地钉入钉子,并在"中心-外围"模式中选择有着异质隔离的区域,进而重点发力。三是嵌入的方位和区间,即选取何类学科作为服务区域的主攻点。客观上应首选有自身优势且能对接区域主导产业的优势学科,这需要大学先期做好发展规划和战略决策,尤其是知晓自有基础。四是区域社会综合状态。包括区域的交通条件、社会治理、民俗民风、文化传统等,交通是否便捷、社会秩序是否平稳健康、民众生活取向行为是否积极向上、传统习俗是否落寞等,这些都会影响到学科的作用程度。基于这四类要素,大学在确定建设学科时,对区域外围的调查研究是非常必要的,一般看来,这种外围结构通常有一重、二重和多重之分,大学及其学科所处的城市外围必有相应的城市群分布,包括省会城市为主导的中心城市和相邻边界的非中心城市等,而现行的大学分布一般是每个地级城市至少有一所大学分布,多数属地方大学,这种竞争与合作并存的分布格局,需要学科在地域中做到"游刃有余"、精准选择。

(二) 打造第二重效应:空间异质效应

每个区域都存在于一定的地理空间中,每个地域空间又会按照功能不同划分为各异的实体空间,进而形成分异的空间格局且会随着空间要素的改变发生不规则性变化。因此,空间格局虽在一定时期内保持相对稳定,但会适需进行结构性调整,按照"不稳定—相对平衡—结构失衡—要素重组—动态平衡—协调发展"的变化规律实现重构优化,体现着空间自组织效应。同时,不同空间之间常形成一定的交界面,根据其相应形成机制划分为不同类型,如按影响因素作用不同,可分为自然界面、人为界面或城市界面、乡村界面等;按照功能发挥不同,可分为农业界面、工业界面、服务业界面等;按照形态特征划分,又可分为带状界面、环状界面、不规则界面等。这些界面的存在使得各异的空间在相对有限的区域内发挥着较为集聚的效应,如工业园区的产业集聚效应、科技园区的技术孵化效应、田园综合体的农业创新效应等,而界面的交界处因属性交叉又提供了可施展的空间。至于大学的学科,在地域空间中会施加三类影响:一是强化或削弱空间分隔,由于学科发挥功能一般具有定向靶目性,持续作用将会产生相应空间要素量性或质性的改变,使既定空间结构发生变化,若施予的是强正向作用,则相应空间效能会加强;反之弱化,由此导致不同空间之间的差异性表现得更加明显。二是促进空间界面的变性或互通,这涉及学科对空间资源的作用效应,即学科会加强优势空间的资源集聚,不断形成资源"虹吸"效应,待相应资源"加工定型"完成后,再向异域异地空间"发散"和"梯度转移",这种独特的优势会首先引发不同空间界面交接处的局部发展,进而导致更广范围的空间要素演变。当然,若学科直接作用于这些空间界面交界处,则变化会更为明显,但起初或许会有一定时期的"阵痛",因为先要处理好两个交界面的制约性问题,无论是与界面属性保持同质性还是另辟蹊径追求异质创新,除非这两个界面彼此差距较大,一方希望借助另一方来实现自身更高程度的发展,由此会产生一定程度的"妥协",否则便会出现"争夺战"和"保卫战",这使得原本还比较模糊的界面交叉处反而越加清晰化。三是影响空间格局的形成,随着学科对地域空间的作用持续增强,不同空间的同质性慢慢减弱,异质性逐渐加强,原先的空间态势逐渐失衡,当超过既定空间承受能力后,平衡状态将被打破,新的空间格局调整应运而生,这种变化通常伴随着规模扩张,并在达到一定程度后形成"分蘖"现象,又称"集群分蘖"[①]。

(三) 推动第三重效应:规模扩张效应

规模扩张是区域发展到一定阶段的必然走向,是区域环境承载力难以维系既定平衡的表征,或是区域产业组织出于自身发展需要的必要选择,抑或是区域政策调整的保护性行为驱动,通常伴随着产业结构优化升级而变。学科与产业的关系已然表明,两者在结构上存在相互制衡、相互促进、相互作用的互动关系。因此,整合大学与地方产业的知识与资源,已成为保持产业创新能力的常用方法。当大学的学科建设达到一定高度后,且能够与区域经济结构和发展格局呈现较高程度的相关性,学科在服务经济社会发展中的正向作用发挥将越发显著,会成为社会存在及其创新发展的强有力纽带,彼此建立的关系会更加稳固持久。这一纽带借助学科的本体功能来实现,其一在于创新要素的生产更新,因为学科自身的学术创新组织特性要求其不可墨守成规,需要源源不断地进行自我增值,围绕知识和技术进行创造、传播、融合与应用,进而不断产生新的内容;其二在于学科的外向性延伸,不仅大学外部的一些机构如众多企业已将其人力资源和知识边界扩展到与其合作的大学内部,大学内部的学科专业也主动对接区域产业结构、市场结构和劳动力资源供需结构,满足日趋变化的社会发展需要,在学科的创新创造和人才资源供应方面与社会需求保持相对平衡;其三在于学科还保有一定的内向性,即无论外部环境如何急剧变化,作为大学的学科其独立于社会的"孤芳自赏"依然需要保持,作为大学传统精神的弘扬功能依旧需要保留,这将使"学科"仍旧是"学科"而非其他,毕竟学科不会是完全的商业化体系,不是所有的学科人(共同体成员)都非常乐意游走在大学和社会之间

[①] 王铮,赵晶媛,刘筱,等.高技术产业空间格局演变规律及相关因素分析[J].科学学研究,2006(4):227-232.

为实现自身的利益奔波劳碌,仍旧会有一部分人热衷于枯燥平凡的学科生活,乐在其中,特别是那些功成名就的学者多会在岁月沉淀中,归于平静。当然,既定区域的市场容量是相对饱和的,当学科的有效供给积累到一定量时,要么带动区域发展实现质的飞跃,要么产生"离子震荡波",催动点向性的知识外溢,此时,伴随规模扩大的学科扩散效应逐渐增强,学科的中心作用也在四围延伸中体现得越发明显。

(四)追求第四重效应:持续升华效应

这一效应主要是通过学科的知识生产、技术创新和服务价值增值等功能来实现,并在客观对象发展的不同阶段表现出强度差异性。同时,学科也在这种阶段性适应中不断获取内外资源补充以促进自身结构与功能的进一步转变。这是一个相互促进和联动作用的过程。诚然,客观对象的发展并不完全依赖于大学的学科,有的只是在有需要的时候寻求一定帮助,多数时会主动绕过大学自主进行利于自身发展的科技创新,特别是实力本就比较强劲的规模企业组织。如何攻入其中,这就取决于大学内的各个学科究竟能在多大程度上发挥持久效用了,因为社会各类独立性研究机构、第三方技术中介组织以及企业内部建立的研发中心等都可以提供有力的发展支持,而且若从长远角度看,自主研发比寻求外援无论是成本还是有效性等方面都有利得多,虽然在时效性上可能略低些,但适度的机制体制调整便可解决这些问题,何乐而不为?而今,国家强调创新驱动发展和自主创新,任何企业、社会组织等若希望获得长久发展同样有着这样的需求和规划,还得从自身的创新入手,一旦它们这样做了,那么区域的创新综合实力无疑会极大提升。当然,不期望所有的产业企业都能做到,因为在研发投入上的费用和资源耗量是巨大的,而且不一定都会成功,若不具备一定的实力则难以承受,所以,区域最终会将目光转向大学,希望通过大学的若干学科间合作达成所愿,实现预期的目标。

由此,区域的创新综合实力决定了本区域相应大学学科的整体发展水平。如此,大学把握住这些契机,依托既定学科形成区域中心地,不仅可构筑区域的创新高地、学科高原,也为自身的发展源源不断地注入澎湃的动力和生机活力,以此点来论,建设学科实际上是打造大学的核心竞争力。另外,对于客观事物来说,发展具有生命周期性,从起步到发展崛起,进而走向成熟,在经历了一番艰辛的挣扎道路后,发展会走到顶点,此时状态最为复杂,将面临着上扬、平坦和下挫三重路径选择:若有新的动力源和正确的战略部署,发展将会呈现循环性的"S"形上升,保持持续的螺旋式发展趋势;若缺乏相应支持,或安于现状,则会平稳保持既定状态;反之,若听之任之,既无进取的积极性,也无雄厚力量支撑,结局唯有逐渐消亡。那么,一旦发展即将步入到如日中天阶段,则需要提前谋划,科学规划,协调资源,充分借力以达成上升目标。相比较而言,若依赖于非大学的社会性组织,寻求进一步发展的空间会存在一定的研发风险,况且区域的前进动态更偏向于以稳定而固化的力量来实现,减少因灵活随意而带来的机会风险与成本,此时,学科的持续效应得以彰显和发挥。

三、学科区域中心效应关联分析

学科通过以上四重效应的联动发挥逐渐形成影响区域发展的重要乃至关键力量,并在延伸和扩展两个维度上架构学科与区域的"目标"关联,建立起学科创新体系与区域产业发展体系之间的紧密联系(图5.1)。这一联系具有阶段性、复合性、周期性和累积性等特点,会随着学科施加作用强化和彼此依赖性增进聚生出不同的累加效应,并表现出不同的需求响应和应答。若从时序上论,大体可分为"圈定—改造—扩张—提升"四个阶段,各阶段又具有特异性,围绕一定的关联目标作为主攻,推进可持续发展;待到一定阶段,又会产生量变与质变的更替,发生质的转变,步入下一阶段。当然,各阶段的边界并非泾渭分明,具有一定的模糊性,也存在客观的交叉隐性区域。

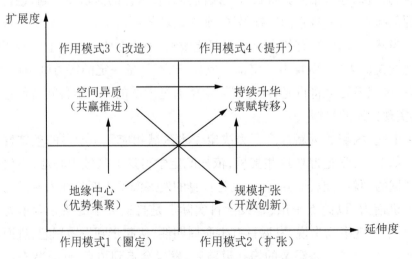

图5.1　学科区域中心四重效应关联分析图

（一）圈定的优势集聚关联

圈定为学科与区域相互作用的最初体现，处于学科与区域资源单元的初始碰触阶段。这一阶段的起始双方并不熟知，需借助某种契机或偶然机会，从一般性尝试合作渐显端倪，继而在延续共赢中增进信任与依赖，并加强后续频繁互通，逐步扩展合作的方式、渠道和内容等，最终建立有力关系。其结果是区域借助高校学科获得发展新动力源，学科则依托区域组成单元的资源禀赋来激发和挖掘自身潜力，开展定向服务，从而使学科圈定于某一区域，逐步形成地缘中心。再从大学学科的成长机制和运行规律看，一般是先推动着产生，后重点跟进，再协同融合，最后积累强化，以达到一定高度。在具体作用形式上，科教融合是这一阶段的先行模式，经由专业的人才培养、实践教育和局部资源共享等方式建立信任关系，待时机成熟再过渡到知识创新与技术创新合作等。从特征分析，圈定有利学科集聚特定的区域优势，且这一优势对双方具有较强的目标性，相互构成"目标集聚关联"。相较于大学的学科而言，区域的出发点具有较强的功利性，无论是出于政绩和民生的考虑，如经济社会快速发展、社会生产力水平显著提升以及产业结构优化调整等，还是对于自我能力提升和战略发展的思虑，多关注"短平快"效应。这种快速高效和有着高质量的接洽恰恰是构建双方深入合作的基石。相应地，对于区域的这种人之常情需求，学科切忌孤芳自赏，当然也无需"求仁得仁又何怨"，因为任何合作都应建立在诚信与共赢的基础上。

（二）改造的共赢推进关联

发展是不断向前的。第一阶段的圈定初步建立了学科与区域的合作关系，并在优势集聚的动力激发中显现各自的地位和作用，但这其中的相互制衡与相互促进的互动关系客观存在，这一合作并不足以成为深度连接彼此的强有力纽带，相对脆弱且易断。按照学科结构调整滞后于产业结构调整的一般理论，区域的发展格局调整要相对快于学科的结构性变化，而学科对科技前沿研究的追索以及不断涌现的新发现、新技术与新成果等又会影响区域产业和行业结构变化，即学科引领科技发展，特别是在学科创新体系对区域的贡献度上。那么，显而易见的问题，是学科和区域的发展方向究竟如何选择。立于区域角度，需要进行转型升级和结构重组，包括对区域内不同区块的功能属性划分，逐渐建立空间上的异质性，如农业生产区、商业街区、新型产业园区、生活休闲区等,这除了要加大建设投入和改善基础设施条件外,为实现内涵和品质提升,还要针对功能区的发展要求,依托必要的科技创新力量和人力资源介入,需要大学或科研院所的学科强力推动转向。

再从学科角度论,学科的发展是一个追求创新和卓越的过程,基础功能是强调知识体系的扩展,在发现和探索中获得新成果。学科作用于区域功能区,并非单纯是对已有知识与技术的应用,而是对应区域升级转变的现实问题,在探索中找寻解决办法,并以新发现、新技术、新成果服务于区域特性的提升,本质上这是一个以创新求独特、以挖掘取优势、以合力求实力的过程,结果是依据学科的作用程度,在区域的某一或某些空间模块上持续获得实力增长与禀赋加持,进而脱颖而出,实现区域内空间的结构与功能性改造,推动深度改革,催动空间异质生成。同时,学科积极作用于区域行业,对于那些与学科关系密切且作用发挥顺当的社会组织来说,会因此得利并逐渐脱颖而出,优胜劣汰机制会越发显现。当然,这些重要转变并不完全归功于学科,如区域政策支持、资源持续投入、自身资源条件以及人为主动行动等因素都会产生影响,况且不同大学的学科作用效果也存在差异。因此,通过圈定阶段的优势集聚效应,学科和区域之间搭建了良好的合作基础,此时双方发展的内需动力,促使合作将不再以局部、零星的方式呈现,而是着眼于较大局面的重要和重点突破性项目驱动,这既是区域对学科的希望寄托,也是学科承载的服务重任,更是体现双方信任和互为借力的重要支撑。借助"改造"的需要,区域和学科相互推进,实现共赢。当然,若深究效应的特征,则是区域提供有力资源和项目支持,学科深挖创新要素和创新力量潜能,借助产学研用合作,推动增长效应生成与衍变。

(三)扩张的开放创新关联

区域、产业、企业和市场的发展变化是变幻莫测的,区域要发展、产业要振兴、企业要拓展以及市场要扩张,这是事物循环的规律所趋,更是当前高质量发展的客观要求。在学科助力支持以及与区域合作的共赢发展中,区域实现了功能与结构转变,由一般的资源持有性强化为独特的竞争异质性,形成区域功能区异质,并促使区域发展所需各类资源和信息网络逐渐向重点领域集聚化,并借此产生强劲的向心力,如不断拥有先进技术、核心资源、关键人才、领域突破等,自身的实力也在向心力汇成中得以增进。按照皮尔斯提出的集中与分散理论,企业在对外扩张的过程中,会受到向心力和离心力的共同作用,因此,在区域异质程度达到相对成熟和稳定,且具备一定的抗风险和应变能力之后,区域自身及其所拥有的企业行业必然会积极寻求甚至极力筹谋对外扩张,加速外向推动进程,以获得新发展、新机会和新动力。至于采取何种扩张模式,受到目标地市场风险、地方保护政策、企业扩张战略、核心技术需求等综合的离心力影响,并在知识与技术获取、自有产品营销推广、新兴市场开拓、产业资本融通、网络结构重组等方面作出对应选择,从而提升区域影响力和开放度,并帮助域内企业对外抢占与拓宽市场。

对外扩张虽受发展内在驱动以及离心力与向心力的共同作用,但还需考虑区域的适度空间规模、边际扩张规模以及由此带来的规模后效应等问题,其中,要着重关注对外扩张平衡的影响。由于在社会经济活动中,无论是组织还是个体都力图利用其所占据的资源、资本等使其生产物的价值达到最大,区域发展同样如此,目的也是力求以一定的资源投入获得最大收益。如图5.2所示,区域的发展模式可在A、B、C等类型中选择,并结合区域的条件、资源、政策等实际情况,逐步摸索出适切性的发展道路。其一,A模式借助有效的作用力,起点较高,起步迅速,发展较快(曲线较陡),能在较短时间内获得良好的边际效应,成长至适度的空间规模(x_1),并达到边际效应阈值(y_1),而过程中的实际空间规模则占据时限较短(见区间$0-x_1$),这样可快速抢占机遇,获得发展良机,根据边际理论中有关原理,从切线斜率K_1看,斜率较大,显示空间规模扩张能带来的价值相对较高。其二,B模式整体属于比较理想的正态分布式,这一模式有着较好的资源和实力积淀,发展较为稳健且中规中矩,较为关注中长期发展规划和战略引导,相应的当前实际空间规模(区间$0-x_2$)潜在的扩张价值也合乎标准要求,且随着人才、资金、资源等生产要素的持续介入,发展逐渐达到高峰阶段,随之而来的即是考虑如何转型升级和持续提升。其三,C模式是大多数区域和企业行业所走之路,即前期发展较为缓慢,有着一段曲折崎岖的创新推进历程,后渐渐趋于稳定并最终达到发展高峰,这一模式的实际空间规模滞留时间相对较长(区间$0-x_3$),边际斜率相对较小,扩张速度较慢,扩张价值会在发展到一定高度后渐渐体现。

由此,在扩张的开放创新进程中,区域发展是选择起步快走、稳步前行还是小步慢踱,取决于区域发展条件是否相对成熟且在构筑一定的异质功能区后,区域与大学学科之间的关联希冀达到什么程度。若关联走向深入,开放创新力度则越强,会促使发展的C模式转变为B或A模式,加快区域的对外扩张进程,提升实际空间规模能够达成适度空间规模的响应速度,进而在规模外扩、收益增长和运行成本减少三者中获得一个平衡点。同样,有了大学学科支持的深度介入,区域的实际空间规模滞留区间面积会缩小,这个面积也存在一个基于平衡点的阈值,且与发展进程密切关联。言外之意,即在大学优势学科作用之下,区域若有强劲的智力和技术支持,区域的异质性发展会加快,开放创新的力度会不断增强,对外扩张延伸的意愿则会越发强烈,区域的转型升级和空间拓展也会及早步入。

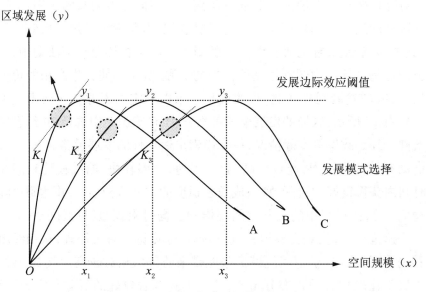

图5.2 区域发展与空间规模结构示意图

(四)提升的禀赋转移关联

通过区域产业发展体系和大学学科创新体系的连接对接,再经过上一阶段的扩张、开放和创新,区域发展的步伐和视野逐步转向区域外并实现不同程度的外向扩展。一方面,对于区域而言,跨域性的市场扩张有助于区域及其所属产业企业提高生产率水平、增进知识技术存量、有效应对市场冲击和优化配置优质资源,可激发域内创新发展活力,盘活既有政策与资源储备,汇聚优势力量,赢得更多的发展机遇和市场空间。当然,扩张也存在类型上的区分,假如区域单纯依赖劳动力的比较优势和采用外需驱动的发展模式,已有研究和实践已表明其具有内在的脆弱性。①同时,随着我国人口红利的逐渐弱化、全球贸易格局的复杂变化以及人们日益增长的美好生活需要和不平衡不充分的发展之间矛盾的催化,客观上也要求区域将发展目光转向外部市场扩张,至于是否要走国际化道路,取决于发展战略和资源条件等因素,并非要求所有的发展都要突破至国际化,坚持走好特色发展之路是应然之道。另一方面,对于大学及其学科而言,区域若步入高质量发展轨道,对高新技术和高层次人才会呈现出更为强烈的需求,一定程度上迫使大学和学科再度转型发展,并在人才培养、科学研究、成果应用转化等方面作出针对性调整,这更加贴切了大学服务社会的功能属性。假若单纯指向学科建设的成效,则会要求学科注重生态体系创建、回归学术成长自然逻辑和形成嵌入融合的运营机制,进而构筑学科"动态、多样、共生的生态逻辑和生存法则"②。

回归区域本身,这恰恰符合中心地理论的应用场景。随着外向性发展的持续深入,区域的离心力影响因素会强于向心力作用,在优胜劣汰机制和客观规律作用下,区域通常会有两个发展选择。其一,采取由低向高的路径,即那些比较依赖物质资源或劳动力密集型的区域,将尽可能在扩张开放中获取有利条件来创新发展自有优势主导产业,并以优质高效的数量化产品向较发达及以上地区的成熟市场实施禀赋转移,这既为高等级地区提供发展和生活生产必需,也较好地解决了相对低等级地区的资源和产能过剩等问题,提供发展新引擎,实现双方互惠共赢,这种转移实质上还是贸易主导型的,在互补中共同发展、各取所需。其二,采用由高到低的路径,即拥有高能级技术、资金和人才资源的区域,为了尽可能降低对外扩张的成本综合效应,会选择在低等级或相对欠发达地区建立自己的发展基地,包括一些研发中心、产业研究院等形式,以更利于获取这些地区的优质、廉价资源,加强地域性融合和嵌入,适时开展技术转移和市场支持型研发活动,这种转移本质上是技术主导型的,可进一步增强"母区域"或"母公司"的竞争实力,这在很多区域的大型企业对外扩张中可见一斑,如我国深圳的华为技术有限公司。当然,这种对外扩张的进程存在阶段、步伐和模式的变革,在不同时期会有不同的战略和具体表现,也会产生持续各异的禀赋转移效应。同样,对

---

① 钱学锋,黄云湖.中国制造业本地市场效应再估计:基于多国模型框架的分析[J].世界经济,2013(6):59-78.
② 董云川,张琪仁.动态、多样、共生:"一流学科"的生态逻辑与生存法则[J].中国高教研究,2017(1):7-10.

于低等级地区来说,这种能赋的转移是一种内涵式发展需要,是双方喜闻乐见的,至于其中的具体运行效用则取决于地方倾斜政策、主客观意愿、合作共赢程度等因素综合影响。

再来看大学及其学科的发展关联,其对区域的禀赋转移作用不可小觑。虽然与区域经济社会发展的禀赋转移相比,大学及其学科的跨区域流动显得相对有些滞后,且以往呈现较为显著的"东高西低"走势,特别是过去二十年间,东部沿海地区的高速发展,以及其经济和政策优势"吸附"了一大批高水平大学倾情加盟,办学形式趋于多元,使得地方经济社会发展和大学"双一流"建设实现了"双赢",但也加剧了我国高等教育的"二元结构"化。如今,在国家中西部发展战略的驱动下,一些大学积极响应国家和时代发展要求,纷纷将目光转向中西部地区,或基于经济社会发展考量,或基于自身发展需要,抑或考虑区域发展布局调整,促进自身优势资源"西扩",如华东师范大学、上海交通大学、清华大学、同济大学等高校在重庆、四川、内蒙古等省份设立的研究院、分校区等。无论是"东扩"还是"西扩",对于涉及的大学和区域来说,能集双方之所长,补双方之不足,可实现优势互补和强强联合,双赢的效用得到了较好彰显。而与之相对应的,诸多的地方大学在新时期办学理念的导引下,不断创新进取,锐意改革,办学视野逐渐开放,科教融合、产教融合、产学研用合作、对外交流与拓展等已成为这些大学发展的常规行为和普遍现象。因此,大学和区域相互间理应重新考量,进一步加强彼此深度合作的领域和步履,借助各自的优势,提升综合实力与水平,推动禀赋在更宽广的时空中"合理外溢"和"梯度转移"。

以上着重探讨了学科建构区域中心"圈定、改造、扩张、提升"四重效应之间的关联。当然,正如之前所强调的,各效应间存在一定的边界模糊,会因区域自身的特点、发展实际和依处的大学学科实力等不同,产生效应的错位或局部强化,如在形成地缘中心之后,会有规模的外扩,有着空间的异质现象产生,也可能有一定的禀赋转移,即存在你中有我、我中有你的现象,而其中的某一类仍会占据主导地位。待发展到较为成熟的"提升"阶段,此时的效应则会进入另一循环,即在禀赋转移的目的地重复进行四重效应的关联过程,相应所选择的大学学科、作用领域、发展战略等都会有新的变化。

四、若干重要问题谋思

大学学科建设和区域发展的关系是极为复杂的。当前,国家"双一流"战略的推进要求不同类型的大学及其学科要有战略思维,不能单纯地居于自身角度,也不能紧盯着国内外一些流行的大学排名和各类学科排行榜,而应从国家经济社会发展的战略需要来进行选择和评价,要从提高人才培养质量和提升自主创新能力出发,坚持"世界一流、中国特色",以一流的本科教育和一流的研究生教育,面向国民经济建设和社会发展,突显大学对知识的责任和对社会发展的推动,不断促进科研和服务职能的融合,以有力支撑区域社会经济。加强大学、学科与区域的深度合作,缘由在于现今是大科学时代,需要合作和交流,因为合作有助于创新、有助于思维碰撞,也需要从中建构跨区域、超领域以及超学科的存在事实。不同学科的学者和社会各行从业人员需要共同努力去解决现实世界的问题,需要跳出纯粹的学科圈定的学术围墙,居于经济社会发展的整合高度,通过对学科知识与个体认知实践、社会实践等的整合,构建起集政府、产业、大学与社会公众于一体的创新生态系统,以全面的知识再创新来解决区域经济社会中的复杂问题[1]。

区域的发展需要充分研究区域本身,科技发展的内在逻辑需要不同学科的创新主体和优质资源整合集成,区域研究需要立于学科基础之上,但两者存在着"普遍性"和"特殊性"的张力。何况,对于区域的发展而言,本身便与大学、学科的发展截然不同,严格意义上说,大学和学科的发展既要领先于区域发展,也要从属于区域前行,这是教育的本质属性决定的,也是教育先行理念的贯彻落实。同时,不同区域客观上存在发展差异,国家"区域协调发展战略"的提出,高质量、一体化、都市圈等战略举措的部署,不断缩小中心和边缘地区的差距及目标的推进,这都需要不断加强区域合作和着力建设区域性中心城市。那么,如何加强,路径又如何选择,作为新时代的大学人,理当对此有所深思和行为付诸,过程中要考虑好一些问题。

(一)学科发展的外联创新开放

首先,区域发展面临市场分割抑制和跨区域市场扩张阻碍。区域发展

---
[1] 瞿振元.知识生产视角下的学科建设[J].中国高教研究,2019(9):7-11.

并非随心所欲,现实环境中仍存在诸多的制约和瓶颈。小到区域的局部与局部之间、一地的所属区域与区域之间,大到省域与省域之间,由于资源条件、税收征缴、行政性壁垒和地方保护主义等机制的制约,区域之间处于"以邻为壑"的市场分割状态。另外,不同区域的市场成熟程度不一,相对成熟稳定且贸易稳健的市场对新生进入力量有着自发的排斥性和保护应对,而相对稚嫩且贸易乏力的新兴市场则因迫切需要打开局面有着急切的扩张意愿和强劲魄力,最终都会通过市场的供需关系来调节,但多数情况下则处于供需失衡状态。正因为这种市场分割的局限性,区域及其所属企业行业在进行跨区域扩张时,会受到来自扩张区域地方行政的干预以及目标市场依存力量的抵制,利益的关系在此时表现得淋漓尽致。双方在各自既得利益不受侵害的前提下,尚可有一定合作拓展的空间,若矛盾激发至难以调和时,则会加剧对外扩张的抑制作用。因此,市场分割影响了区域企业行业的跨区域扩张,两者的相互作用又会影响市场的供需状况,且对不同类型企业的扩张抑制作用又有着差异,一般来说,对国有或规模实力强的企业抑制较弱,外资或资本密集型的企业次之,民营或劳动密集型的企业则最强。同时,由于地方保护的壁垒,一定地域范围的内部各区域间相对平稳和较易安抚,内外区域之间则相对难以协调,故而即便在学科推动下,区域的对外扩张主要还是强化了一定地域内的不同区域扩张,若放之于省域考量,则有利于促进企业在省内的市场扩张,阻碍其在省外的持续扩张,甚至不得以将扩张视野转向国际,推动了区域的对外进出口往来。总体来说,这种抑制和阻碍需要正视,这并非是大学的学科建设所能解决的,地方之间如何协调是关键。

其次,区域发展的研究深植与学科建设的区域路径相融合。从功能属性论,大学所属学科与一般商业化运作的科研院所学科有着相异之处,内涵更加丰富,其效应的发挥还需兼顾内外有别。对内,学科要传承和创新知识并以此丰富人才培养内涵;对外,要与地方经济社会发展相契合并以此获得增强动力与支持。同时,还要在内外之中张扬和唱响时代主旋律,即充分体现时代取向。这种取向对于区域发展和学科建设有着区别性的路径要求,研究合作则是连接彼此的关键。然而,若深究之,外表看似联系紧密的区域和学科之间却存在客观"鸿沟",一来区域发展需要对本地区方方面面认真梳理,展开针对性的区域研究,通常可将这一过程视为"区情掌握",这种区域研究对于大学的学科建设具有重要意义,至少是相互合作的基本要义,但地方上从事区域研究多不具备大学相关学者研究的专业化和深透性,问题意识一般很强且较急切,但多满足于经验性知识获取和惯常做法,缺乏学科的研究性沟通工具,缺少系统连贯和深度挖掘,并还"存在着一种'守卫边界'的思维导向";二来学科建设中缺乏对区域研究的系统思考,依靠不同的途径来源和借助学科既有力量,可以较为关注现实社会中的一些问题,并以研究的科学化与探索的情境性知识等,展开微观层面的研究,帮助解决好这些现实问题,从而获得相应认可,至于能够达到何种高度和程度,关联因素有学者的学科专家身份认同、未来职业发展趋向、投入区域合作的时间与精力、研究的跨区域性和跨学科的合作等诸多。简而言之,学科很难做到将自身的建设与发展建立在对区域发展深度研究的合作共赢层面上,如何努力且相对均衡地实现两者融合与兼顾是重要问题,故有学者提出了两者的争论与融合思考,强调了融合对两者发展的重要作用,但如何实现,相关的概念、路径、方向和困难等都需澄清。

再者,一流学科建设连通区域发展的张力保持与布局影响。除了上述两个问题外,学科的建设还必须考虑一个布局关联弹性的问题,即区域发展需要在多大程度上依赖大学的学科作用以及如何重视这一作用并优化调控各自发展整体布局结构。众所周知,当前的高等教育强调内涵式发展,以往一定时期单纯的粗放式发展道路已不适合新时代的大学和学科一流建设,这包括区域自身发展。过程中,大学和学科的发展与地方经济社会之间的关系已不如想象中重要,而是呈现出一种新的格局,其规模与经济的联结显得日渐松散,但却与政府政绩、民生利益和社会期望之间的关系变得愈发密切,加之高等教育管理中所特有的分权体制以及办学自主权的进一步扩大落实,极大地激发了地方发展高等教育的活力,这也使得地方区域和大学学科间表现出一种"普遍性"和"特殊性"的张力,优质资源的竞争将更加严峻残酷。而且,竞争的舞台并非仅为地方大学提供施展空间,区域范围内专有所长的大学乃至不畏距离远近和成本担忧的区域外大学如果觉得"有利可图",也会为此来分杯学科之羹。很多大学远距离建设的一些研究院、分校区等更是畅通了这种就近合作的渠道,也是看中了落地区域的优势和资源禀赋,可因此为大学的发展拓展广阔的空间。另外,常见的成本分担和人力资本理论框架所认为的高等教育系统和社会经济系统具有紧密的耦合关系,在解释新时期的发展规律时客观存在某些残余或空白,布局已成为学科建设和区域发展不可回避的"关键词"。大学和学科的布局、区域的产业布局以及两者对各自拥有资源的配备和利用,这些都将是牵一发而动全身的,成为影响彼此公平持续发展和长远效率的重大研究课题。

最后,开放式创新与创新生态系统的新业态深刻影响学科效能发挥。当前,在创新3.0时代背景下,以数字技术为核心驱动力的第四次工业革命已经对传统的产业进行了扩展与重构,越来越多的产业组织通过积极构建开放式创新系统来交互、传递价值,由此催生出新的产业现象,产生新的业态和格局,如数字创新、跨界创新、场景创新等,这加强了发展要素之间的紧密关联,对于产业组织的边界和价值创造等都产生了深远影响,也影响到大学学科对产业的正视。因为,参与其中的主体不再强调如传统一般依赖所支配的有价值资源来帮助其获得良好地位和丰厚收益,而是借助互联网技术,通过跨边界协作、跨产业创新、跨区域合作、跨学科融通等新兴方式,与外部开放对象之间建立资源交换体系,引导优质的资源在生态系统内流动、汇聚和整合,合力创造生态系统的共享价值,并逐渐形成以自身为核心的开放式创新生态系统,如海尔的智能家电全球研发部、IBM的技术社区、英特尔的微处理器生态系统、波音的全球化研发网络等。这一新的结构形态的出现意味着系统创新效率和社会知识存量的提高,促进外部众多创新源在可方便获取的同时,吸引更多高度专业化的个人创新源或小规模创新体加入到创新环节,这让流程的业务运转体系变得庞大但功能逐渐下移,能够聚焦于更加精细的研究领域,也能因此把握战略发展方向而不必再关注枝节的创新,从而在优化系统运作的同时加快了系统整体的创新强度与速度,也将所有能够驱动创新的要素"成功"结合在一起。

至于通过何种模式以及选择什么机制互动耦合以实现价值共创,从而真正建立持续共赢的开放式创新关系?模式上有产学研合作、校企间合作、与中介机构合作、技术购买与转让等可供选择,共创的机制涉及信任、统筹协调、利益分配与激励、资源整合与优化配置、风险控制、伙伴选择等,而且需要建立交叉运行模式和交互治理机制,这是实现生态系统价值共创的最优选择,且存在多条等效路径。[①]这些建立在超链接技术和跨区域团队发现基础上的创新系统存在,提供了区域发展更为有利的创新源获取方式,提供了人们解读或挖掘更深层次知识的丰富来源,让我们可以不再奔

---

① 解雪梅,王宏伟.开放式创新生态系统价值共创模式与机制研究[J].科学学研究,2020(5):912-924.

波于不同的文献收藏馆中(当然若有必要查阅珍贵文献的话),因为互联网造就了知识的无边界,可以及时方便地获取各类知识。那么疑问是区域内的大学及其学科还能多大程度地发挥效能呢?答案可在"嵌融"中寻找。学科必须找准与区域发展的契合点,学科需要嵌入到区域的产业发展之中,深度融合于内,并在学科共同体和产业创新人才的相互合作中共创、分享价值。对于学科,需要及时应对开放创新对其的冲击,建立新技术引入机制,建构属于自身的创新生态系统。诚然,一般性的大学难有实力达成此种先进程度,因为其中的一些技术标准、数据安全以及兼容性等问题将为主体创新带来巨大挑战,首先要求解决好这类技术难题。此外,区域发展不会脱离于政府职能发挥,市场驱动的创新中还是要把握政府与市场的关系,若能以学科牵引政府对创新生态环境和系统的建构,不失为一条强化学科核心能力的途径。

(二) 学科发展的内部关系疏导

上述五个方面是作为大学及其学科对外要关切的,强调外部渠道途径顺畅,关系和谐共荣,但对内同样也需处理好各类关系,尤其是要充分调动广大教师群策群力的积极性与智慧力量,形成强劲合力。具体来说如下。

一是认清教师成长和学科发展的关系。大学里,与教师发展密切相关的核心成分主要包括学科、专业与课程。学科为统领,专业为支撑,课程是依托。每位教师都依托于所教授的课程与学校、学生建立联系,借助科研与教学形成专业支撑力量,以自身才智和成果带动学科发展。不同大学对教师的要求存在差异,压力传导机制各异,有的教师倍感轻松、舒适愉快,有的压力甚巨、不堪重负,还有的自增压力、砥砺前行。没有压力自然没有动力,没有动力会缺少进取,难以有标志性成果产出。因而,要坚持以人为本,密切学科与教师的归属和发展关联,推动教师学有所长、研有所用、用有所获。要科学引导和有效兼顾各方群体利益,营造进取向上的和谐环境氛围,依托各类学科组织和平台,推陈出新,让建设和发展学科、创新和推进学科成为教师发展的自我内在需要,荣损同俱,增强对学科的认可度、接受度和贡献度。与此同时,还需注意到教师成分的作用问题。大学里的教师是一个比较宽泛的概念,若不需要严格限定的话,包括实验员、辅导员、管理人员、教辅人员、研究人员等在内都被称为教师,他们共同构成教师群体。学科发展需要这些不同群体教师的相互合作与密切配合,任何一个个体的缺位都可能导致学科进程的迟缓,任何一个群体的"虚弱"都可能影响学科预期水平的实现,所以发展学科要求重视不同群体、不同层次的教师队伍建设,实现彼此存在的最大合力,并尽可能地保持群体的相对稳定和能力延续。

二是厘清建设逻辑和目标路径的关系。学科发展的逻辑思路若不清晰,建设目标方向不明确,就不会有合适的路径可循,所谓学科的可持续发展便会陷入桎梏僵局中,更不用说如何调动团队成员的主动积极性问题。可以说,大学的学科建设普遍存在两个方面问题:一是学科发展目标设定不合理,或定位偏高,或定位合理但相对显得偏低,因为人们总是倾向选择比较容易达成的目标,注重稳扎稳打,这实质上是有些胆怯的表现;二是学科发展方向偏差,因为方向本身的预期性难以准确把握。这两个问题主要归根于结构与规模问题,故许多大学往往将焦点设定在结构优化与规模调控上,以保证学科建设有着合理的目标。即便不求学科能顶天立地,但务必落在实处,构筑好学科建设的地域话语空间,努力赢得更多的区域话语权。同时,当今的时代赋予了发展难得的机遇与挑战,不同学科都应结合自身优势,寻得切入方向有所作为,也许开始筚路蓝缕和艰难曲折,但这是事物发展的客观规律,所谓先难后易是常态,以点切入持续推进,进而逐步打开局面,此为正道。能否遵循合理的建设逻辑,体现的是对学术的理性追求、对经济社会发展的需求响应和对国家战略发展的责任担当,兼而治之,兼而取之,从中制定科学的学科发展方略,寻找适宜的差异化发展路径,实现学科的特色发展。

三是把握学科要素和建设水平的关系。学科是投入要素结构与品质的集合体,但要素只是反映学科水平的必要条件而非充分条件。学科水平的高低是学科发展的阶段性结果和生产能力的体现,各类学科要素是生产能力的组成之一,可以影响到产出和结果,两者之间不是线性关系,也存在着一定的边际效应递减关系,即当学科投入要素的建设促使学科达到一定水平的时候,继续对学科投入要素进行建设会使最终产出所带来的边际影响越来越小,这在有关研究中已经得到了验证[①]。学科在发展过程中会由于要素非线性的相互作用表现出较为稳定的素质,如硬件方面的优越性和软件上的软实力,而软实力取决于制度、人和文化三个要素。对此,需要全

---

① 陈晓宇,杨海燕.新时期我国建设一流大学面临的转变[J].高等教育研究,2017(11):11-21,43.

面梳理制约学科建设成效的结构性要素,对标分析,找准差距,有针对性地改进。要正确把握学科的基础研究和应用研究、教学改革和科学研究、人才培养和条件建设、重点突破和一般培育等关系,合理配置学科的生产性要素,实现功能最优化组合,不断提升学科生产力。坚决杜绝"等、靠、要"思想,增强改革创新的主动性,积极创造条件迎难而上,最终积少成多,"汇溪成湖"。

四是要坚持统一要求和主动探索的关系。既然承认不同学科有各自特点和属性差异的客观性,所以要求各个学科按照统一模式发展是不切实际的。通常,为了规范学科建设、推进有序发展和实现建设目标,会制定具体学科规划,这是大学建设学科的总纲,会从中综合考虑学校发展、社会发展和学科发展之间的关系并给出统一部署与要求。这是必要的,因为学科建设须立足于大学整体发展之中,服务于大学建设发展,并与大学共同更好地服务社会发展。规划本就有所不同,引导着学科按照预定目标进行建设,具体推进还有可供选择的路径和方法差异,即学科建设模式的集中区别,模式差异又会要求学科内部不同要素之间的协同和整合机制与学科功能的发挥相匹配,体现学科内涵的相异,从而促使学科走综合、协调与可持续发展之路。一些共性要求,比如,增强学科建设的战略思维,拓宽国际化视野,适度结合自身实际拔高建设水准,找准目标定位,精准共同发力,力争实现一流等;推进落实国家发展战略,研究洞悉学科发展动态,合理看待学科评估,对应学校发展需要,科学规划学科建设,统一稳步推进;鼓励和提倡特色化建设,走自主发展道路,积极探索新路径,充分彰显智慧,避免建设趋同或形式雷同,实现学科个性化发展。这些既是要求,也是探索方向,促使学科更加理性看待自身发展,创造性地开展学科建设工作。

此外,还需加强过程的分类指导,健全激励奖惩机制,激发和保护创新精神,鼓励深度探索与不懈创新,并对学科建设中涌现出的好做法、好办法、好经验和好成果等及时总结提炼,延伸拓展,加强宣传推广,不断地从显性或隐性方面提升学科影响力,进而积少成多,慢慢积淀出学科的优势。学科优势的形成客观需要优异的成果和业绩支撑,但也需要广为人传,经由众人之口传播造势。

本章小结

与规模占比相对较少的研究型大学相论,占高等教育大半壁江山的地方大学深耕服务地方,通过发挥自身优势积极构筑区域中心地,形成学科服务区域的中心高原或高地,对于建设一流学科乃至一流大学具有重要意义,此为诸类大学建设与发展的应然之道。其间,随着时代的发展,区域和大学学科之间的关系将变得更为复杂多元,充满着不可知与不确定性,如何发挥好学科对区域发展的引导效应,区域又如何有效汲取大学学科的优势,在保持相互必要张力与弹性连通的基础上,做到各取所需、各展所长和特色发展,不可回避且需戮力前行,对此,应有统一的大局观、系统的结构维和创新的发展元,在合作共赢中实现高质量、一体化和可持续发展,还有必要设立较为科学的检验标准,可从地方政策的倾向性、应用实施的通便性、弹性保持的松张力以及环境匹配的协调性等多方面衡量,以保证既能达成期望目标,也有一定的激励约束机制督促与推进,这种基于校地双方战略和战术的高度协同,对于双方的长远发展都是极为必要的。

第六章　开放创新时代的学科人与产业者关系

现代大学的学科不能一味在追索知识发现的自我陶醉中单纯地保持淡然处之的心性,学科需要本然的学术化,也需要入俗的社会化,要求在与社会的互动中将学术研究成果转化为社会应用能效。如此,强调学科与区域之间建构适当的地位声誉与关系亲疏、加强两者协同研究是实现共同发展的有效之径,也是学科时代价值体现的客观表达,比较好的状态是能够建立"大学学科+区域产业"合作模式,而"学术与产业链的对接成了产学研合作的新范式"①。实际上,当大学不再是"象牙塔"时,学科与区域的关系便变得复杂且相互依存,从德国柏林大学的科学研究兴起过渡到美国社区大学的社会服务功能推崇,已经是将大学学科的学术研究与社会服务划时代地结合了起来,要求建立符合多元主体预期的良好关系。然而,这种关系讲求面面俱到和全方位发力,并不切合实际,在相互长短取向中,寻找彼此的契合点是根本遵循。由于学科指代知识发现和技术创新,区域呈现功能格局和产业布局,两者互动内在需要通过某种中间成分或力量在特定的点面上架构互赢联通,先点后线再促面成体,逐渐完成精准的匹配对接,待富有成效达到成熟饱和状态之后进行延伸拓展,以致不断"蔓延"到其他产业和区域等。诚然,大学的学科建设与区域经济社会的发展整体要求同频共振,相互应当倾力而为,甚至因为弥补资源短缺和繁荣学术等原因,学科希冀索求的可能更多。两者除了相互支持必要的优质资源供给、建立科学制度保障运行、加强软硬条件建设支撑、依托文化传统蓄力待发等之外,万事俱备尚欠东风,核心在于所拥有的"人才"存量,无疑是人的才智发挥起主导作用。发展学科最核心的要素是人,"各种学科就是具有各自思维风格的思想群体"②,故而可以围绕人的角色进一步展开讨论。这也是本章将命题定为"学科人"与"产业者"两类主体阐述的原因,当然也不会脱离大学和产业的情境

---

① 王建华.学科的境况与大学的遭遇[M].北京:教育科学出版社,2014:250.
② 克拉克.高等教育新论:多学科的研究[M].王承绪,徐辉,等译.杭州:浙江教育出版社,2001:17.

孤立地加以分析。

  在发展战略上,之所以要求学科面向区域进行结构规模调整与功能布局优化重组,一方面是希望借助学科人才培养的主渠道为区域发展提供所需专门人才,包括各类高层次人才,实现人才有效供给;另一方面是以学科所拥有的人才团队,依托对应的优质平台,找准区域发展的契合点,从不同层面满足区域战略需求,包括提供生产、技术、咨询等服务,讲求所谓的人尽其才、才尽其用。通过培养的人才以接受对应的学科专业训练方式而合格地进入各个产业中,他们的身份将转变为产业者,即便这些群体具有高深的知识、丰富的创造力和熟练的技能,但因为已经脱离了大学的培养环境,自身的发展便不再受学科学术氛围的约束与熏陶。熟谙所服务产业的运作机制,尽快通晓产业业务的流程运转以及创造出符合要求的可观效益成为新阶段的必修课,如何适应产业环境压力积极投身其中并稳固发展自身是个人的选修课,持续适应过程中不断接受心性磨炼并在成功或失败中茁壮成长则是实践检验环节(注:部分也归属选修课范畴),而做好这一切很多时候已经没有"坦诚的教师"再来进行系统教育了,靠的是个人的心性和经历。若非"自暴自弃""原地踏步"或"心态平和""心安理得"等消磨因素激发,那么,继续学习摸索以及勇敢地接受失败考验,从而让自己快速成长起来则是唯一选择。但是,这种自我成长有着很大的局限性,这也是教育学上探讨的为什么自我教育和学校教育有区别的重要原因。由于要适应产业环境甚至某项具体业务的熟练掌握,会使个体的注意力高度聚焦其上,不断接受环境锤炼,从而变得术业有专攻。专攻的路径选择通常有短期的充电再造、自学成才经历磨炼或师徒授受传帮带等,此时期望回到大学中的回炉系统再造将成为奢侈之事,倒不是因为条件不具备,多半是缘于精力不足、琐事缠身无暇顾及其他,必要时还得勇敢放弃一些东西,这会让人在做选择时变得犹豫不决,在鱼和熊掌之间难以取舍。况且,回炉大学再造接受的一般以理论性内容偏多,虽然系统性较强,但不见得比在反复的业务实践中锻炼要强些,经验不是从书本上得来,因各有所爱所取不同。慢慢地,这些人将变得更加入流和世俗,其中一批优秀的人会成为产业行业的领跑者,但绝大多数的人会"沉沦"为平凡的产业者,若非动荡不堪与处境堪忧,直至危及到自身的生存安全,则会坦然享受着前期磨砺之后产业发展带来的一定福利。渐渐地,在乐不思蜀中失去了拼搏奋勇的动力和激情,消磨了锐气而变得圆滑世故。当然,待条件具备或时机成熟,无论主动还是被迫,也会在产业或领域之间循着自身的期盼产生现实的跳跃。正所谓,水往低处流,人往高处行,客观现象而已。

与产业者相比,学科中的人或群体显得要相对自由些,他们可以借助大学平台,依凭着学科知识和领域技能,随着环境的变化自由切换身份,成为典型的和有才能的"变色龙"。比如,在大学中的某个学院,对应某些学科(专业),为了完成规定的培养人才任务,他们是教师或学生导师,立德树人、教书育人是本分;出于兴趣爱好、职务晋升或评奖评优等内在需要,研究某些课题,完成既定研究任务,产出研究成果,他们相互组合成团,集聚各人之所长,此时他们是研究者身份;为了满足社会需求或帮助企业行业解决某些难题,他们与外界相互合作,知名者更是被广泛邀请,此时的身份又是专家、学者或者合作者;为了某些个人想法,参与产业部门之中成为其中一分子或自主融入产业中,乐在其中,又同时保留着学科人的身份,身兼数职,游刃有余,安然享受着大学和产业带来的双重福利,此时他们更多充当的是教师中的产业者,也有称之为"学术创业者"[①],诸类种种。

然而,即便是可以在不同的角色身份中切换,以及学科领域属性的存在,但因为大学环境的客观约束,学科人还是会被要求必须遵守大学和学科的某些内在规则,宽松自由是相对的,赋予自由和优越环境的同时是对个人或团队能力、价值和贡献的衡量,没有不劳而获的纯粹自由,没有高度弹性的随心所欲,总是有个适当的度制约着。此时角色会因时间转换和行动规范等不同产生不可调和的冲突,角色和目标之间会因场域的惯习移植产生失配,于是需要重构角色以平衡角色张力和协调角色冲突。另外,今天的知识扩张已不再受制于学者们的高深探索,技术进步带来了知识爆发式革命,甚至部分超越了人脑局限,人们可以从已有的知识链网中获取多样的新知识,我们需要审视这些嵌入链网中的学科专业知识,正视这种多样性的复杂变化,而且此时衡量一个学科人(专家学者)的权威并不在于你对某个话题(问题、难题)能够盖棺定论,而在于你能否善于捕捉和最先发出声音。所以,世界已经更像是一张无定形的、相互交织的、不可掌控和逾越的大网了。对产业者而言,若非专门从事技术创新研发,他们只需将新技术运用到具体业务中便可轻松驾驭,技术问题不需要他们花费太多的时间与精力去解决,奉行"拿来主义"便可。但学科人却不行,他们需要周而复始、持续不断地去

---

① 熊文明,余维新,陈传明.学术创业者角色重构过程研究:基于目标动力学理论视角的多案例分析[J].研究与发展管理,2021(10):25-39,182.

研究、去发现和去解决,创造新知识也好,研发新技术也罢,这是他们的使命和责任,也是作为大学一份子的担当,在大学之外的人眼中,做不好便是失败者或失职行为。因此,学科人肩负着更重的责任,当然,若大学没有明确的压力传导要求则除外,至少优秀大学不会让身在其中的学科人处于"躺平""休闲"状态,越是一流的大学这种压力会越大。

一、区域发展创新模式的时代迭新

回到今天的创新时代来论。技术创新的高能化和信息技术的网络化发展趋势使得区域经济社会发展不断被打破地理界限,走向了理念和能力所及的"远方",这一远方并没有尽头,有的只是无尽的探索,各种创新力量交错芸杂其间,跨越了我们所能想到的各种边界,建构了许多新的令人惊讶的创新情境和场景,并围绕不同创新要素形成了更加密切的关系,在某种程度上量化自身,这会让我们感觉与时代落伍了。何况,随着国家和区域对以知识为基础的创新驱动发展的重视程度不断增强,走创新发展之路成为区域战略发展必然,并通过共同构建开放式的创新系统来实现价值共同创造,合力提升区域创新能力。这同时意味着以往形成的一些固有模式乃至好的传统、精髓等需要改变了,甚至不得已痛心地舍弃或选择。比如,我们熟知的波特竞争优势理论,是依靠组织对优势资源额占有和控制来塑造核心竞争力,但今天的数字时代已经不再纯粹强调优势是建立在单个运行主体(企业)或者产品(企业产品)之间的竞争之上了,而是转变为关联区域的产业链、价值链、竞合联盟、运营平台、创新网络和生态系统之间的复杂协同,传统的"零和博弈"状态正在被新的创新管理范式所替代,进而需要思考如先进技术如何催动创新产生、创新风险如何化解、创新利益如何获取和分项、开放与合作如何在战略上实现、创新的效率如何提升等许多重要的新问题。

(一)价值共创模式下的区域创新特征变化

而今,一些新的技术如人工智能、区块链、工业互联网、无人自动驾驶等数字技术正在与传统产业走向深度融合。这些新的文明和技术变化引发了社会的深度变革,促成了面向全社会开放的新结构出现。结构形态的变化通常蕴含着社会知识存量的增加和系统创新效率的提升,进而相助主体获取新的发展动力,这与以往我们所熟知的创新截然不同,并且表现出许多新的特征。具体来说：一是创新活动的参与者变得多样化，彼此的边界和群体特性显得更加模糊，各个创新主体间的关系越发紧密，联系更加快捷和顺畅，由此相互之间的依存度会不断加强，甚至超越了以往彼此"你死我活"的激烈竞争局面。二是科技进步引发创新活动的复杂化和系统性，创新驱动带来科技进步的持续性和文明化，两者相辅相成。科技自主创新成为时代主流，但这种创新不是单独依靠自身资源便可独立完成，特别是那些具有复杂系统知识的创新很难由独立主体独自完成，往往需要更大范围内的组织之间协同创新，进而形成具有共同合作、共同发展和共生共享的新的创新系统，这一系统被冠之以"生态"概念，是一种创新管理研究的新范式[1]，即建构创新生态系统，确切地说，是数字生态。三是创新不再是口头化的形式表达，而是实质研究成果的高效能转化应用，强调产业化与智能化，这很大程度上依赖技术革新和产业环境的构建，包括市场培育、多产业联合以及利益相关者的价值共创与共享。前者的产业化较容易理解，因为凝聚着新知识和具有潜在效益的创新成果当然不可束之高阁，造福于社会和创造出效益是根本，即便其创造之人也希望成果被认可，能够最大程度的带来认可或效益；后者的智能化则依赖现代发达的技术条件，例如基因工程、人工智能、高端制造等新兴技术的涌现正在重构创新系统的价值创造与获取模式，创新被赋予了新的内涵与跨界性。再如，数字化背景下，加强区域新型数字基础设施建设，实现数字技术与实体经济深度融合与可持续发展等成为创新生态系统多利益相关主体共识性议题[2]。相对而言，区域的产业发展需要创新，要求构建由龙头企业牵头、大学学科支撑、各创新主体相互协同的创新联合体，相应的创新政策也在不断调整，以适应新发展阶段的新情境、新需求，比如价值共创。

所谓价值共创是指在创新体系中，一个由核心企业引导的创新会使参与其中的所有成员收益，包括用户和竞争对手。这一过程催动了产业需要实施新的创新发展战略，强调要采取比较整体系统的观点，集聚不同参与者特殊的知识与能力，包括以上创新联合体中的核心企业、竞争对手、潜在替代者、互补者、消费用户以及大学学科等。由此，产业中的群体关注实质上无形增加了，如核心企业不再仅仅关注市场规模和占有份额，而要关注如何为消费者创造出更大价值的产品和服务，据此推出新商业模式、运营电商平

---

[1] 柳卸林，王倩.创新管理研究的新范式：创新生态系统管理[J].科学学与科学技术管理，2021(10)：20-33.

[2] 柳卸林，魏江，戎珂.数字时代的创新生态[J].科学学研究，2021(6)：961.

台、建立协同创新中心等,以便为系统层面带来新的竞争力量和注入新的竞争动力;产业中的一些企业与其竞争对手之间原本是"你死我活"的市场博弈关系,如今创新的开放性不再强调单一企业的产业和技术,而是需要多个相关产业企业的协同参与发展,通过知识的流入与流出,在某些方面进行共享实现联合创新,以此加速产业企业内部创新活动,促进区域经济发展,这需要有比较高远的谋略意识和战略眼光,加强企业间的联合。而且,与大学和学科坚持的社会需求导向连通的是,越来越多的企业纷纷转向以需求为导向的创新战略,面向用户需求开展定制化创新,以为用户创造更多体现人性化的经济价值。这种在开放环境中显现用户在产业企业创新中的重要作用,既为现代管理创新研究提供了新的课题,也颠覆了传统创新模式的静态和机械性,因为"用户"将成为企业获得创新资源的重要来源。

用户参与到创新过程,数字技术又提高了用户的参与度,更多主体的介入既是时代发展必然,也使本就错综复杂的关系变得更加多元化,迫使参与者们去思考"减法",即如何优化和重组流程环节,以便积极应对。何谓用户呢?这一新概念内涵是比较宽泛的,让其参与到产业创新体系中需要具备一定的条件。首先,用户本身应是这一系统中的成员,并不是消费的终端,而是中间者,其定制化的需求连接着为其提供产品和服务的上游产业企业,另一端则连着可能比较多的消费用户下游,他们彼此身处一张无形而无边的创新链、产业链、价值链以及教育链等构筑的网络中,实现共创价值在不同情境下的共享与扩散,尤其是相互合作能够以更为低廉的成本获取竞争优势时会表现得越发突出。其次,强有力的数字技术支持不可缺少,这甚至成为创新的核心驱动力。因为要在浩如烟海的众多用户中选择,并强调用户参与产业企业的创新过程,这中间必然有个"量"与"度"的问题,通过设计一些交流渠道让尽可能多的用户参与进来,这类似于一般意义上的广泛征求意见或商业调查,在手机通讯和"互联网+"普及的今天,提高用户的参与度已经不是什么难事,但数字技术和运行平台必然要有,而且最重要的是借助这类技术获取的海量数据以及对数据的处理能力将成为创新的重要资源与核心,拥有这些技术与能力的产业、企业会成为区域的核心产业、核心企业。虽然数据具有同质性、可重复编辑性和流通性,但若是不作为机密要素并可随意分享,那么其将成为不同角色群体的共有资产。然而,在数据是优质资源的今天,可以通过某些途径建立起与这些有价值数据之间的联系,但需要拥有这些数据的核心企业予以授权,数据资源的获取不会是无偿的,数据作为资产具有一定的专用性。而且,凭借这些特定的数据和拥有的处理能力,不同的创新主体可以将其设计打造成专属的核心价值,进而成为不同的特质性创新要素,并延展至有特色的产品和服务族(群),这奠定了主体参与链网创新和共享价值实现的厚实基础,因为要求创新的参与者们具有特定的知识与能力,相互之间需要产生资源互补关系才能实现共同价值主张。最后,作为创新的参与主体,需要有明确的发展目标和方向,能对未来创新发展作出具体约定,比如以常规的规划形式确定。但此种对于用户而言,不可强求非企业性组织的用户如个体消费者也制定所谓的长、中或短期发展规划,急切需要的是建立用户与创新参与者的共识,体现在技术、模式、产品或服务等方面,推动彼此在达成共识目标基础上的共同价值创造和资源共享承诺,共享资源承诺可以将优质创新资源有效率地参与系统协作,共识目标约定可以推动着不同主体围绕共同价值主张解决技术与创新相关问题。由此看来,新的创新模式利用"共同价值实现"这一核心目标与共享任务将不同特质的创新参与者们有机联系起来,基于互补共赢关系的体系结构促使他们的创新能力提升,并在与外部环境的互动中为用户提供更多价值增值的产品与服务,相互之间建立的是依赖关系,而非传统意义上的双边、多边或连接等关系,讲求的是更加平等的合作。

(二) 新型创新模式与传统创新模式的共存

新的问题来了,新的创新模式出现是否会埋没传统创新模式的存在和价值?这样的未知风险是发展的潮流,但至少在一段时期内彼此会是共融的,存在相对的过渡期,直至传统创新模式最终失去应有价值才会渐渐了无声息。区域发展有自身阶段性特点和水平递进性差异,域内的产业企业则有外向的禀赋转移输入和内向的优势传导输出,竞争与合作、系统与开放、传统与现代是并存的。假如以区域某类产业的单体企业来论,若该企业有宏大的发展战略,也有稳扎稳打的战略举措推进,整体发展势头不错,不满足于现状,持续追求创新卓越,这是合乎常规的逻辑思维和高瞻远瞩的战略眼光。

至于如何实施运作,传统模式下会有三个表现阶段。一是竞争管理阶段,管理围绕竞争实施,竞争依靠有效管理实现,强调形成自身独特的优势和抢占丰富的资源,并借助研究与开发方式培育核心能力,从而提升企业的核心竞争力,再依凭这些刚性的竞争实力打败对手。二是系统管理阶段,强调资源的系统集成,以应对面对市场时产生的不适应状况,突显出不同资源间的互补性以及合作的重要性,并借由合作实现知识资源的流动与转化应用,一般会与高校、科研院所等机构寻求产学研合作。三是开放管理阶段,强调对外开放与合作的重要性,先是突出用户在创新中的作用,将用户纳入创新体系中,继而加大企业之间的开放度,最后跨越区域界限直至全球化合作。可细窥之,这三个阶段都有共性特征,即产业企业的创新活动建立在竞争取胜的基础上,需要创新要素的系统性支持,要素的来源有自身的能力禀赋占有、产学研合作的资源流转以及泛区域的开放资源获取等。但问题是,资源是有限的,不可能做到一家独大,不太可能通过竞争性手段击败对手而将资源悉数掌握,那样反而会遇到最为强烈的反抗,将自己带入不佳境地,唯一比较好的解决方式是竞争转向协同,由先前比较纯粹的商业竞争关系转变为互补合作基础上的合作关系,这推动了产业关系认知的改变。当然,合作创新的过程中自然也会采取一些有利自身的竞争性行为,从而在合作与竞争中实现价值获取与价值创造的平衡。这促使创新管理走向了第四个阶段,即国内外一些学者提出的"创新生态系统管理",强调系统战略竞争单元、共同价值主张、多元创新参与者、创新能力共同演化和复杂动态依赖关系等。因此,坚持探索的开放包容和相互的学习借鉴是发展学科的内在要求,而形成和谐科学的学科发展模式应该是基于他者中心主义的。博弈论原理也告诉我们"不要固执地坚持巧取豪夺的传统观点,在博弈目标定位方面,要实现从双损到双赢的转变。"[①]产业商业中的"合则两利、斗则两伤"即是这个道理。

生态是一个优雅时尚的词汇,彰显着绿色、生机与生命。生态系统更是集聚生态种群多样性构成的群落体系,一般是指由生物群落及其生存环境共同组成的系统,意涵着共存、发展与和谐之意。生物学中的"生态系统"理念被迁移引用并运用于研究区域创新和管理,既暗指发展环境的复杂多样性,也意味着需要建立新型的生态群落关系,而非传统意义上的激烈竞争关系,需要将彼此纳入较为和谐共存的环境中有效率地一起协作。当然,自然环境中的生态群落形成有一定自发性,因为内在有着一种自我调节和平衡能力,而人为环境中则需组织制度层面合理的布局及其战略选择,并且首先要建立起价值认同,培育参与者之间的相互依赖,进而加强管理与治理,最

---

① 卢晓中.现代高等教育发展的战略管理研究[M].北京:北京师范大学出版社,2015:364-366.

终实现生态系统构成。在高等教育系统中,这与对学科的布局调整目标初衷是一致的,按照伯顿·克拉克的观点,这一系统是由学科和院校构成的矩阵结构,这一结构不是人为规划的,而是自发形成的,并且是如此符合"事物的本质",以至似乎没有其他选择①。因此,在区域关系处理上,不仅要在一定的自由范围内让产业企业自发生长,构成多样性和群落基础,形成优胜劣汰的竞争与合作关系,还要有指向地扶持一些弱小潜力股、引进部分外来力量,增强互补性和共生性,相互结合促进系统共同演化。这体现了发展的三重境界,即竞争、合作与共演,蕴含着微观的异质性资源拥有者相互依赖关系、先进技术环境架构动态的竞合关系、核心角色主导的网络协调编排关系以及价值共创主张的群体参与关系等,核心是利用"知识流动"来加速产业企业内部的创新过程,从而扩大创新源的市场化搜寻路径,建构"基于大众智慧和功能专业化的知识群落所形成的新结构"②。结果如何呢?产业企业的边界变得模糊,知识成为核心资源并作为可交易的商品,企业主导的配置模式转变为基于用户的市场配置模式,而相应的创新生态系统形成了知识研究、知识开发与知识应用三大生态群落,埃斯特琳对此作了专门划分③,并且还强调应基于更为开放的视角来看待这种演化。

(三) 创新参与者的身份建构与衍生

那么,所论这些与学科和学科人又有何关系,是否已经脱离了阐述的主题?对此,先来分析价值共创中创新参与者之间的关系。由于创新来源于新的生态系统中不同参与者的共同贡献,他们更加分散和更加专业化,并作为全新的创新要素存在,故需要建立一种有效机制安排和建立这些要素之间的依赖关系,此为形成创新核心竞争力的关键,也是保证价值共创实现的基础。对此,其一,客观看待这些要素主体之间的竞争关系。无论是作为市场新生力量,还是原有力量的求新注入,他们以资源、技术或服务等内容作为实体产生,受到市场支配力量的驱动,需要面对诸多有着机会行为与资源专用属性的同样或相近竞争对手,并在所处的市场环境中获取新的竞争优势。而自身优势的一定占据便意味着他人优势地位的丧失,动了他人的"奶

---

① 克拉克.高等教育系统:学术组织的跨国研究[M].王承绪,徐辉,译.杭州:杭州大学出版社,1994:36.

② 林勇,张昊.开放式创新生态系统演化的微观机理及价值[J].研究与发展管理,2020(2):133-143.

③ 埃斯特琳.美国创新在衰退?[M].闾佳,翁翼飞,译.北京:机械工业出版社,2010.

酪"自然会受到别人"疯狂"的打击,特别是行业中的核心企业。此时,主体进入市场参与竞争需要保有足够的持续优势,依凭来源于自主创新,并采取积极灵活的竞争管理策略处之,正如平常我们所说的"有为、有所为、有所优为",只有不断地有所优为,才能延续竞争优势。其二,倾力打造合作关系。竞争是相对的,合作是必需的。要有系统集成的眼界,跳出自身的局限以更为宽广的角度看待资源要素的有限性以及经济互补关系的重要性,在明确业务拓展方向的基础上融合不同资源要素,发挥异质性资源的互补增效功能,在整合与再造中扩展产品与服务,创造新的市场,挖掘新的价值实现路径,获取新的发展机会。比如携程、同程旅游,基于人们的旅行需求,将不同公司的产品与服务进行网络整合与生态关联,提供用户从出门到回家的精细化高品质服务,既可一线安排,又可点点选择,还能自主定制,能够任意搭配组合来满足用户在特定场景下的个性化需求。其三,理性选择开放关系。系统的合作讲求宽广立体延伸的关系连接,以开放的心态应对更为复杂的竞争关系,并在竞争与合作中共同演化创新发展能力。开放蕴含着发展良机,必然随之带来严峻挑战,要么主体将以优势进入其中赢得跨越式发展,要么仓促上阵陷入群体性困境,可以采取"寻机会、定主从、争主动"三步走战略,即先在创新链与价值链环节中寻找合适机会,再由新业态中确定主从关系,最后争取主动成为业态的主导力量,这背后需要持续有力的创新力量和资源支撑。

已有研究表明,开放式环境下的创新是一种以"四螺旋"(政府—企业—大学—用户)为主体、多要素参与的开放式攻关活动。[①]其中的创新参与者们来源群体广泛,由进行创新的中介机构、政府、科研院所、大学和产业等创新主体在生态系统内集群而成,并且各自发挥所长,在产品或服务的创新链中互惠共生、协同竞争和集群推进,借助于持续优化和竞争合作组成用户、重点企业、多级供应商等相互影响的协同产业创新链,从而共同推进产业创新发展。其中,区域内的产业重点企业作为创新主体或起主导作用,同其余相关组织一起形成链网状的运行状态,按照既定的需求支配形成符合期望要求的创新解决方案。若再分析不同的创新主体,创新中介机构一般不直接进行创新产品或服务的研发,多是通过收购、委托、受理、转让等方式吸纳创新成果,再根据用户需求提供相应技术创新支持,而在他们成果吸纳的群

---

① 李万,常静,王敏杰,等.创新3.0与创新生态系统[J].科学学研究,2014(12):1761-1770.

体中相当大的部分来自学科人群体,如国家授权的发明专利、研发的成品技术、提出的新理念新概念等;政府的角色一方面是通过宏观政策引导、管理制度激励等手段推动区域的产业创新,本身无暇分身从事专门的创新工作,也不具备业务承载能力,即便是拥有一定能力也多半会以委托方式进行。另一方面,对于产业创新者而言,希望政府能给予充分授权、放权和政策支持,并在必要时机加强过程协调,提供较为优越宽松的创新环境即可,并不需要政府在多大程度上实质参与产业创新;科研院所则具有学科功能,以学术研究和技术研发为主责,以产学研合作作为核心,密切院所与外部主体之间的联系并完成组织的运营,对于具有商业性质的院所一般按此逻辑运转,部分公益性院所还兼顾基础研究、政策咨询、人才培养等职能。另外,对于产业和大学两者而言,都同为重要创新主体,产业企业出于发展和竞争需要,迫切需要提升创新能力,将自身打造成高新技术企业,拥有一批自主创新的核心技术,从长远考虑这要求产业企业建立自己的研发机构,以一批优秀的专业人才进行科技创新创造,推动企业掌握自主知识产权,显现强劲的核心竞争力。大学中的教师,归属于不同的学科群落,分属不同的类型,有专门从事教学的,有专长于科学研究和技术研发的,也有专门从事具体服务性的,高层次与高水平的教师无疑是科技创新服务区域经济社会发展的主体,专利出售与技术转让是高校科技成果转化的核心内容,借助实施科技创新和技术转移,促进大学在区域产业发展中提供动力和奠定区域经济实现快速增长的基础。

延续前述的创新发展面临的竞争、系统和开放三个管理阶段来论,在竞争阶段,产业的单体企业应对市场竞争时,在自身不具备雄厚实力的前提下,往往需要借助外来力量实现创新突破,增强竞争优势,于是,与大学寻求合作是快捷之道,但也不太可能将所有的期望都压在某一所大学之上,具体由企业提供技术需求,大学按需组建技术解决团队,签订合作协议约束彼此责权利,权益分享机制驱动创新技术完成,或者是依托已有的知识研究成果进行应用转化,过程相对简单明了,颇有些"一手交钱一手交货"的味道,双方乐于接受。随着竞争优势的获得,企业转入系统管理阶段,战略高度提升需要延伸更大范围的合作,由此对技术与服务的需求变得多元,客观推动着产学研合作走向纵深,此时的合作将会在原先基础上"审时度势",校企关系若保持良好状况则会推动后续的延续与拓展,"另起炉灶"和转而寻求更高层次大学的尝试性合作会是必然,这对企业和大学中的学科都是考验,前者要求企业具有战略谋略布局和前瞻性发展眼光,把准发展方向与技术服务创新的突破口,有效汇聚力量集中攻关,全面系统地提升企业发展动力;后者则要求大学需要全方位跟进,连通关联学科实现联动,不仅要重视建设一些交叉融合学科,还要组建跨学科的攻关创新团队,特别是关注建立与产业企业的深度融合机制,密切跟踪企业创新进展,及时调整研发思路和技术路线,加强创新有效供给,只有在"利"字得到最大限度的满足,相互的依从关系才会得以夯实巩固。合作研究持续丰富了学科的知识性研究,促进了知识积累,并借助产业内部的技术与平台促成了有价值的、具体的产品出现。进入开放管理阶段,新技术和新业态为产业企业创新提供了发展条件,互联网则提供了海量的产业创新资源与运作平台,产业创新主体无需再跨越地理界限和通过传统实体环境寻求创新所需资源,突破时空限制的大范围与及时共享以及分布式创新构成了创新生态系统,共享知识成为新的潮流,此时,重点企业加入到产品价值形成的环节,主动联合其他企业、科研机构和相关大学组建创新平台开展深入研究,并与有关组织形成战略性联盟,共同推进创新活动,彼此是基于"协同合作、共享创新成果"的理念,且尽量避开与合作开发对象进行直接竞争以产生不必要的冲突,这样,合作的彼此既可以共享各自的创新成果,又可以借助产学研深度融合实现某些方面重点突破,从而切实推动产业进步,将有关具体产业应用和产品重点技术等持续延伸到产业边界,这使得整个产业的技术产品价值更显多元化,从而推动了产业的生态化发展。

可见,学科要求知识化,知识需要技术化,而技术则强调应用产业化,为此,学科和产业均才有出路。产业的发展往往由学科人的某些知识性研究先行,之后被敏锐的产业者捕捉并分析使之成为预期的产业关键技术,继而通过相互之间的合作研究(注:包括学科人、产业者、其他产业者等群体),丰富知识框架和建构特定知识体系,再在持续知识研究和积累扩充的过程中借助网络信息技术加速流转,将知识、技术与产品实现目标性结合,使有概念、有意义的技术产品快速成型。依托这些新产品和高品质的研发能力以及后续不断累积的技术水准,主导企业进一步整合与优化创新资源,建立起指导产业内部相关参与者、用户等协同创新的技术标准、操作规则等,不断拓宽产品技术的应用领域,并逐渐延伸到产业边界地带。随后,基于市场发展需要,调整自身发展战略,把握产业与技术的整体发展动态,对产品和技术等内涵加以完善,从而提升产业发展空间。在这些过程中,无论是学科人还是产业者,他们都需要扮演好一种重要的角色,即研究人员,并且相互之间可以进行身份与角色转化,但以学科人向"学术创业者"转化居多,这具有极大的便利性,因为通过学科人的创业活动联结了科学知识创新与应用价值实现两大环节,既可以体现知识创造价值,又避免中间转化环节的损耗,较好缩短了知识的价值转化。与一般意义上的产业者相比,学科人转为产业者具有独特性,体现在双重角色的充任和双流网络的融嵌,即创新者、创业者和学术网络、商业网络,这会使学科人面临着科学价值和市场价值的两难选择,故需要动态地建构元层次角色来化解双重角色带来的角色冲突,建立起新的自我概念和行为方式之间比较恰当和谐的关系,甚至需要重构角色以协调角色冲突和平衡角色张力。

二、学科人与产业者的典型特征分析

特征是什么?指的是针对人和群体或客观事物的、可供显著识别的特殊征象或标志,具有一定的场域或网络特性,且随着角色扮演的不同形象体现对应的总体属性。学科人在大学中是传道授业之师和知识创新之魂,肩负着培养创新人才和引领基础研究等责任,此时的角色特征具有公益属性,然而,一旦转化为产业者,促进技术创新与产业创新,则会重视创新的价值开发,具有逐利属性。所以,基于内外环境差异,学科人与产业者本身无孰优孰劣之分,只是会因所处场域的不同产生角色与目标的匹配效应。若是一味简单地惯习移植而不能深入其理,会在时间转换和行动规范等方面产生不可调和的角色冲突,带来目标与角色的失配。所谓角色冲突是指个体同时在两个或两个以上的角色之间相互转化,由价值取向和文化传统等方面的差异所引起时间、行为和压力的冲突,主要包括角色内冲突、角色外冲突和角色间冲突三类。角色冲突会导致个体陷入"合法性困境"与"合理性危机"。对于学科人而言,主要是角色间冲突,偏向于采用创新方式探索走向未来;对于产业者来说,意指创新驱动下的价值增值。这两者会按照社会分工的角色与社会责任的担当在既定的轨道上前行,当行进至需要建立一种新的平衡机制或处于特定节点时,基于产学研用合作基础上的协同创新或构筑战略性联盟便十分必要,因为既要协同学科和产业组织中的资源流动,发挥创新与产业发展的联动效应,也要聚合统一学科人与产业者的角色,降低或减少冲突,建立创新型互动。至于能够达到什么样的成效,关键在于合作的双方体现的能力特性、共赢发展意愿、路径方式选择等,其结果是,两者交织在知识共享、生态创新和产业聚能的复杂关系网中。另外,还有一点要突出,即大学及其学科作为桥梁与纽带,主要以培养创新人才和产出科学技术知识为前提,并为国家创新体系中的各个主体之间建立有机关系。

(一) 学科创新体的学科人学源特征

人的主要特点是有思维、会学习、集大成、出智慧。[①]学科是"知识创新高度组织化、体制化的组织形式"[②]。对于依附于上或扎根于此的学科人,决定了其行为取向在体现既有组织性和管理要求的前提下,要紧紧围绕拓展学科领地、增强部落实力和延伸学科知识等做足文章,积极奉献自己的力量,具体的行为表现必然有着较为浓烈的学术味道。学科人是学科知识和组织系统的核心动力[③],学科人应当有着不那么世俗化的"知识分子"味道。在整体特征把握上,学科人显得比较沉稳,"稳"字有三重表现。一是比较稳定。大多数称之为"学科人"的人群主要存在于特有规模与既定发展阶段的大学组织以及一些科研院所机构中,他们肩负着时代所赋予的使命与责任,承担着成为学科一份子的教学、研究、服务、交流和文化传承等职责,在各自的领域内以拥有的专长、技能、见解和勇气、魄力、胆识等塑造着自我的角色,实现着自我价值。相比流动性较大的产业者,他们的安身立命多了些安逸,少了些喧嚣,行为取向偏向于高雅端庄和声誉地位,当达到能力所及的程度后,便会放缓前进的冲势,放平心态,沉心静气。二是相对固化。学科人都需要经历学科的社会化过程,就其本质而言,主要是身份的认同和个体责任感的履行,是选择生存于这个学科世界中的一种方式,是形成于其中的归属感,故进入其列需要付出和成果验证,并以此得到认可。而且,学科与大学是紧密联系在一起的,学科有学科的文化,大学自然也有大学的文化,两个文化圈有区分也有不少共性之处,在当前大学内普遍关注待遇留人、情感留人、价值留人等环境氛围下,若是没有必要的更高层次追求、选择上的无奈或人生的不堪境遇等,学科人一般情形下不会随意跳圈,除非有着莫大

---

① 钱学森.论系统工程[M].上海:上海交通大学出版社,2007:28-144.

② 王艳玉,张社列,谷冠鹏.学科建设与优势积累[J].河北大学学报(哲学社会科学版),2002(1):76-79.

③ 单捷飞,何海燕.学科知识与组织系统:一个一流学科研究框架[J].清华大学教育研究,2021(5):94-104.

的勇气和壮士断腕的魄力。况且从现实来看,大学内的人才流失是远低于产业者流动速度的。故在前文中,也提及学科人多会以双重身份介入产业创新中,其身份转换比率高于产业者向学科人的转向率问题。三是较为稳重。任何一门学科都不会完全融入另一门学科之中,学科之间有自身属性特征的迥异,也有赖于学科人的精心维护并在发展延续中升华衍变。一旦这种意蕴和内涵凝聚而成,一方面要认清学科的成长壮大不可能在朝夕之间立竿见影,而是在众多要素合力作用下经年累月形成的[①],另一方面也要看到学科的成长发展并非遵循一贯有序累积的原则,也存在着跨越式增长、间断衰退以及组织的形成、分化、嫁接与合并等现象。因此,若想推动学科发展需要一代又一代的学科人不断地注入学源之力,持续涵养并夯实学科重心下沉,沉淀学科知识体系与固化知识创新价值,并且不可忽视学科之间的协同关系以及系统层面的政策供给、资源配置、文化影响、价值应用等功效。带着这种稳重的发展步伐,学科依凭专属气息不断吸引着学术后辈加入其中,不论是偶然性步入其列还是功利性心向往之,结果仍会扩大学科影响力。

学源特征的第二个表现集中在知识势能与应用动能的转化。客观上,大学学科与产业企业之间的创新价值需要建立一种链接进行共享与整合,这一链接就是创新成果如专利的转化,也即通常讨论较多的高校科技成果转移转化问题。对应于国家创新体系结构和运行模式分析,学科创新成果的转化有助于供需双方在确定创新的技术、产品、时间、方法以及可能获取的收益等方面有着清晰的信息掌握,并相应提供资金、技术、人力和信息等资源,进而弥补技术经济信息本身较为广泛、分散和复杂的问题与缺陷[②]。在一国的创新体系中,政府和企业是两大创新主体,但起桥梁纽带作用的主要是大学及其学科。已有研究发现,在近20年的时间里,世界上大多数的基础和技术研究都是由大学承担并完成的,许多科学领域内的重大发现特别是基础科学研究有近70%是在大学内获得的。这体现了大学具有无与伦比的创新催化与能量加速作用,其作为知识创新的重要载体发现和挖掘新知识,通过产学研合作和提供技术咨询与服务等方式服务于产业企业,为产业创新和企业主体的技术创新创造源泉,甚至一些大学自身还借助衍生

---

① 武建鑫.超越概念隐喻的学科生态系统研究:兼论世界一流学科的生成机理[J].学位与研究生教育,2017(9):8-13.

② 康旭东,谷丽,丁堃.高校构建科技成果转化管理体系的思考:基于高校在国家创新体系中的定位[J].研究与发展管理,2021(5):175-182.

企业、自办企业以及地方科技产业园、大学科技园等模式对接知识与技术，进一步促进较高的知识势能向技术应用动能转化。相较于大学的优势，政府与企业的能量转化偏向于动能传导，政府可以采取政策举措激励大学与产业合作，盘活优化市场和建立机制体制保障校企合作与创新价值的顺利实现，这属于势能与动能的能量总和在区域的调控分布行为；企业主要是内部能量转移和外部能量输入，对于建有研发机构的企业而言，属于较低势能和技术动能向应用动能的转化行为，而与大学的合作则属于外部能量输入行为。此外，还存在一个"人"的重要问题，即大学参与国家或区域创新体系建设是通过为社会培养高素质人才、提供优越知识和技术等实现的，在政府的政策引导下，大学以产业企业的人才迫切需求为导向，不断地培养创新人才并输送至产业中，部分直接从事科技创新工作，从而成为特殊的产业者。大学在培养人的同时，还将培养人的学科人推向了产业，虽然这并非大学的本意，大学也不见得乐意如此，但在校企合作能够获利颇丰的前提下，在大学为社会服务职能的牵引下，还是会"半推半就"姑息这类行为的发生，而且真正能进入产业的学科人数量实际并不多，多数学科人也不具备那样兼容的能力。

至于学科人的知识势能体现在两个维度上：一是基础研究与应用研究之间的势能差；二是外部环境与内部环境之间的势能差。有学者将之称为"双重知识势能"。前者，从创新活动的循环体系看，基础为本，应用为纲，先基后用，基础研究主要以基本原理、新的概念和新的发现为目的，继而通过专利授权体系获得独有的专属权利，再通过知识产权的规范管理实现产品的生产或服务的转化供给。它是学科人常年不懈的沉心静气与潜心钻研的结果，是对大学作为"象牙塔"使命的传承与延续，故不可过于追逐名利而放弃对知识本源的追索，学科（人）需要承担筑基的使命。大学固然可以借鉴产业企业先进的管理模式和经验技术等来提升治理能力，但毕竟不可混同于产业企业，可以针对产业发展需求进行应用层面研究的对接，开展联合攻关行动以解决实际问题，但应用强调价值实现并不能因此而抹杀基础的效用，没有基础的奠基，应用将成为空谈，"基础研究的突破是推动技术创新活动的重要因素"[1]。尤其是现今目不暇接的各类新技术、新业态、新气象等，越发接地气和满足个性化需求的同时，万变不离其宗的是根源于基础科学研究取得的丰硕成果，再加上新时代人创新进取的勤劳所致。故而，基础研

---

[1] 万钢.基础研究是科技创新之源[J].中国科学院院刊,2008(2):104.

究带来的科学知识的积累与创新是推动产业升级的重要元素,是产业技术演进的核心环节。至于后者,要客观并坦然地接受内外差距存在及其产生的势能差。由于先进程度的差异以及文化、传统、经济条件、学术环境等不同,大学的学科人需要了解国内外同行的研究最新进展,需要在更为广阔的空间中把握学科发展动态,并因此不时地流转于内外不同的知识场域中。当然,一般情形下,大多数学者们没有多少机会在国内外不同空间中"奔波",转而从知识文献中寻求线索成为便捷方式。借助于这些知识共享途径,有利于学科人更加清晰地认识学科,不必在妄自菲薄中推进学科产出能力。再看产业群体,自身的规模和实力、产业内的技术壁垒、所有权保护以及竞争的残酷等让其处于高压状态中,建立必要的合作是必需的。同时,产业注重应用的短期高效益,长年累月的研发投入难以保证。所以,知识势能的增长相对较缓,若实难持续,势必会出现知识存量的落差下滑。

(二) 产业创新体的产业者术攻特征

任何事物都具有两面性。在充分肯定学科人的功用的同时,也不能因此忽略产业者体现的价值,两者有相互联系观之的必要性,虽然它们分属不同的专注领域。若要严格评判个高低或重要性之分,那么因为产业者更加接近社会、贴近生活,也会以贴切的方式影响和改变着我们赖以生存的世界及其对社会发展变化的理解,并很自然地享受着发展带来的惠利。这些收获的原动力来源于创新。学科人讲求知识的创新与生产,产业者注重知识的应用和技术的转化,相互合作推进创新发展。相比学科人,产业者的行为较为集中地表现在术攻上。具体体现在以下两个方面:

一方面是激烈的市场竞争以及由此激发的产业创新压力。本质上,绝大多数的产业者根属于学科人群体,只是不再有大学环境中鲜明的学科之分,而归结于既定产业行业中的业务应用。所以,并非强调属性之分,而是指类属上的差异,简单来说,即产业者不再属于学科人,但属于学科人培养创造的社会群体。虽然这么说可能有些武断,但毫无疑问,在高等教育发展到快速变化难以预料的今天,各个产业中接受高等教育的人数比例不断增长,高等教育进入大众化发展新阶段,当初的"天之骄子"乃至大量的研究生群体已经成为产业中的普通劳动者,包括研究生教育中的大批专业硕士、专业博士等特殊群体,他们拥有的专长与技能等在学科培养之时便突出很强的针对性,培养的能力导向偏向于实际问题应用,以满足社会之需。行业竞争的白热化,优胜劣汰自然规律上演的此起彼伏,其中的产业者需要时刻感受来自行业领域的压力弹性,进而主动融入其中,持续增强应变能力和促进自身快速成长。如此,创新将是他们的客观行为及其内在需要,并且不能单纯地理解为业务技能的提高,而是思维理念、行为方式、能力展现等多方面的综合展现,并因此会导致不同的结果,如多渠道的回炉提升、多向流动的身份认同和多元取向的行为选择等,这无形中增添了许多莫名的发展压力,产业者承受着沉重的"亚历山大",如若不然,淘汰出局便是唯一结局。可见,产业者所面临的环境压力和强度整体是高于学科人的,这也就解释了为什么产业者流动高于学科人流动的原因,因为不进则退甚至会退无可退,或是转至其他行当从头再来。而且,这种压力还随着科技发展、产业结构调整与转型升级、企业战略发展等不断加强。此外,产业者的压力除了环境作用外,还很大程度来自组织内部的创新推动。已有实践表明,当创新是组织自己主动作为的时候,组织成员对创新的接受度、学习和采纳速度会相对加快;而那些来自组织外部的创新,如果产业者没有参与其中,他们会认为这种创新是外来的,是强加给他们的,创新就会受到一定的抑制。在这种情况下,产业者接受、学习和采纳该创新的速度会大大减慢[1]。由于创新意味着改变,甚至是根本性的变革,在变化相对剧烈的产业环境下,若缺乏战略动力激发以及既得利益保护,创新的推进便会在时空宽带被有意地拉伸开以致效率下降;如果创新是以项目驱动的,不同的项目之间存在匹配不合理或相互掣肘的目标,那么最终既无法保证效率也实现不了创新。

另一方面是强烈的应用动能驱动以及由此激发的产业能力提升。对于区域的众多产业企业而言,创新带来新技术和新管理举措的推行,且随着成本资源投入量的增加,核心目标在于以此占领市场、赢得竞争主动和抢占必要的发展先机等,要求服务发展战略的技术创新研发和管理变革等能在短期内取得显著成效。这中间需要考虑几个关键因素,一是来自需求方面的拉力,二是出于科技的推动力[2]。还有必要添加人的作用力,三力共同作用形成产业发展的线性模式,即"显性或隐性的消费需求—企业有效供给能力—产业发展动力驱动—基础创新务实追求—技术创新卓越打造—产业实现高质量发展"。也就是说,市场中的消费者有实际需求,包括潜在消费者和实际消费者的需求,这会促使企业精准定位市场、竞争瞄准、积极应对并形

---

[1] 罗杰斯.创新的扩散[M].唐兴通,等译.北京:电子工业出版社,2016:32.

[2] 王耀德.技术创新的需求拉力与科技推力[J].中国人民大学学报,2003(4):46-51.

成对科技的"有效需求",为此促进产业者和其他人员进行技术创新并构成创新主体,产生引领行业发展的卓越技术,进而带动产业高质量发展。因此,卓越先进的技术对于产业企业有着天然的吸引力,只要能力许可,任何企业都会选择进行竞争性创新,这是危险丛林的生存法则。当然,这会对产业者提出更高要求,包括加快响应速度、应对市场变化创新等。另外,从数量与质量上分析,与学科人相比,产业者还具有不少有利因素,一般实施创新有着良好的条件支撑。作何解呢?一般而言,主动变革创新的产业企业技术设施条件是比较优越的,会以各种渠道及时洞悉产业最新发展动向并更新设施环境,这是激烈竞争的客观需要,故而其整体上的平台先进程度和技术环境条件是优于大学组织和科研院所的。一些比较先进的仪器设备、高端研发装备平台、雄厚的专业技术力量等大都先期集中于企业中,企业为了发展会相应设立技术研发中心、研究院等重要机构,投入大量创新经费进行攻坚克难,因为他们非常清楚一个问题,即做什么才能不断地保持竞争优势,这点对企业发展是致命的。与之相比,大学与科研院所的资源相对有限,技术创新平台很难做到时常更新,故依托已有的实验机构联合企业共建工程研究中心、技术创新中心、产业研究院等成为必要之径,部分地域可建立区域性的大型研究中心进行专项攻关。依凭着这些有利的条件,产业者可以根据市场需求变化,结合战略布局调整,在具备一定实力前提下,实施一些主攻性的技术创新项目,并联合外部资源以合作方式推进。有意思的是,大学中的学科人似乎对此始终会慢上一些。由此,非研发性质的产业者即使没有任何学科人所具备的学术研究能力,但因为环境作用和战略发展需要,科技创新驱动的主动性和应用性较强,这让他们自身具备了较高的应用动能值。

综合上述基本特征分析,学科人与产业者是有一定共性的,但他们之间的区别却更鲜明,并分属于不同的学科领域和社会机构。然而,人类文明的进步与社会发展步伐加快的时代要求约束着这两类群体需要认真思考自我定位、自我张扬。双方可以立足创新知识的融合演变,在新时代人多样化的需求中寻找发展契合点,推进协同创新,进而作出积极的贡献。

三、创新视角下的学科与产业现实关系

创新的开放联动性和创新生态系统的建构要求参与者实现最大程度的

"合"与"和",彼此成为利益共同体和创新融合体。这是合乎时代要求的理想状态,客观现实中由于各种因素的困扰,反而存在着许多的不协调、冲突与矛盾。

(一) 创新需求中的两者关系之"和"

由于"创新过程中有效知识和人才所发挥的真正重要的功能并不局限于创新组织内部,也包括其他机构,而且大多数往往是由大学内完成的"[1],言外之意,是由大学内的学科及其学科群体完成的,这越发体现出学科人的重要性。令人欣慰的是,今天的大学(含学科)和新时代的产业都已将眼光瞄准了高质量发展的未来,以新发展理念、新的格局观来欣赏和关注对方,期望着在可取的领域和价值创造方面建立更为密切的合作关系,取得更为卓越的成果,完成着高质量发展的目标遵循,当然这也是不断探索的过程。前者的大学(学科)越发重视与产业企业构筑良好关系,大学的发展离不开社会的支持,特别是政府支持,力量相对有限的条件下,大学需要从社会中获取更多的优质资源来充实自身发展所需,这种需要初步形成了一种传导激励机制,覆盖了大学内的各类学科、二级院系直至教师个体,落实在具体学科专业上,要求各安其位、明确定位,积极拓展办学渠道,服务于人才培养、办学条件改善和项目联合研究等,且在深度合作中获取产业企业的力量支持,推进创新研究的应用性,进而探索新的研究领域并获得更多的研究成果,包括技术创新及其成果转换,校地、校企等合作已经成为大学除了教学与研究之外的第三使命,甚至是重要的办学特征和特色体现。而与独立的科研机构相比,我国大学与产业企业的合作显得紧密许多,这既是好的现象,但也要注意,若是过于强化应用研究导向,可能会因此削弱大学和学科的原始创新能力,导致知识的依附性,学术研究成果贫乏。由于知识创新体系和技术创新体系本就有些分工不明,我国大学目前的状况是"显性的、有产权形式的、现存知识类型流动规模小,而隐性的、无产权形式的、定制解决企业实际问题的知识类型流动规模大"[2],也就是说,大学结合自身学科特点进行的原创性、探索性研究成果转移率低且规模小,存在功能性缺失和知识创新耦合度低下的问题。就后者产业而言,企业参与产学研协同创新的动

---

[1] 博克.走出象牙塔:现代大学的社会责任[M].徐小洲,陈军,译.杭州:浙江教育出版社,2001:155.

[2] 翟庆华,杜德斌.科教融合知识创新体系建设的成效、问题与完善策略[J].苏州大学学报(教育科学版),2017(1):33-40.

机和指向越显清晰,如获取互补性创新成果、进入新技术或新产业领域、研发设计新产品新技术、促进人才能力和水平提升等,并且加强产业与大学的合作是获取外部优势的重要依凭,这对于扩展技术领域、缩短产品研发周期、分担研发成本、分散创新风险等具有重要意义。

根据斯密-杨格定理,在开放的生态环境系统中,创新会促使知识分工由局部形态向完全形态转变。言外之意,学科的创新能力将不断强化知识体系的延伸及其知识分工的精细化,进而提升学科群落的专业化功能。若是链接产业圈,学科圈和产业圈的交叉将在彼此深入融合之后再度分化出诸多更为专业细化的功能性创新生态圈。其结果是产业出现许多新的产品、技术和服务等,社会知识存量大幅增加,这保证了创新的持续性与稳定性。恰好,学科人与产业者的相和促进了创新知识积累的溢出效益,进而形成覆盖全社会范围的公共知识池,开放式创新便是借助这类知识池,从中汲取源源不断的新理念、新知识和新技术,产生远大于单一创新主体所得到的更大的知识分工效益。

由此,在"优势互补、合作共赢、利益共享、风险共担"的共同原则框架下,大学内的学科人和企业中的产业者联系紧密许多,彼此正不断跨越各自组织和运作知识的边界,以尽可能小的分歧来避免利益冲突,凭借相互拥有的资源优势和优越条件去努力实现价值共创,并兼顾价值与责任的平衡。从哲学意义上,这一兼而取之的行为不仅具有较高的智慧、较稳的心性和较强的应变能力,也充分体现出天下"和"为贵的思想精髓,当然本身具有"和"之特点。若是将其与激烈残酷的市场竞争相比,所追求的是在一种相对静态的资源禀赋中较为和谐地整合动态的知识创造和技术创新过程,即学科人以静态的知识资本为产业者提供智力支持和技术支撑,产业者则以静态的货币资本和资源条件等为学科人注入发展辅助支持力,继而通过相互的作用,既增强了彼此的研究及其成果转移转化能力,也有机衔接了关联其间的价值链,整体上是互惠互利、协调共生的有利之举。我们也须努力探索,致力于创造出适合知识应用和技术转让的新方法,包括找到更好的方式整理越来越丰富的科学知识,找到新的技术突破口以及创造出新的产品和产业。

(二) 创新供给中的两者关系之"不和"

换个角度观之,事物发展都具有两面性,这决定了客观需要从不同角度理性看待变化的规律性和必然性,以及过程中的随机性和偶然性。鉴于学科人的水平差异以及依附的大学科类属性不同,兼顾考虑产业企业的既有规模、综合实力、集聚类型以及社会治理程度的和谐与否等因素,在肯定学科人与产业者之间存在因协同贡献和效能追求带来的"相和"同时,还应清晰地看到彼此关系中存在的一些"不和"现象,这与思想观念僵化、认识水平不足、体制机制障碍、发展条件欠缺以及内外环境失调等因素紧密相关。若是从学科创新成果转移角度看,近几年来,大学作为研究创新重镇的成果转化率普遍较低,这是不争的事实,一般大学的成果转化率在10%左右。根据《2020年中国专利调查报告》数据显示,我国发明专利的有效产业化率为34.7%,其中,大学实施率仅为3.8%(注:若是考虑具体学科情况,则比率更低,甚至有的学科为0),企业转化则保持在40%以上。这说明大学内各个学科的许多科技创新成果只有一定产出,与较大的投入量不成正比,还没有多少实际转化价值,九成左右的专利成果没有得到实质应用,只是普遍用于教师评奖评优和职务、职称晋升等用途,这一方面体现科研资源投入的大量浪费,缺乏强有力的成本控制和绩效评估能力;另一方面体现教师科研创新的许多"不切实际",创新研究有些"自娱自乐"味道,不能满足转化为社会发展的需要。当然,具体管理上还存在整体运行紊乱、逻辑关系混乱、融资渠道不畅以及内部结构差异大等问题,导致成果转化体系和结构要素难以发挥应有效用,加之体系和机制本身还不健全,或多或少存在问题,结果是大量的创新"半成品"存在,弃之可惜,用之难受,境地尴尬已经成为大学亟须解决的"艰难任务"。至于科研院所类机构的成果转化,通过相比于大学更加紧密的产学研合作以及现实问题解决策略的实施,实施创新具有很强的现实性,成果的转化率较高,技术交易比较活跃,整体是领先于大学的。根据报告数据显示,科研单位有效发明专利产业化率为11.3%,比大学的3.8%要高些。

可见,在创新成果供给方面,大学学科组织与产业企业的性质不同,或多或少存在着理念认识、价值利益、动力驱动等矛盾,加之合作渠道不畅、信息沟通不及时、机制体系不完善、人际交流隔阂等客观现象,从而导致知识难以有效利用且创新效率偏低的境地。具体的"不和"体现在:

其一,由于转移转化体系不顺畅引起的不和。学科人虽然拥有较高的知识势能并能产生诸多创新成果,但成果要体现价值,比较理想的途径是进行高效能的转化,包括相对较低的研发成本、较高的技术或产品价值和附加值以及较高程度的转化效益等。这些成果大体可划分为两类:一是学科人的自我耕种,出于业务专长和前沿研究把握,针对问题深挖取得的"战术成果",在此基础上采取"单兵作战"或部分"团体协作"形式,总的来说缺乏高度统一的战略研究目标,部分通过产学研合作,主要依凭个人兴趣与爱好,整体属于一种自发性创新,具有创新的无组织序态特征。其中,取得的部分成果可能确实比较先进,在适合条件下是可以转化为高新技术或产品的。二是约束性的责任驱动,即按照既定的研究合作协议,明确研究目标和任务,受制于一定的需求,成果要求具体,强调在合作基础上取得的成果且这类成果需要合作多方进行共享,牵涉权利归属于利益分配。至于成果能否实现"和谐分配"往往决定成果转化可否走向终结,这对于解决当下我国创新成果转化率低下的问题至关重要,但这中间利益的纠葛不可避免。然而,无论是什么样的成果,若希望转化为现实生产力或消费潜能还需要一个中间性的转化或"孵化"过程。对于学科人来说,即便他们拥有高深的专业知识和高水平的研发能力,也确实是因为某些目的的达成投入了可贵的知识和人力资源,但大多数并不具备将这些资本转化为资源乃至产业技术、新产品或高端服务的能力,普遍还存在重单纯研究与轻实质转化行为,从而造成另一种普遍现象,即研究成果产出后,在满足个人一些必要需求后便束之高阁,具有极强的个体功利性。这也是为什么许多创新成果,如无外力强烈驱动应用,在实现个人利益价值之后便了无音讯的根本原因,也体现出这些成果多数的无价值性,因为真正有用的成果无论是成果完成人还是相关成果"搜寻者"都不会任其"沉默"。故此,需要借助某些平台完成转化,令成果走向价值可实现的终端。目前,这些平台类型较多,如科技园、产业园、孵化基地以及为数不少的中介性机构等,运作形式多样,尚存在运行无序散乱、过程管理不善、发育不健全、作用机制相对单一等不佳现象,难以充分发挥它们在大学创新系统中对知识与技术的传播、应用的支撑功能。而且,重要的是创新成果的转化过程比较系统,从最初的成果培育到中试验证,再到披露评价,而后经过专业认定环节保障成果质量,继而通过运营与处置以及风险防控等系列过程,如此才能确保成果转化价值的最终实现。如何推动成果的高效能转化以及妥善处理牵涉的利益关系,是解决学科与产业相和的核心问题。

其二,由于信息需求不对称产生的不和。造成学科群体与产业群体之间不和最为重要的因素可能在于双方角色身份的差异以及对于资源掌握不对等产生信息收受的失衡。一来由于身处环境的不同,学科人的角色比较特殊,承担着教学、研究、社会服务、文化传承以及国际交流与合作等大学应尽职责的履行,我们虽然知道这些是现代大学的五大职能,但职能的履行却是落在具体学科群体上的,故而他们与产业之间的合作并非核心任务,落实立德树人才是根本任务。即便大学管理层面极力推进校产合作,以让大学变得更加开放有价值,但若非强制性要求,学科人会固守原地,一般不太愿意"抛头露面"。对于积极主动且深度地加强与产业企业的联系,部分能力强的高水平教师以及一些学院、学科会比较看重,大多数则仍旧会秉持"耕好一亩三分地"的思想,况且完成现今大学规定的工作量任务是比较重的,也无暇分出更多的精力去推进产业合作。二来学科人的生产力产出更为看重个人职称、学历和职务的提升,将这些作为价值实现的利益关联体为之奋斗,也是为能够更进一步获取对外合作的"敲门砖"。在未功成名就的情况下,一来合作的分量不够,难以获取合作方的信任,产业企业不太可能将一些重要的项目交给名不见经传的学科人去实施,倾向选择的是有分量的"大字头""名头"和"大家",所以此时合作只能是"小打小闹",若是以科研到账经费作为统计依据,也只会是一些小项目、低额经费;二来心态尚未调整至合理方向,此时即便有与产业合作的认识和驱动力,也多为外部强迫或基于职务晋升的项目研究,过程中会有意识地将研究创新与个人所得联系起来,考虑此举对于个人发展是否有用,比如算不算自己的职称晋升条件、评奖评优能否加分等,因为这才是真正的主业。至于希望借助产学研合作来获得些什么则不是考虑重点,毕竟这是副业。当然,也会有部分学科人(教师)进行本末倒置,将大学的主业变为副业,而将社会的功利获取作为主业。

此外,信息不对称还表现在成果的公开与共享应用方面。现有的管理机制下,学科人取得的创新成果如专利、论文、奖项等只是在一定范围内以某种形式公开,社会知晓度较为有限,比如专利成果因与区域创新能力发展指标密切相关,会有诸多的中介机构和管理平台加以运作,相对利用程度要高些;横向研究的成果一般直接供应于合作企业,也不存在转化问题;论文性的研究成果,且是优秀的、高水平的,相应领域内的学者或研究人员多会依托数据平台在阅览中关注其价值,并加以取舍,对于社会公众则是没有多少精力来研究论文专业性的。再看产业者一方,他们所拥有的是建立在企业数据和市场分析基础上获取的大量商业运作信息,包括市场供需状况、产业产品竞争力、同行竞争实力等。而且,还会有一些不太妙的情况,比如,无论是学科人还是产业者,为了保持各自的竞争优势,宁愿无限期隐瞒一些创新成果(注:在成果未取得合法授权之前),而不轻易冒泄露机密的危险,以防止其他某些个体或组织窃取最新信息、技术等事件的发生,因为谁都希望自己成为第一个公布新发现的人。而且,任何人都是有限理性的,产业者也不例外,由于受到管理决策能力、信息完整平衡度、预测技术精准性等因素制约,他们很难准确地对市场变化作出判定。由此,在合作基础上获得的创新科技是否真正有创新、能产生多大市场效应等有着很大的不确定性,而所有这些综合起来便产生彼此的不协调,带来"不和"问题。

其三,因角色身份不兼容导致的不和。这类不和在部分高层次(高水平)人员中表现得较为明显,对于相对独立的普通学科人和产业者们则不太受影响。不论是双方保持各自平行线发展而行,还是有需要进行适度交叉并行,抑或是随性而为左右开弓,取决于个人心态及其能力养成。俗话说,一心难以二用,做好一件事本不易,何况在不同的领域或行业都期望达到顶峰,非一般人能力所及。由于大学和产业各有其运行规则,兼顾各自存在价值及其使命责任,主张各取所需式的加强合作与交流,但决不等于放弃自有立场,应该努力避免过度或过分行为对自身造成的伤害,追求一个协同增效的循环效应,这就需要贵在有自知之明和保持尊重淡然的良好心态。

学科的教育性和产业的商业性各行其道,学科人的身份和产业者的角色存在属性差异,而且如前文所述,两者有着客观的动能与势能差,应期望的是两者相和并力求达到动能与势能的互补平衡,保持能量守恒状态中的持续增强。一旦学科人转向产业,尝到甜头而卷入到产业的商业性活动中,并且乐在其中,他们不仅会被收入的大幅增加所深深吸引,而且还会被创办一个成功的企业或推出新的产业的吸引力和自豪感所深深打动,更会觉得占尽天时、地利与人和并以个人人格魅力或强劲能力享有成功的自豪,一些大学也在极力鼓励学科的教授们创办企业,慢慢地,这些成功人士会对大学从事教学和研究所带来的那点微薄收入"另眼相看"。鼓励人才创新创业,是当前国家倡导的战略举措。但对学科人来说,需要首先卸下大学人的身份角色,因为当经济利益和干事创业的双重动机非常强烈时,产业企业的成就会逐渐左右他们的创造力和思维力,相应地,他们对教学和科研的贡献肯定会有所减少,这就有些"不务正业"了。而且,不成功则罢,如在产业投入方面不断获取成功,随着业务的拓展和管理问题的增多,他们会感到越来越难以有更多的时间投入在大学和学科环境内,转而用于处理产业发展事务上,即便是保留在大学内,也会不专心致志且逐渐淡化他们的日常教学和研究工作,乐于开展一些对产业发展更为有利有用的研究项目,而不是更有教育价值但没有商业利润可图的无偿项目,有的还坦然充当起"老板"角色,冠之以各种名号支配着大学学科的资源和劳动力服务于产业业务发展。但是,当鱼和熊掌不可兼得,又必须加以侧重选择,舍弃产业重新回归于大学将承担相当的阵痛。可以看到另一种值得赞赏的现象,虽然有些出类拔萃的学科人(注:一般称为科学家或高水平学者)已经离开大学,离开相应的二级学院或学科,成功地创办了企业,拥有了自己的产业,但众多杰出的有良心的研究者们还是很少想去参加产业性、商业性活动,相反,他们专职从事基础研究和部分应用研究的学科人保留在大学校园内,这对于年轻的学者们和对繁荣学科研究事业将产生积极影响,而不至于让大学精神、文化和传统等在教授型产业者(或企业家)新形象面前变得黯淡渺茫。有些学科专家们也会选择定期前往产业企业,充当着"顾问"角色,若是频次不高或非全身心投入,倒是一种可取行为,可以发挥较为重要的作用,一是把学科发展的动态、最新理论和成果等带到企业中,推动企业技术创新与发展进程;二是扮演这种角色有助于驱散学生认为的服务产业企业需要是背离大学精神的偏见;三是联系企业可为学生就业提供有用信息,帮助解决日益严峻的就业出路问题;四是可发现产业企业中的实际难题,使之成为基础研究中的挑战性课题或应用研究中的破解性项目。

其四,因利益分配不合理引发的不和。当任何事情涉及利益问题时便会由简单转为复杂,尤其是牵涉群体众多时更不易解决,可能需要耗费大量的资源来处理由此产生的冲突以及利益分配不均等问题,即便是前期已经以契约方式作出了某些约定,但在实施过程中依然会因各种因素变动带来不可预期性,甚至出现一些难以预料的突发性、不可抗力事件。况且,学科人和产业者双方的身份会因利益问题存在不对等情形。具体的"不和"有两种表现:一种是造成双方地位的不对称,另一种是绩效利益分配不均。当产业者急切有求于学科人等已掌握或投入精力和资源能够研发出的某些关键核心创新要件时,他们往往会放低姿态合适"索取",因为来自竞争的压力甚大,他们所处的产业企业不仅要面向大学、科研院所等这些社会组织以加强联系与交流,更主要的是要快速抢占残酷的竞争市场以赢得生存发展的机会与空间。因为是被期望的对象,学科人看似地位比较高,其实不然,从产业企业角度,他们会以相互合作、提供资源与条件或所有权有偿转让等方式与学科人建立合作关系,获得所希望得到的,这在他们眼中是一种平等的商业交易活动,因此不会放弃利益索取,也不会将利益放置于社会责任之上;从社会公众角度,他们感兴趣的不是学科人的最新发现,而是社会实在的新产品、新技术或一些问题的新答案等,对产业者们具体如何运作这些发现不感兴趣,所关注的是市场上有没有最新产品,包括功能是否更完善、价格是否更便宜、使用是否更方便等,有则消费,没有"货比三家"理性选择替代品;从大学角度,也是有利可图的,既加强了大学与产业之间的交流机会,又可以获取一些产业优质资源,还可以给学科带来新的前景,能够加强纯学术研究与应用之间的联系,给教师们增添收入渠道和提供研究经费等,何乐而不为,等等。其中,有智之士可能会对大学与学科的使命有所担忧,也确实存在危及大学公共性和教育性的危机,国家和地方政策支持是一方面,大学办学的自主性也需要发挥强有力制约作用,如借助科学管理和提升治理能力来防止弊端出现。弦外之音是,大学需要始终保持作为高等教育机构的属性而不要蜕变为普通的知识型企业,需要"理性捍卫大学"[①]。

这中间还关系到绩效利益分配问题。按常理,谁投入的精力资源多,谁便拥有较大的收益权,但现实并非如此。管理中的"二八法则"仍然起作用。出现的问题还是需要借助管理治理手段应对,包括大学和有关的学科共同制定某些合理的规定与准则等,科学管理与严格要求成为必要。其中,规范的绩效考评制度已成为有效实施手段,如果难以有效完成则面临的可能就是被迫流动。在学科层面,国家政策的"破五唯"、省域管理的"综合考核"以及大学对贡献价值等重视程度加强,导向性越发明确,但仍难以提升研究成果的转化率,重投入而轻产出,至少目前并没有十分好的解决办法。这使得关系学科人一些切身利益事项上的矛盾就显得比较突出,如工作量认定、绩效奖励、经费管理等,以致出现合作中的"跳圈""跳单""绕道"等现象,通俗的说法即"内循环"掉了,这在某种程度上对于介入的双方是喜闻乐见的,学科人以此直接获得收益,避免了中间繁杂的审签程序,产业企业为此达成目标,过程简单直接。可是,当这些"合作"被规范化地转为"公"之属性,那么大多数学科人的积极性会被弱化,具体利益的分配会存有纷争,若是没有建立一套完备的分配机制和约束体系,则势必会带来一些不好的后果。纷争多源于前期协调不充分、过程控制缺乏严密性以及结果绩效衡量欠科学等,

---

① 眭依凡.理性捍卫大学[M].北京:北京大学出版社,2013:1.

"往往只重视对创新成果作出突出贡献的主角而忽略配角"①,这些无论是介入的哪一方都是不愿见诸眼前的,也与合作共赢的主旨有所背离。然而,成本投入对应收益分配,需要体现客观公平和效益优先,纵然有着成本投入量差异、合作主体态度意愿以及创新本身的不确定性,还要考虑因存在的机会风险对于收益的影响等。所以,如何科学评估绩效、选择何种比较科学认可的分配方式等又是急需解决的重要问题。换个角度来说,大学"必须建立'绩效底线',也就是说,人家付出多少,学校就有责任付出多少绩效回馈给人家,这两者之间的'盈亏底线'必须建立"②。

其五,因能力责任差异性造成的不和。这是一个综合前述几点的多维态不和。从创新的实现过程分析,一般可概括为接受、融合与开放三个阶段,有着从学习模仿到融合创造再到自主开放的发展阶段。第一阶段为创新接受,是指将外部先进的技术和方法等直接引入到既有组织体系中,使组织运转发生局部变化,且不太涉及根本,这是一种基于技术或禀赋转移的形式创新。在发展初期,为了打破僵化的局面,推动综合改革,学习借鉴是必要的,这种照搬、照抄或模仿是可以接受的。第二阶段为融合创新,是在接受基础上,学习借鉴其创新理念和方式方法,结合组织发展需要,寻找某些推动改革发展的契机,转而消化吸收并增加自主创新要素,形成具有一定知识产权属性的创新成果,将创新化为组织内驱力。第三阶段为开放创新,则是以更为主动开放的姿态完全独立创造并产生全新成果,体现新发现、新业态和新价值,让创新成为组织生存发展的必需。由于学科人的学术研究创新有周期性和阶段性特点,产业者的技术创新有快速性和应用性特征,间或有大学学科和产业企业发展实态以及对创新的实际需求,会导致学科人与产业者对创新理解和行为上的差异。假如在事先未充分有效沟通和熟悉掌握彼此情况之下,即便可以合作也是缘于知晓相互供需能力的前提,很多时候两者是处于不兼容状态,达不到及时匹配的理想情形,存在滞后脱节性,要么学科滞后于产业,要么产业缓于学科。换个角度来看,这种滞后性也是有益的,因为提供了双方可取的提升空间和错位发展的条件,关键是彼此能否及时洞悉与快速响应,在这一方面,产业整体要领先于大学学科,他们通常会密切关注行业的动态,针对最新出现的系列成果(产品)进行研究分析,也会不动声色地暗自研究并选择恰当的时机"横空出世"。

---

① 刘湘溶.把握协同创新实质 推动高校科学发展[J].中国高等教育,2013(6):15-17.
② 德鲁克.后资本主义社会[M].傅振焜,译.北京:东方出版社,2009:170.

是否还存在责任方面的问题呢？若非大学坚持强调与企业合作，学科人进行的研究工作将多以基础研究为主，这构成了有意义知识创新体系的核心，至少目前在基础研究领域大学是处于核心地位的。无论是大学自上而下约束，要求学科及其人员出于提升大学影响力、实力与竞争力等考虑加强对外合作，以为学校发展赢得更多便利，还是受大环境影响，自下而上唤醒意识，推动着大学与学科走向更加开放创新，这些都很难在短期内改变教师们的身心，因为与产业者不同，他们承担的教学和培养人才是根本，科学研究服务于这两者，但是否应该完全作用于产业发展可以另当别论。学术创新研究是负有社会责任的，学科人需要根据所从事的研究类型以及自身的价值观与信仰来理解和认清这种责任，但社会服务不等于产业发展，努力履行社会责任之时未必要对产业发展负责，况且研究成果的运用后果有些能够被合理地预见到，有些可能存在滥用行为或危害事件，这就需要进行最大努力的权衡。另外，产业创新驱动还存在学科应用的差异，相比而言，自然类学科贡献要高于人文类学科。

以上的"和"与"不和"揭示了大学学科与产业企业之间或近或疏关系的缘由。当社会各行各业的创新随着互联网技术应用和知识分工的深化走向了开放、自主和生态，创新的主体们需要建立专业化的创新动态圈，既要加强外部知识与技术的获取规模，也要强化内视创新供给能力和产出效率，从而使组织整体呈现出高质量发展、创新驱动的良好态势，推动着各方利益主体走向更高程度的"和谐"。

四、调和学科与产业关系的运作策略

尽管学科与产业及其所属人员群体因立场、背景和环境等差异，具有情境复杂性的表现特征，但面对着世界百年未有之大变局，面向交叉学科、新兴学科、横断学科、边缘学科乃至超学科研究的不断出现，在"创新驱动"的发展大潮中必然要有杰出贡献。而且，当前的经济是创新型经济，目前的产业也是创新型产业，主要特征充分体现着科技创新与产业创新、技术创新主体与知识创新主体的协同、知识管理体系和技术运用体系的融合等，要求促进具有较强自主创新能力的社会新生态体系构成，这中间包括大学学科体系和产业体系的重塑优化。从形态特征分析，这些体系具备系统完整、功能多样和链网互通等属性，且可以适当方式实现彼此互融相通，耦合兼容性较强。故而,尽力调和好学科与产业之间的关系,是客观需要、现实所趋、发展必然和时代要求,外显是建立和谐发展的优良环境,内涵是增强全社会的创新能力,本质则是实现区域创新高质量发展。而对应宽容和谐的整体环境,无论是大学学科还是产业企业,视野外向积极寻求支持并恰当组建的协同创新体所追求的是实现彼此互赢共存的成果分享,虽然实质是比较松散非严密的组织系统,且越来越多以"问题为中心"形式出现,但解决问题的理路不再是考虑单一学科或产业的界限,而是适应知识"生产—应用"的运行机理,围绕"卓越优势学科"和"开放创新生态"加以建构,将学科与产业整合成一个异质性的创新共同体,以有效精准解决经济社会问题和满足公众需求为目标。继续沿用传统的大学学科谱系式知识生产模式已不能满足产业对跨边界知识和非线性知识生产特征的需求,也限制了自身"知识—技术—产品"的周期转化力,而且"衡量大学学术知识的重要程度的标准越来越依赖于它在市场上的应用程度,进而演变为制约大学科学研究方向的生存法则。"①为此,要积极构建产业创新共同体与学科内涵式建设互动发展的科学体系。

(一)融合调和:加强学科定位与规划布局,推进学科产业融合

相对独立的学科人与产业者其力量毕竟是弱小的,即便有着求和的美好愿望与积极行动,但势单力薄收效难以完全保证,因此来自外部的政策、资源和组织等支持是必不可少的。所依托的大学学科和所服务的产业组织对此先要有明确的态度与正确的行为取向,再积聚力量同心协力。其中,有这样一个需要研究的重要问题,即大学具有契合自身的办学定位和特色追求,那么是否要求大学内的学科都遵循于此来加强建设与发展。答案应该是比较一致的,前提是学科必须服务于大学发展全局。但是,学科的属性与特征各不相同,不同类别的学科应该各安其位,而不是作规定统一的具体要求,事实上,是很难对此作出这样不合理要求的,即便推动实施了也实难达成所愿。如今,哲学社会学科(科学)和自然学科(科学)同样重要,被赋予同等重要的地位。学科各有其独特的行动逻辑、知识生产能力和结构体系框架,具有分支分领域知识创造的功能与价值,客观要求根据学科差异选择不同的行动逻辑和发展道路。另外,学科发展具有互补性、不均衡性和协调

---

① 张学文.大学理性研究[M].北京:北京师范大学出版社,2013:64.

性,所以,学科需要重点考虑定位、规划和融合等三个问题,这是实现学科与产业相和的基础。

首先,在学科定位上,理论和实践方面需要多种科学定位方法以体现学科的价值、贡献和能力,包括基于国家和区域战略、大学发展规划、人才培养格局、知识与技术创新、大学学科排名、优质资源获取、大学财富积累、办学特色凝练和自我理想实现等。每种方法都有着一定的局限性,单一性的选择并不合理全面,因而需要综合采用才能更好地促进学科的建设与发展,正如没有哪种高水平的学术生产成果是纯粹依靠单一的方法能实现的。学科自身则要求合理定位,兼顾自有特征进行方法的合理选择,如基础学科的基础研究和原理规律探索选项、应用学科的产业对接与深度合作选项、人文学科的科学繁荣与社会服务选项以及交叉学科的有机融合与重要现实问题解决选项等,强调的是大规则下的各行其道。

其次,明确了学科定位,大学的发展规划要及时跟进、科学引导,要将建设适当水平的学科与满足区域发展战略需求相结合,兼顾考虑学科的历史、层次和影响来确定学科能够达到的地位、能尽的作用以及所发挥的影响力,有的学科可以作为(世界)一流学科建设,有的则作为服务区域经济社会发展的应用学科主打,有的则作为弘扬精髓的传统学科来固化传承,等等。缺乏具体规划和制度的强劲推动,学科的研究成果会出现偏实验、偏理论或偏基础等样态,中试后难以形成成型设备、成套技术、成熟工艺或创新产品等,与产业商业化尚存一定距离。一些学科的创新研究会被拉长周期,由此投入了大量的资源用于试验、研发、中试等环节,并且有较大概率的失败风险。更多的研究成果则最终变成"陈果",被所有者物尽其用后束之高阁而无声无息。显然,这些都不是我们愿意看到的,这背后体现大量的科研资源被无尽地浪费,宝贵的有限资源成了垃圾般的无用成果。

最后,进一步深思学科与产业的融合问题,以构筑起比较科学的融合体系。大学内的学科要有较为清晰的结构层次属性,有些学科需要冲在产业升级一线直接面向,有些学科需要交叉综合对应产业发展某些点面发力,还有些学科需要幕后奉献无声推动学术繁荣。新的发展范式强调,学科与产业的和谐关系不仅仅是彼此适应与匹配,更重要的是相互之间的持续渗透与融合,学科的"遗传+生产"信息量和组织(含自组织与他组织)文化功能通过学科人的探索不断吸收和输出"能量与信息"实现层级递进,产业的"需求+应用"信息量和资本(含学术资本与经济资本)转化功能通过产业者的寻索不断获取和传导"信息与需要"促进创新升级,具体方式上更强调内涵发展,注重学科(产业)与其他学科(产业)的交错共生关系与带动作用,努力追求的是实现动态平衡,建构起新的社会博弈规则。同时,要注意的是,客观也是如此,即失衡才是发展的最优策略,包括学科失衡和产业失衡,尤其是大学内的学科失衡,只有着力于部分学科(产业)先"进化"为"一流",才能对其他学科(产业)产生示范影响,进而辐射,不断实现整体协调发展,达到新的相对平衡,继而再以"学"和"术"将平衡打破,如此方能生生不息、循环往复。

(二)价值调和:重塑创新价值链体系,促进要素内生增长与外部强化

科学的探索是无止境的。戮力前行后对未知世界的成功揭示本就存在极大的不可预期性,成功不会常有,失败乃是常态,这就需要以比较宽容的心胸正确看待成员们的辛勤努力,并对他们的价值付出予以客观公正的评价,容忍失败和不追责,营造优越的人治环境,且能以合理的方式科学体现而不是强加限制。对知识探索的创新活动在目标上具有典型的线性特征,指向明晰;在行为上又体现非线性状态,遵循着创新价值链之规律,合理选择路径。从旧知识的改变、新知识的产生、新技术的发明到转变为现实生产力,期间会经历系列复杂环节,如从"基本原理挖掘—创新知识生产—试验研发—应用检验—社会推广—提质增效"。这是一个资源要素基于体系内循环并不断产生价值增值的过程,蕴含新价值的创造和新收益的获得。按照内生增长理论倡导的观点,作为一个能够提供理解高等教育、科学研究和经济增长之间关系的理论框架,认为从长远发展来看经济增长主要是由内生因素解释的,因为不断进步的技术创新,资源要素收益会呈现递增且长期增长率、收益率为正,这与现今强调的内涵提升、高质量发展等要求是一致的。

因此,期望预期的各项投入能够带来更大的收益,也只有预期能从创新的未来收益中获利更多时才愿为此投入,这是可以理解的。所以,推动学科的研究创新和产业的技术创新都可以对价值链延展产生积极作用,但关键是创新带来的科技进步以及对创新资源使用效率的持续提升,尤其是创新要素的不断更新和及时注入是根本保证。已有研究表明,关注基础研究对经济部门有较高的溢出效应,受到公共资助的大学研究与区域经济增长之间体现很强的正相关关系,而大学的研究无疑是落在各个学科之上的,依

靠着学科人的贡献、奉献和呈献。另外,大学(学科)的创新研发活动对企业创新绩效的作用非常明显,且随着时间的推移会增强大学与行业企业间的互动合作,这些联系一般高度集中于一些小的技术分支领域,且会受到地域条件限制,即整体对一些新兴产业或中小规模企业发展比较有利。当然,大学学科参与产业企业的创新活动,也会对其产生积极影响,潜在地有助于市场上新产品销售模式的创新和提高企业成长绩效,这为深化学科与产业的进一步合作提供了合理增长空间;企业则对通过创新获取的新技术、新产品和新工艺等以专利形式加以保护。由于创新会产生积极的外部性,并不能让其得到全部社会利润,企业需要适当的研发资助以实现利润最大化,等等。以上这些研究结论揭示一个问题,即可在外部多元主体相互结合(或深度融合)的强化前提下,将创新的形成与产生的价值增值进行要素解构,分析各要素的作用与影响,再从管理视角重新塑造创新价值链体系,并进一步优化创新要素的科学管理,从而发挥好各要素的比较优势,加强创新环节的内在有机衔接,最终建立新型的联动式创新生态系统。同时,有必要建立完善的协同机制,加强科学管理与绩效评估,将外部有效力量转化为创新要素内生性增长的动力,内外兼顾促进创新能力提升。当然,过程中还需要克服现有的利益分配方式弊端,转向沿着创新链条各个节点贡献的比例来合理分配利益,这也是创新环节最受关注的重要环节。整体而言,这种价值调和牵涉的环节众多,关系的利益群体多元,所需的资源要素数量、渠道及其品相等都甚为关键,围绕价值、立足价值,重塑价值链体系,做足价值增值文章,这既是发展的客观要求,但也会因技术处理复杂并不容易得到解决。

(三) 组织调和:建立多形式创新管理机构,优化成果转化流程与管理体系

科学发展的历史已经证明,科技发展的动力和源泉来自彼此相差甚远的学科领域之间的交叉乃至融合,如此众多的科学新发现大多并非产生于单一学科的内部,而是出现于学科外部的边界突破和相互渗透。传统学科的结构体系已经面临深度的挑战,点状、线状、非线状、网状以及多网链的新结构已经让学科之间的关系由于解决复杂问题的需要变得更加紧密严实,各种关系表现的活动日渐频繁。这些变化让今天的科学研究进入了多方合作与协同创新的"大科学"时代,管理或运作等模式的选择也强调由自主探索走向了更加开放自由,对应要求所建立的规程程序、管理体系、框架结构、质量标准以及实施准则等都需顺势改变,并以此围绕研究目标实现、权责权

力划分、资源优化匹配、成果分担共享、利益绩效分配等关联环节建构起新的运行体系。同时,考虑过程中业务系统复杂程度增强的客观变化,对参与其中实施创新的多元主体会因此提出更高层级的要求,不论这一要求的提出源自何处,根本归旨是要建立一套能够契合时代特征的、适应新时期要求的且能有效激发和释放创新潜能与活力的动态管理治理系统,虽然以往的各自为战或尖兵破防策略仍有其一定的施展空间,但局部小胜并不足以决定战略全局。

  放眼世界,当今的各国都非常重视大学的原始创新能力增长并积极增强其与经济社会发展的紧密联系,赋予了极高的地位推崇和历史使命担当。知识生产模式从模式1(洪堡模式)、模式2("三重螺旋"模式)[①]到模式3("四重螺旋"模式)[②]再到新模式的不断生成与转型,以及大学所承受的环境变化压力等,都促使其必须适应发展新需要,及时调整好与外部环境之间的关系,内部则更加需要保持着和谐平稳状态。内外自然施加的双重压力不仅为多方的创新合作提供了契机,也为创新成果转移转化赢得了市场机会,正如美国学者丽贝卡·洛恩所言,"紧密合作并不是必然要发生的,而是在特定历史阶段由具有特定目标的特定的人所塑造的。"[③]

  若想着创新能够带来价值量的大幅增长,具体需要在相应的人力资本、智力资本、金融资本、信息资本和实体资本等方面加大投入,并建立有效的组织在既定的服务区域内,按照大学(学科)—产业(企业)—地方(政府)交互的"三重螺旋"[④]的基本模式实现,同时注重赖以生存的适应性情境即民众社会环境的影响,实际是要发挥好四重效应,以体现出多形态、多层次、多链点、多主体和多边性的协同创新作用,并以竞争合作、共同演化和协同专业化的逻辑机理驱动创新源的形成、应用和强化过程,直至推动形成各有千秋的创新网络集群。至于如何平稳运作,一般可采取两种方式实施:一是市场化运作,即选择独立的市场第三方机构实施,确定标准和明确要求,由其按

---

① 吉本斯,等.知识生产的新模式:当代社会科学与研究的动力学[M].陈洪捷,沈文钦,等译.北京:北京大学出版社,2011:3-6.

② Carayannis E G, Campbell D F J.Mode 3 Knowledge Production in Quadruple Helix Innovation Systems: Twenty-first-century Democracy, Innovation, and Entrepreneurship for Development[M].New York:Springer,2012:29.

③ 洛恩.创造冷战大学:斯坦福大学的转型[M].叶赋桂,罗燕,译.北京:清华大学出版社,2007:152-295.

④ 林学军.基于三重螺旋创新理论模型的创新体系研究[M].广州:暨南大学出版社,2010:241.

照主体所需对参与各方在创新中的行为表现、业绩成果和实际功效等进行科学评估,他们此时充当的是观察员和验证官的角色,要求以比较中立的客观立场评判各方得失和贡献。这种事务性的工作不仅要求较高含量的技术操作能力,也因过程比较繁琐会耗费大学和产业额外的资源和不必要的精力。二是独立运作,即在实力允许的前提下,考虑组建相对独立的创新管理机构,形式类型可以多样化,按需建立,性质上相当于社会中介机构,围绕其打造成为连接大学、产业、政府和社会的综合服务平台。

上述两种方式,可将大学学科人的最新生产知识和创新成果与企业产业者的市场信息和内在需求实现交流,寻找到比较合适的切入点,并使前者的知识势能与后者的应用动能在中介处得到衔接,继而在管理激励下保证合作目标的实现。至于能够达成多大程度的高效性,取决于各方努力的结果。但也必须这样做,优势在于合作双方能够集中精力抓主导业务,如学科人要抓好学术生产,产业者紧抓知识应用,过程性的服务性事务则交由中介处理。现实中,如美国哈佛大学的实体性"跨系委员会"和"跨学院系"等机构以及我国诸多高水平大学"协同创新中心""跨学科合作研究中心"等都提供了良好典范。由此实施的管理运作,有助于集成大学的原始创新优势和产业企业的应用转化优势,也有利于调动创新各方的积极性。

(四) 制度调和:加强政策与制度激励,塑造优良的创新合作环境

有规矩才得以成方圆。要保证创新务实高效,必要的政策倾斜和制度保障是必需的。具体有两种实现途径。一是加强外援,主要依托政府做好文章,即在充分享受区域政策优惠上追求"红利",寻求政策倾斜,况且政府的角色定位要求其提供良好的制度环境和一些基础设施保障,以便繁荣学科与产业之间的关系。二是加强内治,完善内部管理治理体系,提升治理能力,构建较为完备的运作保障体系。前者要及时关注政府的改革动向,政府在建立和完善机制的过程中扮演着"红娘"角色,推动校企之间建立基于市场竞争的外部互动关系,又通过政策激励和规范约束促使校企建立基于产权清晰的内部互动关系。校、政、企、用四方的联动是决定构筑的创新系统能否较好服务区域经济社会发展的关键要素,共同指向的则是社会及其大众群体,他们具有知识生产和应用的高度相关性,影响着知识创新的价值体现。创新型经济的发展决定了校、政、企、用四者关系的铁定性,强调了政府推动作用的重要性。大学和企业要积极寻求政府多方面的支持,并借助政

府的公信力和权威性进行必要的过程控制,以更加有效地促进创新。但另一方面,要注意知识组织包括大学、学科和那些能够产生新创造的企业,它们具有自组织性、系统开放性和动态适应性等特性。后者的自治则要厚植自身,由于涉及主题相对复杂,比如大学需要制定更为科学、灵活和人性化的制度,促进学科人聪明才智发挥并产出标志性成果;产业企业要界定清晰具体的权责分工、产权归属、成本利益等,要考虑建立激励、协调和共享等机制,还要实施有效的风险控制、信任互惠和伙伴选择机制;其他相关创新参与主体则要加强过程的配合、服务和承转,配套完善制度紧跟其上。总体来说,政策制度既要充分得到运用以便为学科人与产业者的合作创新提供坚实依据和有力保障,同时也要在具体设计上有效破解科技与经济、创新与合作等难题,形成有利于创新合作的优良环境,这无疑对提升各方的创新效能具有重要意义。

(五) 人才调和:升华人才培养协同能力,增强学科产业育人性

产业企业的创新除了承担必要社会责任之外,主要使命是追求基于效益持续增长的发展性,而学科创新发展却不能肤浅地局限理解为借助资源、要素等投入实现科研指标高效产出、平台建设取得突破或软硬条件显著改善等物化层面,从而沦为片面追求资源配置绩效的基层组织而丢失应有的育人价值,立德树人同样是学科的根本任务,还应回归人才培养质量这一核心命题。这需要建立起学科与产业共同的育人观,围绕创新人才培养调和诉求,将双方的产学研合作模式以及协同创新能力向纵深推进,以学科知识的育人价值作为处理彼此不和的逻辑原点,建构学科发展与产业发展的创新生态系统,增强相互的共通性与互补性。

基于创新人才培养的关系调和方式应该更能胜任这一使命的担当。培养什么样的人、为谁培养人以及怎样培养人,这些是大学办学发展的基本问题,培养的成果即具体的人才最终是脱离大学环境进入社会各行各业的,而对人才培养优劣最有发言权的不是大学(学科)自身,而是社会多元用人主体,其中各个产业企业所用的占据较大比例,也就是说,他们对于行业紧缺人才(包括技术创新研发人才)的需求迫切程度最为知晓,并以适当形式传递给大学,但至今仍然做不到精准。即大多数产业领导者有着便捷的思想,即没有人才可从社会上广泛招聘,甚至全球招聘,直到招到所需人才为止,也愿意为此付出大的代价将人才或研发团队简便操作,但任何事情发展都

不是一蹴而就的,人才招聘之后的管理、磨合和熟练使用等是系统过程,需要不断地去厚植与深耕这些人力资本。换言之,产业企业可以采取快速便捷的人才需求处理方式,对于学科则不然,有不少的大学采取团队整体引进或高水平人才引进的用人制度,但通常极为重视人才的科研价值,并以此关系个人价值、大学发展和社会需求等。为什么发展和建设学科往往重视科研而忽视人才培养呢?一来人才培养形成的学科影响力见效较慢[①];二来人才培养成效转化为社会影响力以及被公众熟知的毕业生具有较长的滞后性,需要他们进入社会后慢慢渗透乃至积极宣传形成规模效应,即对"母校"的情感宣扬,才有可能逐渐被知晓,这就产生了双倍或多倍滞后效应;三是人才培养的效果往往被人们优先归功于组织(大学),其次才会考虑到具体学科专业、二级学院和相应教师,而科研成果则不然,首先归功于学科教师,等等。因此,将学科发展视为对论文、项目、专著、奖项、专利、平台等标志性成果的追求很容易提升学科影响力和评价位次,比如ESI学科评价。

即使人才培养是"慢变量",但卓越的学科不能因此失去培养的"灵魂"。作为学科人,不应割裂教学与科研的辩证关系而成为过度追求科研指标"美丽"的"知识资本家",而应坚守育人使命和恪守学术本分,将学术研究与成果产出等与人才创新培养紧密结合,将创新人才培养纳入与产业者达成创新约定时不可分割的重要部分,积极主动为学生预期进入产业提供机会,升华"成果产出导向"的育人内涵实质。这并非要求学科与产业的合作包括科教融合、产教融合、产学研合作等将育人放在首位,而是要充分给予人才培养一定的地位,泛化一些学科功利主义倾向,建设有内涵、有灵魂支撑的学科。作为产业者,一方面要主动应对新一轮科技革命与产业变革,支撑服务创新驱动发展、"中国制造2025"等系列国家战略发展,增强学科-产业合作的教育性,延展社会责任的内涵,将培养创新人才作为承担社会责任的重要内容,借助多种途径及时将人才需求传导至大学,推动大学与产业构建对话协商的价值空间和文化环境,使培养创新人才的价值共识不再虚无化和碎片化,而是不断凝实和升华。

---

① 孟照海.制度化与去制度化:世界一流学科建设的内在张力:以美国芝加哥大学社会学为例[J].中国高教研究,2018(5):20-25.

本章小结

　　创新是推动事物发展的源泉,其根本动力源于拥有创新精神和实践能力的创新型人才。人才有既定存量与持续增量之分,且时刻处在变化中,应不时地在迫切的需求中注入新能量、新动力和新血液,并围绕着特定的需要发挥人才优势效应。大学学科中的学科人和社会产业企业中的产业者都具有创新性人才的属性特征与价值贡献,但两类主体的特征却有本质上区别。随着创新愈发走向开放生态和自主自信,价值共创与主体多元成为必然,如何适应新时期的创新驱动发展,对于学科人和产业者而言均是时代命题。不能割裂两者的内在关系孤立而行,时代发展已经为两者的结合与融合提供了良好契机,适应环境的主客观条件要求建立比较和谐的依存关系,然而各种因素的阻碍产生了相互间的不和谐,主观无意也好,客观制约也罢,环境驱使不论,总归带来了一些不安定因素,影响彼此的顺畅合作和共同发展,故需要多层面地重视,进一步强化双方互动关系,拓展创新的知识空间、制度空间、地理空间和地位空间等,构建新的发展格局和功能区间,不断激发创新造血的原动力,推动彼此的协同创新走向更加深入。

第七章　大学学科建设与研究生教育的协调关系

前篇章节较为详细地论析了学科与区域、产业之间的关系。本章中让我们再将目光适度转向大学的内部,主要面向内部的各个学科,进一步讨论关乎大学学科的几个本相问题。何谓"本相"？强调的是学科需要直接面对、与本质密切关联且关系到本体自身发展不可回避的一些重要问题。章题中之所以突出"研究生教育"而不用"人才培养"或"本科教育"等之类的词汇点题,乃是基于创新性人才培养的思虑。而且,研究生教育本就以知识的生产和创新应用为使命,知识又以学科作为自身存在的典型形式,两者关联甚大,可以说,学科的每次重大变化都会不自主地带来研究生教育领域的相应变革,两者密不可分的同向变化为深入探讨彼此的关系提供了佐证。当然,本意上也无意回避与"本科教育"的关系,虽然今天我国研究生教育的规模在不断扩大,取得了令世人瞩目的成就,当之无愧是世界研究生教育规模之大国,但毕竟其处于高等教育的上层,基础还是大量的本科及以下类型人才的培养,他们不可或缺,甚至还有一些有着后来者居上的勇猛势头,学科建设同样需要致力和服务于本科教育,也包括职业技术教育,这是基础性使命与根本责任,若轻视或忽视这个基础性目的,学科建设的价值和意义会大打折扣。

主题讨论的是研究生教育,但之所以还要强化本科教育,根本在于当前的本科人才培养质量并不乐观,因为我们期盼着能有更为卓越或一流的本科教育来贡献服务于国家和社会发展战略,推动社会的前进步伐,而达成此目标离不开一个关键词"创新"。由于"社会变化的需求和学生的期望都要求我们作出更大的努力以改善本科生教育",如此看来,人们担心本科生教育会出现混乱问题就不奇怪了。[①]难道本科生不需要创新吗？当然不是。只是因为缺乏对人的素质和修养能力塑造的当前本科教育少了不少"创新"

---

① 杜德斯达.21世纪的大学[M].刘彤,屈书杰,刘向荣,译.北京:北京大学出版社,2020:70-72.

的特质,可能是由于前期高等教育追求大众化所带来的"后遗症",简单说来,就是要求所培养的人才具有较强的发现问题和解决问题能力,而非普遍意义上的知识承载和应用实践。将学科的创新生产和专业知识的传授有机结合,通过建设高水平学科提升本科教育水准,赋予人才培养更强的创新能力,并借助学科的研究特性转化成专业课程教育教学资源中介作用实现,这是学科建设价值存在的理性维度之一。另外,从整体性考虑,研究生教育作为建立在本科教育基础上更高层次的专业教育[①],"研究生教育层次对国家创新能力的提升作用明显大于本专科层次",而且,因为"较为灵活多元,对国家创新能力的提升作用均可在较短时间周期内即表现出来"[②],因此,与其他类型教育的相对滞后性相比,推进研究生教育发展对国家、区域以及社会组织、多元群体的利益诉求更加应景,何况其质量就是日后国家竞争力的水平[③]。

一、大学教育培养人的核心关切

相较于区域组织、产业组织以及一些纯研究性机构,大学的根本功能落脚于人才培养,人才培养是大学各项工作的核心,落实立德树人是根本任务。这决定了大学内的学科除了要发挥科学研究和服务社会等功能外,培养人才、支撑人才培养以及形成人才培养优势是整体建设与发展的核心要义。学科不能回避人才培养之重。然而,人们时常会将学科与专业的内涵实质混淆,学科为专业、专业等同学科的现象不乏陈述,特别是对于不同类型大学来说,学科与专业的"天平"是呈现主观不平衡的。普遍来看,研究型大学重视学科且以学科建设为龙头(统领)已经成为办学的共识,地方性高校则注重专业且在学科与专业的孰轻孰重上仍不太明朗,对于是否坚持学科为龙头还要考虑学校发展状态,显得颇有疑惑。但是,它们作为人才培养的重要载体,既存在共生关系,又相互独立,坚持学科专业一体化建设是客观要求。与此同时,学科建设又被多维度、比较明智地看作"实力条件"建设,尤其是"双一流"战略的激发,拼条件、拼实力、拼位次等成为表征学科发展水平的"晴雨表"。

---

① 薛天祥.研究生教育学[M].桂林:广西师范大学出版社,2001:63.

② 李锋亮,王瑜琪.研究生教育规模对国家创新能力的影响:与本专科教育规模的比较分析[J].中国高教研究,2021(3):75-81.

③ 谢维和.学位与研究生教育:战略与规划[M].北京:教育科学出版社,2011:1.

本质上，专业侧重教学型的知识传播，学科强调研究型的知识创新，对应的建设各有侧重，如若体现在人才培养上，前者多服务于本科专业教育，为本科生教学创造优越条件，不断提高专业人才培养质量；后者主要落在研究生教育上，包括凝练研究方向、培育学科队伍、建设研究平台、开展前沿研究、进行学术交流等，通过建设形成的科研条件和研究平台为人才培养提供有力支撑，促成研究生教育成为"有本之木"，进而培养高水平创新型人才。因此，建设好学科并对这一建设过程成效衡量的重要标志在于能否开展研究生教育，学科发展水平是否具备培养研究生的资格，不论是学术性还是专业性研究生培养类别的划分。应该说，研究生教育是学科建设的重要内涵及其功能实现的重要内容，二者存在天然的联系。可是，在大学发展实践中，学科建设与研究生教育并非同步发展的，彼此有着较多分歧，如价值取向分歧、目标迷失、功能错位、制度藩篱等[1]，而且，在讨论学科建设时，人们将视角较多放在了学科一般要素的获得上，人才培养倒显得可有可无。

既然学科的人才培养衡量是比较模糊的，而研究生教育指向研究生培养的目标评判却是明确严格的，即便发展逻辑不尽相同，也可以理解为有着功能性区别，那么，是否有必要将两者高度统一在人才培养上，以建立起更为密切的有机联系呢？如果说，各学科拼其力从大学内外获取各种优质资源并让资源优化配置转化能力达到较高程度，以此获得了众多高水平论文、高层次项目、高端研究平台、卓越优秀专著、标志性奖项成果等，从评价机制上论，这种水平的学科已经具有一定高度，甚至如果可计量的成果数量非常可观，称之达到一流学科也不为过。正因为这些成就的取得，对于学科额外获取一些相关的荣誉、身份和地位等可谓"轻而易举"，比如培养研究生的学位授权点，这让该学科可以很容易地实施研究生教育，获得开展本学科研究生教育的资格，又比如强调社会服务，更容易获得外部组织与群体的青睐，不愁大项目不上门，甚至可以有所选择。然而，这或许只能算是学科建设的插曲，因为本就不是学科建设的根本目标，追求形式的渴望超过了对内容的凝实，至于是否符合学位点发展目标、能否形成良好的学科生态以及能否促进人才培养内涵提升等不足以引起足够关注。学科建设应该追求什么样的目标，这存在心态上的迷失，是坚持规模扩张还是内涵提升，又该保持什么

---

[1] 齐昌政,郝书会,等.论学科建设与研究生教育的协调发展[J].研究生教育研究,2014(6):66-70.

样的有效规模和持有何种类型的内涵依旧是模糊的。若是从管理角度、办学实效和个人工作业绩上论,当以短期显效行为最为恰当,俗话说"三十年河东三十年河西",但凡能用两三年时间解决的问题又何必再虚度二十几年。故而,这会导致大学学科建设普遍生出急功近利行为和学风浮躁虚无的表现,相应导致研究生教育缺乏良好的学科文化环境和持续实力积累,带来学科规模扩张和研究生教育内涵发展的矛盾。

按照德国学者雅斯贝尔斯的观点,"科研与教学的结合是大学至高无上而不可替代的基本原则"[①],"知识本身即目的就是大学的第一原则,不仅必须得到再次确认,而且必须比以往更加彻底地运用"[②]。学科建设本质上是通过科学研究来实现知识的创新生产,教学则是借助科研的成果和技术创新来辅助完成知识的更新传播与传承,两者的结合应集中贡献于人才培养环节。将知识的传承与创新传导于所培养的人才中,再借助人才的输出完成知识的社会服务应用,如此构成了完整的闭环,很好地诠释了人才培养、科学研究和社会服务的大学主要职能。可是,随着大学社会服务功能的逐渐加强,包括大学在管理、制度和激励等方面对此的强化,这一结合的原则受到严峻挑战,使得科研和教学成为现实"两张皮",加之大学内不同群体对于办学定位的理解造成两者的认识偏差,使得两者更难统一到人才培养上。还有一个产生偏移的重要原因,即稍有一定实力的大学教师若没有什么额外可选的产业获利途径,更愿意花较多的时间精力从事科研,借助科研来竞争本就比较稀缺的学术资源以及享受丰厚的福利待遇,进而实现名利双收,将积累的学术资本变成"实惠资产",在项目获取和服务社会中获利,而这又会导致真正静下心进行科研和教学的时间精力不足,如此循环,矛盾越积越深。即便是放之于人才培养过程中,如今天的博士研究生招生"申请-审核"制以及要求全脱产攻读、硕士研究生的专业学位招生规模扩大和对专业应用能力的强化等变化,正在逐渐改变基于科研需要而非培养目标要求培养研究生的错位,也要求建立起新的导学关系,这某种程度上凸显了学科建设实际的科研导向和研究生培养之间的矛盾。

也许是今天的大学赋予了同时代的学科更重更多的社会责任,外界对学科研究团体的志趣与价值观施加了过多的影响,从而导致了大学学科组

---

① 雅斯贝尔斯.大学之理念[M].邱立波,译.上海:上海人民出版社,2007:73.
② 帕利坎.大学理念重审:与纽曼对话[M].杨德友,译.北京:北京大学出版社,2014:91.

织体系功能一定程度上的失调,以及将重心放在了缓和与大学外力量的应对上,似乎是想达到"全面进攻"不可顾此失彼的战略目标,因为其中有人才的培养、有学术研究的激励、有解决问题的引导和有外部资源的获取获利等,但却将人才培养交给了专业和学位点。试想,若是学者个体有着自由的研究选择,研究和教育(或教学)专攻于高层次人才培养,那该学科会产生什么样的变化,预期的战略构想又会是何种情形?正如埃尔津加所言,"当研究群体受到关联性与承担责任这样强大的外部压力时,大学体系中的知识结构与社会结构常常会出现重组机能失调",因此,"科学研究一直承受着一种持续不断的压力,要求科学研究须符合政治和行政决策机构的意图,同时,还有一种来自市场的压力,因为新兴技术必须基于基础研究的战略储备"[①]。毕其功于一役是决胜时采取的"孤注一掷"策略,不到时机成熟切不可用,那么平时的"小规模战斗"就需要关切"拔点攻寨",由此赢得主动权。同时,已有研究表明,高层次人才培养如研究生培养对经济增长有直接促进作用,并能通过技术创新对经济增长产生间接效应[②],但规模溢出辐射效应的空间特征在300千米附近达到峰值并在1000千米外再度增大[③],意思是学科所培养的人才对于区域经济增长最为有效的空间距离为300千米左右以及会外流到1000千米外的经济发达地区。

那么,如何强化学科对人才培养的真切关照不至于产生理论、政策和实践等层面的藩篱以及促进人才对区域的溢出效应增加,同时还需注意学科的"全面进攻"实质是发挥学科人的才智,培养学科团队本身构成了学科对内人才培养的重要组成部分,不仅仅要强化一流本科教育和研究生教育,而且研究生教育应对知识创新更为侧重。因此,进一步厘清学科建设与研究生教育之间的关系,加强相互的耦合整生,回归学科的人才培养本位,并围绕人才培养核心张扬科学研究的特质,整合成强劲的人才培养能力,进而构建高水平人才培养体系,这应该是学科建设之根本,也是价值存在的重要维度。

---

① 比彻,特罗勒尔.学术部落及其领地:知识探索与学科文化[M].唐跃勤,蒲茂华,等译.北京:北京大学出版社,2015:190-195.

② 李苗苗,孙玉涛.研究生教育能否促进区域经济增长?:基于30个省市区的面板数据[J].研究生教育研究,2021(4):1-9.

③ 李立国,杜帆.我国研究生教育对区域创新的溢出效应研究[J].清华大学教育研究,2021(4):40-49,90.

二、学科、学位点与研究生教育的辩证关系

学科建设是系统工程,有着理想目标达成度的规划进程,具有周期性和阶段性发展形态特征,还有庞杂要素集聚的黏合目标效应。建设的成效可以立足某些具体目标的实现佐证,比如分级别的重点学科相继获得、硕士点或博士点获取、一流学科榜上有名等,这使得学科内化为相应概念的代名词,其中最为关键的便是学位授权学科点,简称"学位点"[①]。虽然在重点(一流)学科、学位点等获得的时间顺序上没有先后之别,如获得重点学科不意味着就成为学位点,列为学位点也不表示学科就达到一流,但作为学科建设目标的重要部分,是否具有学位点以及学位点的布局、结构和层次水平等在一定程度上是能够反映大学及其学科的办学情况和综合实力的。客观上论,学位点的获得是大学学科建设的中间环节和中途目标,代表着学科可以实现研究生教育。

(一) 学科与学位点的辩证关系

没有高水平的学科就不会有高水平的大学,大学需要学科作为重要支撑与核心表征。建设具有鲜明特色和富有影响力的优势学科,并将之升格为硕士点乃至博士点,包括二级学科点升为一级学科点、专业学位点升为学术学位点,已经成为国内大学的重要战略目标,并作为事业发展规划的重要任务筹谋、布局和推进落实。作为学校总体建设和学科建设目标的重要组成部分,学位点的存在与否、布局结构以及层次水平等在一定程度上反映了大学的办学定位、办学层次和办学特色以及综合实力。建设好学科并优先建成学位点,是大学发展提升自我的必要之径。因此,认清二者的关系至关重要。

首先,先有学科,后有学位点,学科是学位点的基础和母体。学位点不是无源之水、无本之木,不是凭空产生的,其全称为学位授权学科点,是建立在对应学科之上的,是由国家按照既定的学位授权审核制度对符合实施研究生教育的相关教育研究机构所属的学科进行审核并给予学位授权,使之成为能够开展研究生教育和培养研究生高层次人才的载体。不存在没有学科依存的学位点,学科决定学位点的基本形式与属性特征,如汉语言文学学

---

① 这里的学位点主要指硕士学位点和博士学位点。

科授予文学学位、管理学科相应授予管理学学位等,两者以权威制度规定了相互联系。假如将学科看成是支撑现代大学办学发展的参天大树,那么学位点便是这颗大树上的繁茂枝丫和丰盛果实。因此,欲有学位点,必要先行建设学科,要形成比较有实力的学科实体,充分发挥出学科在凝练方向、汇聚英才、争出成果、多做贡献和提升水平等方面的重要作用,将学科建设成符合研究生培养要求的学位点。另外,不是所有的学科都可以建设成为学位点,学科发展水平既决定了该学科与国家要求的学位点授权资格匹配性,如在我国须达到《学位授权审核基本条件》要求,还因人的培养要求决定了学位点的水平。因此,学位点存在的前提是建设好优势学科并考虑区域学科布局,要依托具体学科建设对应学位点,而持续建好高水平学科是增强学位点竞争力的必要条件。

其次,学位点具有显性特征,学科相对隐性,学位点是大学学科发展成熟的核心标志。学科建设发展和大学建设发展达到更高层次、水平的表征因素有很多,可以反映在办学某些方面或某点上取得突出性成果,但却不能完全固化,会转瞬即逝并被遗忘,若是学位授权这一空白点长期无法实现突破,如地方应用型本科院校对硕士点未突破、地方性大学对博士点未实现、学位点少未形成规模效应等,势必深刻影响大学的整体声誉和社会地位。社会上的人们可以不必了解大学的学科发展情况,但会根据该校是否具有研究生招生资格以及教师是否是硕导、博导等直接评判大学办学的好坏,而教师们外出进行学术交流时也会因是否是硕导、博导决定在同行中能否挣得些脸面。这些都与学科是否拥有学位点密切相关。因而,学位点是看得见的显性因素,反映了学科建设的标志性成果和阶段性目标的实现,是评判学科建设成效的核心指标,也从客观上能够提升一所大学的学术地位和社会影响力。同时,有了学位点,大学和学科能够开展学位与研究生教育,可借助此点凝聚更多高水平的教学科研人员,外部人才的引进也会变得相对容易,而将他们共同圈定在研究生即高层次创新型人才培养的核心区域内,学校可对人才培养、科学研究和社会服务等提出更高的要求,例如要指导研究生,需要先符合导师资格,而导师受聘需有教学能力、科研项目、研究经费、科研成果等必备条件,即便可以在外单位谋求受聘为硕导或博导,如无学位点的大学一般都会选择这一过程以积累研究生教育经验,但人的客观心理是总比不上自家有学位点那般自然舒坦,也不致有"寄人篱下"之感。诸类种种,自然会促使学科的教师们朝着预定的方向不断努力,进而全面带动和促进关联学科发展的各项要素的综合提升。这将比由于没有学位点而花大力气建设学科时的认识、催促、引导、激励等无奈之举要有效得多。所以,学位点是否实现突破、点的布局和数量多寡、点的等级层次以及研究生培养水平高低等是衡量学科发展成熟的重要指标,也是学科纵向层级考核评判的重要内容。

最后,学科与学位点相辅相成、相互促进且荣辱与共。学科建设的目的绝非只是学位点的增设,确切地说,获得学位点只是学科发展到一定时期的中间产物,"学科建设的本质是促进知识的发展,知识发展的逻辑是学科建设的内在要求"[①]。通过有组织的、制度化的科学研究来生产知识和发展知识体系并在实践应用中检验知识产出效果,以此将科学的创新知识不断丰富融合至学科体系中,这是学科建设的主要任务,故学科需要学术团队、研究领域与方向、研究平台、产学研合作等综合要素联合激发,这其中还要关注学科"知识生产模式"分类的转变[②③],从而更好地实现大学使命。而且,这些创新的知识需要持续传承与应用,需要被更为普遍的社会人所掌握,对应的创造技术和知识生产模式需要被一些较为专业的人所延续和创新,以此进一步推动社会发展和人类文明进步,这就要求学科具有独特的教育或培养功能,甚至与多学科联合取其精髓培养出专门人才。但是,学科发展绝不会止步于此,仍然需要不断前行,不断满足着人们的无尽欲望和划时代需求,因此,这一功能便巧妙合理地落在了"学位点"上,学位制度与更为科学的学科制度随之而生。发展过程中的学科接受了国家学位制度的洗礼,利用积淀形成的资源条件转换部分角色身份,如将学术共同体转为导师团队和师生群体、将学术研究转为教学研究、将创新知识内容转为教学课程、将保障知识创新组织转为研究生培养教育组织等,由此,依托学位点,学科发展动力有了亲缘血脉继承,实现了在"人"的层面上深度的文化传承与现代精神的延伸,并通过人的多重作用协同社会多方推动大学创新生态变革,而这些人的作用又客观验证了学科与学位点的存在价值。可以说,学位点的存在实质分担了学科发展的部分职责,尤其是人才培养功能,成就了两条相

---

① 殷朝晖,郑雅匀.知识生产模式转型与一流学科建设探索:基于哈弗佛大学学科建设的实践[J].教育发展研究,2019(13-14):37-44.

② 参见模式1和模式2:迈克尔·吉本斯,等.知识生产的新模式:当代社会科学与研究的动力学[M].陈洪捷,沈文钦,等译.北京:北京大学出版社,2011.

③ 参见模式3:Carayannis E G, Gonzale E . Creativity and Innovation Competitiveness? When, How, and Why[C].In The International Handbook on Innovation, 2003:587-606.

辅相成且非独立分隔的专属并行线,若是形象隐喻成"子母线"未尝不可,其中,学科为"母",学位点为"子",母成长到较为成熟阶段孕育出子,母以自己发展不时拥有的资源哺育子、提携子,子按照自我发展逻辑坦然地享有母的恩惠并做着自己应尽之事(即培养学科高层次人才),母子双方本就一家人,不分你我,再待母成长"疲乏"时,子也自然成熟,并用自己的力量"亲缘"母,故母子唇齿相依、相扶相生,共同前行。

(二) 学科与研究生教育的辩证关系

严格意义上,不太容易将学科与研究生教育直接关联起来,是源于人才培养因素吗? 其实不然,两者是通过"高深专门知识"的中介建立起联系的,毕竟学科发现知识,教育传授知识,研究生教育则在接受知识的基础上进一步创新和应用知识,并将知识承载于创新型人才的物化载体中,性质上属于更高层次的教育模式或类型。学科历史发展的脉理同样揭示,其存在的初衷一方面是为了分类区别高深专门知识属性特征,将一定历史时期以一定的措辞建构起来的规范化的知识形式[①]加以分学科呈现,便于人们精准掌握和持续升华;另一方面是为了研究的方便和解决实际问题的需要而形成的,是知识体系和规训方法的统一,属于学科制度范畴。面对不断分类、归并和分化以及具有不确定性的、多变的高深知识特性,决定了掌握这些知识的生产与应用行为需要具备典型、精专的"研究"特征,以不断打破系统化、结构化的知识接受体系,在科学的论证中更新知识,进而丰富学科内涵。在大学或类似环境中,这要求拟进入该学科的学习者或研究者须具备复杂性认知和抽象性思维能力,能够以相对自由和松散的方式接受学科专业化教育,主动敏锐地从粗糙的框架模型中指导加工镂刻成"半成品",再以主观认识精雕细琢为"精品",假以时日,融归于学科体系中。知识的应用逻辑催促着高深专门知识的发展,促进着学科及其知识体系的升华,也为研究性教育的发展提供不竭源泉和动力。运行过程中,还由于社会应用引发了知识范式的转型、创新模式的改变和行为特征的取向,各方利益诉求的表达引导新知识的生成有了更多以问题为导向的观念持有,需要体现出特定的"价值追求",这让兼具学术探索和应用持续双重特性的人类创新实践活动需要回答多类群体的"价值取向"和考虑是否应坚持"有意义的创新"[②]等问题,并在知识的

---

① 万力维.学科、原指、延指、隐指[J].现代大学教育,2005(2):16-19.
② 陈劲,曲冠楠.有意义的创新:引领新时代哲学与人文精神复兴的创新范式[J].技术经济,2018(7):1-9.

发现和逻辑表现形式上不断产生新的嬗变。知识、学科、研究生教育和社会更加复杂地交织在密不可分的关系网中。

本质上,学科与研究生教育之间是有着天然的内在联系的,两者通过"研究"的媒介构筑起互不可分的关系,并不完全是因为基于高层次人才培养需求的"学位制度"设立而强化。其一,若指针学科,研究是学科发展的本质属性,是学科建设的核心依存。由于"求知是人类的本性"[①],学习者或研究者出于探索求真或猎奇偏好会去追问事物的本源和本质,进而知晓客观世界是什么、为什么和怎么变等问题。由于"从行为人看来,未来总是一个谜"[②],所以,对未知领域的不懈渴求与探究满足着人类与生俱来的好奇心,推动着人类认识的深化和水平的不断提高。再若寻思学科的发展逻辑,其对应所指分别是研究领域和方向、价值判断标准、组织结构与方法形式等。故而,只要世界在不断发展变化,文明在时间流逝中延续,人类追求前行的步伐就不会停歇,那么作为人类发现财富积聚的成果——学科,其发展同样不可能停滞不前。如此的跌宕变化是具有极其大的"不确定性"的,为了适应,对于人类来说便意味着要不断创造与实现超越,但人的行为具有"未完全性",体现在认知思维和方法技术两方面,两者相辅相成,这为研究创造了先决条件。但是,要明白的是,研究不会漫无边际的无任何方向遵循,这就如同在浩瀚沙漠中行走,若不确定正确的方向将会带来严重的后果,因此必须得有些"坐井观天"了。无法摆脱特定的学科视角,还要在适当的时机超越特定的学科视角,这是在探究未知世界时难以脱离的"有色眼镜",即便因科学方法的创新发展和学科知识的积累积淀迫切需要从交叉融合的学科新视角看待之,"只搁在一个学科内部来认识与之有关的一切问题是不够的"[③],但也不会因此改变更为宏观的上位"大学科"框架约束。所以,通过"研究"的方式,如果学科的基本范式在某些阶段能够保持相对稳定不变,那么学科的新旧知识会持续交替不断,在学科制度和组织机制的运作下,学科始终会动态的发展,而当范式发生失衡变化,学科的动态发展则会更加剧烈,况且,"大学为学科制度的建立提供了理想的制度性场所,高等教育的大发展则为学科的繁荣提供了足够的外部驱动力"[④]。其二,若指针教育,则要求教育是研究性的、创造性的和高质量的,研究赋予了接受教育的人新的身

---

① 亚里士多德.形而上学[M].吴寿彭,译.北京:商务印书馆,2009:1.
② 米赛斯.人的行为:上[M].台北:远流出版事业股份有限公司,1991:167.
③ 莫兰.复杂性理论与教育问题[M].陈一壮,译.北京:北京大学出版社,2004:196.
④ 王建华.学科的境况与大学的遭遇[M].北京:教育科学出版社,2014:81.

份与使命,通常他们都是身心比较成熟的成年人,同样赋予教育以新的形态,即相对独立的研究生教育,甚至将其从教育学科中分离出来,成为时下学者们探讨的"研究生教育学"分支学科。这与强调专业知识习得和职业岗位能力培养的非研究生教育显然存在差异,学习知识、成就能力、坚持问题导向与应用能力解决实际问题、生成新知识、采摘新旧知识创新解决问题,这成为两种不同的行为模式,前者容易陷入比较机械的规定性条框,又会因为所学知识与实际需求相脱节而产生诸多不适,但主体社会实践的价值归宿要求"通过主体本质力量的对象化,创造出一个超出事物现实、更适合自身生存和发展需要的新世界"[1],简单来说,即在主观意识牵引下主体会不自觉地去追求自我价值实现,而为了此种目的的达成会通过创造去实现有意义的创新,此时,"研究"再度荣盛登场。

学科与研究生教育辩证关系的第三层意义凸显在教育性上。学科的本论是学业科目、学问分类、教学科目和训练科目[2],这是学科发展的初始阶段特征且一直贯穿于学科发展的始终。学科被人为分门别类的划分,实际上是知识分类的一种自然状态,本就是为传授知识和教育人而存在的,并将人类漫长历史积淀下来的认知成果(学科知识体系)按照有规则的实践活动方式转化成具有确定性的教育教学内容,从而成就了众多的课程设置以及由此组合而成的专业,学科某种意义上相当于授教于人的专业或课程,如大学中的具体专业和基础教育阶段与各门科学对应的教学科目。人生而需要发展,知识教育教化于人,"学科教育知识是对学科知识进行'教育学转化'和'生本化表达'后形成的,以发挥学科知识育人功能为目的的一种新的学科知识形态。"[3]这体现了学科具有天然的育人价值,且不同学科的育人价值不同,所以,"学科育人的本质是学科教育教学的发展性,促进学生作为人的社会本质、文化本质和精神本质的生成",并通过构建"人-知"互动关系,促进学生与知识相遇,把必要的知识引入学生生命,实现知识内蕴对于学生成长的价值,体现学科知识与学科教学的育人功能[4]。但是正如所知晓的,研究生以下类型的教育并没有严格意义上的"学科"概念,是一种相对微观层面的内涵意义,将学科等同于专业或科目,而专业与科目的知识又是由不用学

---

[1] 杨奎.对象性超越与自我超越:主体社会实践的价值归宿[J].中国人民大学学报,2008(1):72-77.
[2] 罗竹风.汉语大词典[M].上海:汉语大词典出版社,1988:245-246.
[3] 周彬.学科教育专业化:知识基础和行动路径[J].教育研究,2019(3):59-67.
[4] 郭元祥.论学科育人的逻辑起点、内在条件与实践诉求[J].教育研究,2020(4):4-15.

科分类的知识组合生成,比如今天大学内普遍都设有的"计算机科学与技术"本科专业,大学四年的专业课程包括思政、外语、体育、文学、数学、物理学、电子学以及计算机学科的众多课程,实质是多学科知识体系的优化组合,跨越了单一学科的边界,学科体现专业,专业包含学科,学科相互交杂,这种"学科互涉不再仅仅是一种教学方法或视野,而是一种组织化的需求"[①],是为了大学培养专业人才专门设置的,对应专门技能、职业和岗位、工种的培养需要。所以,为了更好地分类培养社会所需人才或者促进人的全面发展,基于人才培养规律、教育教学规律和人才成长的社会立场,确立一种发展取向和适应社会要求的知识能力观,促进各类静态的知识向具有一定学科素养的专业人才培养过程转化,达到学科的知识专业化、思想体系结构化、能力表现社会化、经验获取自主化和发展结构个性化,这既是学科育人的逻辑遵循,也是价值向度。学科的知识是相对固化稳定的,即使在不断地更新与流动,然而一旦作为科学的知识且纳入了学科知识体系中,则会相对保持不变,这为学科育人奠定了基础。

这是比较纯粹意义、宽泛概念上的学科育人逻辑。从社会发展逻辑来论,按照贝尔的观点,可将人类社会划分为前工业社会、工业社会以及后工业社会三个阶段,伴随着不同阶段所表现出来的社会特征,学科的育人和研究生教育都发生相应变化。在前工业社会时期,研究生教育的主旨以追求对客观世界的理性认识和掌握世界发展的一般规律为目标,超脱于世俗,从而将受教之人培养成社会精英阶层,并区分社会普通下层大众。工业社会阶段,研究生教育的价值取向转向部分世俗化,以专业知识习得为主要目标,旨在培养具有特定学科修养和一定学术专长的学者,这类教育被看成是人才称号获得和进入学术行业如大学、研究机构等的准入门槛,面向对象有所下沉,从而给了下层大众社会地位上升的渠道,同时,教育的规模逐渐增大,所能提供的上升机会也更多。后工业社会是更为理想和个性的发展状态,接受研究生教育成为个体的内在发展体现和实现自我的需要,不再以外显的功利性追求为目标,有了更多成为"独立人"的功能,"教育的目的不只是传授有关价值的知识,而且还要致力于价值本身,将理想内化为行为、感情和思想与从知识层面掌握理想同样重要"[②]。再从研究生个体的发展逻辑来看,"学生"接受研究生教育具有更为强烈的自我价值追求需要,通常会经

---

① 克莱恩.跨越边界:知识 学科 学科互涉[M].姜智芹,译.南京:南京大学出版社,2005:16.

② 哈佛委员会.哈佛通识教育红皮书[M].李曼丽,译.北京:北京大学出版社,2010:56.

历模仿、改造、创新三个发展阶段,研究生教育自身会遵循特定的发展逻辑,即"钟摆定律","以具体问题为导向,在学术逻辑与社会逻辑之间运行,以期实现动态平衡"①,摆动的过程便是高深专门知识不断创造和实践应用的过程。

此外,单从创新本质角度来论,学科与研究生教育同样有着较为紧密的关系。创新内涵所指为产生新事物且融入原有事物结构中,形成新的结构,是新知识的产生和应用融合的过程。学科指针研究创新,研究生教育不仅强调知识的原创性,即利用已有的知识体系去主动发现新知识,而且要求学科研究的持续转化性,并以创新成果作为进一步推进知识创新的前提和基础。所以,学术逻辑和应用逻辑始终贯穿并融汇在这两者的关系之中,并将作用力施加于"人身"之上,包括作为主体的学科共同体成员、作为培养对象的研究生以及相对联动的各类群体人员。

(三) 学位点与研究生教育的辩证关系

学位点和研究生教育之间的关系显而易见,保持着社会大多数人对它们关系的朴素认识。但是,如果仅仅认为有了学位点便可以进行研究生教育、无点不成教育以及点是此类教育的依托和基础等之类的想法或观点,那不免就有些狭隘了。这一众所周知的事,如若换个角度思维,却又会是另一种理解。

第一,两者的关系连接权力归属的界定,即自主权与他项权的获取。拥有了博士或硕士学位点,教育主管部门下达了招生计划,理所当然可以培养博士或硕士研究生,在现有的教育层次体系中增加研究生教育类型,开展研究生教育。但反过来,学位点是一种国家授权制度,会在符合国家授权基本条件之下兼顾区域的布局、结构和调控作用,还有一定的人为主观和数量竞争因素,这意味着即便具备条件却也会因无点而不能"光明正大"地招收和培养研究生,但并不代表不能发展研究生教育,适度超前发展是必要的。我国现行的标准要求是,要想获得单位和具体学科点的授权,需要前期有研究生教育基础,有一定规模的导师队伍且已经培养有一定数量的研究生,包括培养计划、研究平台、教育基地和开设课程等,这就关系到培养自主权和他项权的界定问题。已有的实践是,大多数的未授权大学通过与其他已授权大学的联合培养战略合作来尝试建立研究生教育体系,模式可以多样化,是

---

① 刘贵华,孟照海.论研究生教育的发展逻辑[J].教育研究,2015(1):66-74.

典型的"借鸡生蛋"策略,待时机成熟再奋力拼搏、扬眉吐气。而在此之前,只能通过获取合作大学的"合理授权"实现权力的转接,自主权没有,却需为获取他项权的承接而建立对应成套的研究生教育支持体系。因此,学位点表征着研究生教育实施的自主权,有点有权,无点只能获取他项权,是决定具体权力归属的重要依据。

第二,两者的关系体现资源聚散的重组。对于研究生教育体系比较成熟完善的大学,增加几个学位点和开展新学科(专业)的研究生培养就如同增减若干本科专业一般平常,按需调控优化,实行的是资源共享策略。可对于初步开展或借壳推进的大学来说,却有"毕其功于一役"之累。学位点与研究生教育,实质比拼的是资源的聚散程度,高层次人才、雄厚的资金、优越的软硬条件等资源高度集聚于某一学科,学科实力越强,越容易获取学位点,进而获得宝贵的研究生教育资格,反之,资源能效不足,捉襟见肘,条件不具备,实力不够强,学位点和研究生培养则为空谈。学位点授权与研究生教育开展均需通过大学对优质资源的重组优化来实现,且存在短期集聚、成功扩散和发展衍生三重状态。当需要进行研究生教育时,会在短期内围绕某一学科高效聚集内外资源重点发力,甚至是举全校之力倾力为之、奋力倍至,待目标达成后,前期供给的资源多数将扩散回归其位,仅保留少量资源为授权和教育持续推进,之后在教育的发展中再寻找新的培养路径,将教育类型衍生至其他学科,逐渐扩大学位点和研究生教育的规模,并适时进行调控调整。这种随着资源聚散重组带来的变化,一定程度上体现了学科和研究生教育的发展进程,从星星之火到规模扩大再到结构优化以至两者发展的深层次问题解决,学位点建设和研究生教育发展逐步走向成熟。

第三,两者的关系蕴涵生态系统的建构。研究生教育的实现充分体现了大学办学、教育水平、人才培养能力和学科实力的提升,是相对单一的教育体系走向更加成熟的重要标志。如今,多数大学已不再是高职教育、本科教育、研究生教育、社会教育、成人教育等综合体,办学模式发生很大变化。虽然强调大学各安其位,但并非单一化发展,纯粹的本科教育难以将大学提升至理想层次的高水平,兼而顾之的办学能够将大学带至新的高度,如高职争办本科、本科追求研究生,合理兼顾方可呈现大学之良好教育生态,这也是自我发展的客观需要。立足学科角度,学科决定大学的发展水平和层次,学科应是大学的学科而非院系的学科,故应将学科放在大学的组织环境场域中去解读。为何？学科的生长具有协同共生、竞争演化现象[①]，演化遵循着适应与发展、遗传与变异、异质性与多样性等内在机理[②]。简言之，高水平学科生长于良好的学科生态系统中，要统筹大学中不同学科之间的协同共生关系，建构起学科的生长土壤即生态系统。通常，有学位授权的学科要比非授权的学科水平高，至少在人们主观上认为这是一种客观的评判标准，同样，能够培养研究生的学科（或学位点）水平较非培养状态的也高些。所以，学位点实现突破和不断增加，研究生教育从零开始到逐渐增长进而形成显著规模，如那些设置研究生院的大学，两者之间随着质与量的扩展，关联学科和建设、教育等方面的问题会越多，会引起关注深层的结构和规模优化问题，这就需要从生态角度去建构新的平衡或处置已有的生态失衡。因而，学位点和研究生教育这两者的关系一是体现教育的生态性，即主要强调的研究生教育与本科教育；二是学科的生态性。若再略加延伸，大学为何会设置如此多的学科，又为何会将所设之学科上升为多类型学位点，进而培养高层次创新人才，可从妥善处理大学与外部环境之间的关系并建构良好的组织生态中寻得线索。大学之所以是大学、学科之所以是学科，就是要在研究与教育之间建立微妙的平衡。能够依靠学科从事什么样的研究和依靠学位点提供什么样的教育直接决定了大学的发展状况。

由上所述，学科、学位点与研究生教育三者之间有着天然的联系，学科是基础和根本，学位点是中介与桥梁，研究生教育则是形式和实质。学科以知识的新发现和知识体系的建构为使命，延续并传承人类的文明与技术进步，并派生出专门从事本学科人才培养的国家授权学位点，将学科研究的精髓与知识发现的成果高效作用于研究生群体，借助于研究生教育形式拓展学科的功能并提供学科建设与发展的动力，学科的建设与发展又不断补充新的研究要素和创新成果并将之作为"养料"提供给研究生教育，保障研究生教育质量的提高。三者在教育、研究与应用的三维交错中体现时代发展的旋律和教育责任的使命担当。

[①] 胡春蕾,黄文龙.生态承载力视角下的大学学科发展战略初探[J].学术论坛,2013(12):228-230.

[②] 翟亚军,王战军.基于生态学观点的大学学科建设应然研究[J].科学学与科学技术管理,2006(12):111-115.

三、研究生教育质量面相观

现代意义上的研究生教育产生发展于19世纪上半叶德国的新大学运动,其在高等教育史上具有里程碑意义。①我国现代意义上的研究生教育,自民国时期开始直至1978年恢复研究生招生以来,先后经历了初创阶段、规范发展、恢复和稳步发展、快速发展四个阶段②,历经数十年的砥砺前行,研究生教育事业取得了令世人瞩目的成就,基本建成了学科门类齐全、培养形式多样的现代研究生教育体系。据权威数据统计,2021年,全国共招收研究生117.65万人,其中,招收博士生12.58万人,硕士生105.07万人;在学研究生333.24万人,其中,在学博士生50.95万人,在学硕士生282.29万人。可见,单从规模上论,我国已经成为世界上名副其实的研究生教育大国,较好实现了立足本国自主培养高层次人才的战略目标,这为我国的现代化建设提供了有力的人才支持和智力支撑。但是,随着规模的快速扩张,这类精英化教育正逐渐失去往日亮丽的光环,质量和数量方面的问题日益凸显,一来已经超出了经济社会发展的承受能力,不免觉得有些过度教育了,继而带来人才相对过剩,质量由此备受诟病,使得所培养的研究生显得不那么"超值"了,甚至有些"沦落"到不如本科、高职毕业生那般的尴尬境地;二来由于教育规模的速度增幅过快使得师资和教育经费等资源短缺,难以实行真正意义上的精英式教育,只能采取比较"放羊"式培养,研究生所能接受的指导和训练不足,教育质量出现下降成为不可回避之现象,现实中也确实暴露出质量方面的短板,比如培养粗放、学位注水、论文造假等。这些问题的出现有一定的必然性,任何国家在发展研究生教育过程中都多多少少经历过,这一方面需要正视之,一定程度说明我国的研究生教育进入了创新和转型的阶段,要求进行深度的改革创新;另一方面需要转换之,自觉将问题解决转换为发展新动力,这是由研究生教育大国迈向强国的必然之路。研究生教育的整体发展状况是不能不令人担忧的,何况"今日研究生培养的质量就是明天国家竞争力的水平"③。故而,在迈向研究生教育强国的时代征程中,站在新的历史起点,提升研究生教育质量是立足我国现代化的阶段性特征和国

---

① 张桂春,唐卫民.高等教育学[M].沈阳:辽宁师范大学出版社,2012:28-30.
② 洪煜,钟秉林,赵应生,等.我国研究生教育制度的历史沿革、现存问题与改革方向[J].中国高教研究,2012(7):41-46.
③ 谢维和.学位与研究生教育:战略与规划[M].北京:教育科学出版社,2011:1.

际潮流中提出的深刻命题。①

（一）研究生教育质量的本体认识

教育领域的质量是一个难以清晰界定的概念，因为教育的对象——"人"具有主观性、不确定性和发展性，内涵和外延都存在认识上的分歧。研究生教育质量自然归属教育质量的范畴，对其理解有广义与狭义之分，如广义的研究生学术水平、创新能力、合作精神、综合素质等体现，狭义的学位论文质量；还有内涵上的分层疏解，包括研究生的培养满足社会需求、教育的实施满足研究生培养机构的需要、教育所提供的服务和质量满足人的发展需要等，综合而言即强调"培养单位在遵循研究生教育自身规律和科学发展的逻辑基础上，依据既定的社会条件，所培养的学生、创造的知识以及所提供的服务满足社会和个人需求能力的总和"②，同时，这一质量还是一个多维度的概念，关联着政府、大学、社会和研究生等不同类型主体结合自身的需求对研究生教育系统所作出的价值判断。纵观当前的质量问题探讨，大体存在三种典型的认识逻辑。

其一为系统结构逻辑。强调应采用系统论的观点来辨析研究生教育的质量，明确其具有丰富的内涵和模糊的呈现特征，深刻认识则需要从全方位角度出发，当然过程可以先从某一局部着眼。从全面性分析，能较好地明晰这一质量的复杂程度、多样性变化以及认识的多重维度，讲求细致具体和面面俱到，认同多元主体的方向性理解，即可以从不同的视角客观辨识之，这种理解思路与对高等教育质量的认识是一致的，甚至在一定程度上有混淆性理解，即以高等教育质量统摄研究生教育质量，意思是说高等教育质量的概念和内涵可以作为理解研究生教育质量的框架或模式，但此种会存在指向失误（毕竟研究生代表不了高等教育的所有受教育群体，也只是其中的部分群体）、概念偏移（即研究生是研究生，高等教育是高等教育，两者本就不是同一性质概念）、逻辑关联（即高等教育和研究生教育的认识逻辑）等问题。再从局部观之，多出于系统自身而言，如系统功能、结构和影响要素等，在功能方面，强调质量是一类特征或特性的综合，即研究生教育在特定的场域或环境中为满足大学、学科、社会和研究生个体发展需求所体现的多重特性；

---

① 刘延东.深化高等教育改革，走以提高质量为核心的内涵式发展道路[J].中国高等教育，2012(11):4-9.
② 廖文武,陈文燕,郭代军.研究生教育质量影响因素分析与对策研究[J].研究生教育研究，2012(12):11-14.

在结构上,多关注于这类教育质量的组成结构,包括质量体系、评价体系等,因为从结构层面上去深究质量问题更易剖析影响质量的关键要素和特性,这是建立在"结构本身就是高等教育的质量指针,是质量问题非常关键的因素"[①]之上的,并以此构建研究生教育质量的理论体系。至于对影响质量的因素分析,则人为地划分为若干质量单元,如教学质量、管理质量、服务质量等,进而分析各单元对质量的影响,这种认识实际上是对结构的细化,将之化整为零便于进行解析。

其二为转换选择逻辑。在诸多的认识中,这种论调是比较有代表性的,具体表现和形式选择不一。大体的转换有两类,即大换与小换。大换强调以较为宏观的概念来替代研究生教育质量,如学位点质量、学科质量、研究生质量等,总体是以研究生教育机构的某些整体方面质量作为判断依据,这在一些关联的操作层面如质量评估、质量调查等过程中表现得较为多见,但也会因此模糊这类质量的边界,包括产生概念上的混淆。至于小换,奉行的是局部替代整体的思维,选以若干与之关联密切的点或特征入手,较为常见的有培养质量、学术质量、就业质量等,关注培养的点有课程设置、导师指导、实践训练等;关注学术的多从创新培养出发,体现在创新能力、研究成果和学位论文质量上;关注就业的则以能够满足社会需要作为出发点并选择合适的量化指标加以表征。相较而言,小换显得具体细致,注重以小见大,指向研究生教育的属性、特征、过程、结果等细节性内容,这些成为学界研究的热点或重点。同时,喜闻乐见的是小换更加偏向微观层面,能够较容易地选择易于量化的评价指标,从而使实践操作变得简单些。

其三为价值取向逻辑。作为处于国民教育顶端的高层次教育,研究生教育是一国高等教育质量和水平的标志体现,是国家创新力和竞争力的重要表征。研究生教育的高质量发展有着适应性、促进性和引领性三层境界,其中,引领性发展要求引领社会人才培养与需求、引领其他类型教育发展、引领科技创新与进步,体现应有的责任、贡献和价值,创新与研究的相互融合是核心要义。这就需要从教育的本身即以教与学的主体参与,进而立足主体间性来探讨研究生教育质量体系的建构,"搭建起高校与各主体尤其是教与学主体间相互责任认知和一致价值取向的最佳引导机制"[②],强调研究生的能动性对研究生教育质量的促进作用,推进研究生教育走好内涵式发

---

① 谢维和.中国高等教育质量中的结构问题[J].高教探索,2008(6):5-11.
② 英爽.建构主体间交互成长的研究生教育质量体系:基于心理契约和服务本质视角[J].学位与研究生教育,2019(12):7-12.

展道路,其根本在于"让高质量成为研究生教育发展的新常态"①,外显在教育理念、培养模式、学科文化、软硬条件、交流合作等方面适应新发展需求的重大改变。毕竟,质量问题可溯于价值取向根源。这里当要注意的是,主体的价值选择对质量提升具有重要的导向性作用,可供选择的类型来源于学术发展、个体成长和社会需要三类,而质量的高低之分一般要求与需要、需求之间实现最大程度的匹配。另外,真正意义上的质量往往来自组织内部,质量建构的过程实质是内部文化和人文科学精神的形成锤炼过程,包括各类资源的匹配和优化配置过程。故而,外部要有约束和规定、内部要形成健康和谐的文化、主体自觉更不可缺位,三种力量合而为一才能达成预期目标,质量才能有所保障。然而,目前看来,功利实用主义的物化教育依然流行,研究生教育本体的质量观与价值观存在一定偏差,但其中的群体往往已经习以为常,甘愿接受这种训练,那么质量的下降便在情理中了。同时,还要注意的是,社会对人才需要的期望值提升自然是其中重要因素。

当前,在中华民族伟大复兴战略全局和世界百年未有之大变局下,立足新发展阶段、贯彻新发展理念、构建新发展格局,扎实推进高等教育包括研究生教育的高质量发展,实现"从规模化发展向高质量提升、从内涵性建设向卓越化构建",具有重要战略意义。通过对现有质量问题的分析讨论,可以发现,研究生教育质量已逐渐呈现从封闭走向开放、静态转向动态、统一步入多元、全面控制转为主体参与的新格局,不仅在发展变迁中拓展了概念认识的多样化,也在过程中引发了内涵实质的泛化,质量的边界已经难以标记,这既给质量问题的探讨以无限的延展空间,强化了质量认识的多元交织,也为推行教育的创新改革与实践验证提供了多重路径可能,丰富了质量探索的体系建构,当然也会因此带来人们理解上的混乱,进而发出究竟什么是质量的问询。

(二)研究生教育质量的问题表征

认识上的"百花齐放"会产生现实质量追求的行为取向差异。虽然难以用高与低、升与降等词汇来准确描述质量的动态变化,但确实有诸多的表象能够佐证人们对质量的各种怀疑与猜测。主要持有两类观点。其一,对于赞同质量未下降的群体而言,当前宏观的发展战略和走向态势决定需要牢

---

① 郭月兰,陈谦.研究生教育内涵式发展的现代意蕴与实现路径[J].学位与研究生教育,2020(11):12-18.

牢把握新时代发展机遇,立于澎湃跌宕的潮流之上,推动研究生教育实现高质量发展,加之双一流建设的重要引擎驱动、创新创造使命的强劲支撑以及发展模式、教育评价改革的转型升级等都促使研究生教育肩负着更为厚重的创新性人才培养和科学研究双重使命,这就要求用先进的教育理念、完善的现代治理体系、卓越的人才培养能力、强有力的战略支撑力和深远的社会影响力等构成研究生教育强国之路的体征,从而使得这类教育由外发性向内生性兼容转变,单方面扩容的同时更加强化质量的提升,实行"提质"和"扩容"并举,坚持"中国特色"和发挥"世界影响"。因此,研究生教育的质量需要不断提高,且另因社会的创新发展变化快速,已有实证分析得出,我国的研究生教育与经济、科技基本形成了长期稳定的发展关系[1],研究生教育对于经济增长的贡献率为4%~8%[2][3],且呈现递增状态[4],可见这一质量的总体发展趋势是提升而非下降的。其二,对于支持质量下降的群体来说,多是从规模变化带来的资源能效不足以及结果的社会适应性角度来论,由于研究生教育规模的剧增引发了教育资源供给的不足,平均分配至单个研究生的教育效用降低,发展必然存在客观矛盾,且主要矛盾"已转化为莘莘学子要求享受优质研究生教育的美好愿望与我国研究生教育资源尚不够充分、质量尚不够优秀、体系尚不够协调之间的矛盾"[5],加之立德树人根本任务的加强、导学不和谐关系的续存、课程建设重视不够、协同育人机制尚不健全等以及研究生主体的学术浮躁、心理态度不端正、计划性缺乏等各种不利因素的制约,导致所培养出的研究生人才虽然数量可观却不太能满足社会需要,以及社会用人单位对研究生人才的非高看或平视之,俗话说"物以稀为贵",但大众化培养的高层次人才数量多了,如果没有强有力的约束性机制,难免"鱼龙混杂""五味杂陈",实质上还是体现了质量的相对下降,因为不进是退、慢进也是退。从近些年发展看,我国已就研究生教育质量从多方面特别是严控学位论文质量方

---

[1] 袁本涛,王传毅,凤柳青.基于协整理论的我国研究生教育与经济、科技协调发展研究[J].教育研究,2013(9):33-41.

[2] 黄海军,李立国.我国研究生教育对经济增长的贡献率:基于1996—2009年省际面板数据的实证研究[J].高等教育研究,2012(1):57-64.

[3] 李立国,杜帆.中国研究生教育对经济增长的贡献率分析:基于1996—2016年省际面板数据的实证研究[J].清华大学教育研究,2019(2):56-65.

[4] 李立国,杜帆.研究生教育对经济增长贡献率的区域差异与布局结构优化[J].教育发展研究,2020(21):28-36.

[5] 杨卫.立足新时代 履行新使命 以优质学术研究服务研究生教育强国建设[J].研究生教育研究,2019(3):1-2,105.

面出台了系列文件,如把关学位论文质量、加大学位论文抽检工作力度、将学位论文作假作为信用记录、狠抓学位论文和学位授予管理等,这在一定程度可以制约质量的滑坡,但教育过程的控制则需要大学内外的协同努力,要采取必要措施实现质量空间的提升扩展,而目前造成质量相对弱化的根源在于研究生教育相关制度的松弛,具体表现主要有三。

首先,源于教育入口的相对松动。教育是教育者与受教育者相互施加教育影响的活动。对于处于一定发展时期和既定阶段的教育组织机构来说,教育者的群体数量和质量水平是相对恒定的,而受教育者则因来源广泛且流动性较大,质量参差不齐,虽然常言道没有教不好的学生,只有不会教的教师,但受教育者的质量水准直接关系教育整体的质量和水平。研究生教育同样如此,入口的生源质量会影响到过程和出口的研究生教育质量,具体体现在招生和录取两个环节。前者的招生,本质上是关注如何选拔人才,如当前硕士生招生实行的是全国统考、推荐免试、单独考试、同等学力联考、专业学位联考等形式的"两段式"招生模式,采取政府宏观主导、招生单位主责和市场力量参与的方式;博士生招生选拔有硕博连读、公开招考、推免直博和近几年来各高校推崇铺开的"申请-审核制"。传统的公开招考选拔制度能够保证公平,特别是硕士生招生如此庞大数量的前提下,但也因不能有效选拔具有科研潜力的人才而引发较多争议;"申请-审核制"能够发挥大学和导师的自主性,利于选拔出优秀人才,却也因群体的自律不强和监督体系不完善等带来过程中风险、不公平因素的产生,人们更加信赖统一或公开招考的方式是因为在现有的教育和社会环境中,更容易相信卷面考试的成绩是真实客观的,而自行组织的选拔考试都可能存在因权、钱、人情关系或资源掌握的寡富等改变结果的情况。即便是在统招制度下,仍然出现了许多乱象,如区域保护、复试形式、近亲繁殖、官员学生等,让招生面临公平性问题。至于后者的录取环节,在比例上,我国实施研究生教育的早期一般控制在报名数的10%以内,属于比较实在的精英教育且能够保证遴选到相对优秀的学生,可让一部分优秀的本科毕业生走上科研创新之路。从2000年开始,招生录取的规模不断加大,保持在两位数水准直至目前的40%以上。如此高的录取率使得招生的可选择余地相对较小,在解决好就业压力的同时,制度让大量并非优秀的毕业生涌入研究生教育领域,并非为较为纯粹的科研而研究,代之以谋求一份较好的职业成为主流需求,这导致生源质量的下降,这是不是又意味着本科教育和研究生教育质量的双重下降。另外一个重要原因是录取线的降低,近几年来国家统招线的单科线保持在40分上下,享受加分政策的地区为30分,在命题质量并未明显提升的情形下,让符合"较低"标准的毕业生转变为研究生教育群体,这也会稀释研究生教育作为高端教育的本质属性。由此,端口的一系列顺应形势变化的制度松动使得原本重在培养精英人才的研究生教育走向了泛大众化。而当我们抱怨后续出口时的研究生质量不高时,是否应该首先在入口环节加强反思呢?

其次,根于教育过程的把握不严。研究生教育的性质体现了对研究生个体的培养要持有自由、自主和开放的态度,不能通过规定性动作或行为达到预期教育目的,其研究和创新能力的形成主要表现在有着较强的主观能动性以及对问题善于发现并科学求解的过程,由此关注的教育质量问题及其建构应该是一种非静态的群体行为集,这包括了导师群体、研究生个体及其关系群体。这就要求教育过程应该是一种能够充分体现学生成长体验和引导个性发展且建立"包括满意度、进步度、适应度、发展度在内的质量标准"[1],能够促使研究生从"要我创新"向主体自身"我要创新"转变,进而调适内在心理状态和付诸外在行动,由此,再有意识地运用既有教育资源挖掘内在潜力,从而获得相对满意的产出和结果。这同时要求实施此类教育应该充分把握这一类型和阶段学生的心理状态与学习特质,并建构起相应的学科文化、质量文化乃至革新的教育文化,进而有的放矢。当然,这种放松不可成为"放养式"教育的借口,如一名导师指导多名研究生,师生比从1:1的悉心指导到1:10以上的批量式、标准化培养,不仅导师本人会因精力有限无暇顾及,也势必会造成师生关系疏远。所以,导师、学生和管理者本应各司其职,需要遵循"责任分担、自主互信的建设原则"[2],以导师为核心、研究生为行动者,将各类教育资源、教师的教学活动、导师的科研指导、相关的实践训练等以研究生的成长成才和能力形成为目标,立德树人,这就需要触及主体教与学的积极参与度以及构建和谐的内外关系,通过研究生教育的过程把握来促成研究生成长为所需人才,并能在其间清晰定位各主体的角色和功能,进而从复杂错综的利益关系中寻得突破口。由此可知,这里强调的把握不严并非指教育过程的管理控制不严,一来对研究生无需条框式的硬性约束,追求学术探索并有所获得的过程本就是轻松、自由和愉快的研究经

---

[1] 章竞,廖湘阳.以学生发展为导向建立高等教育质量评价与健康体系[J].中国高等教育,2014(1):32-34,40.

[2] 王战军.构建研究生教育质量保障体系:理念、框架、内容[J].研究生教育研究,2015(1):1-5.

历,对科学精神非急功近利地推崇更能培养高水平创新人才,促进研究生主体实质和全身心投入,将主体的期望目标与大学的责任认知保持较高程度的一致,这在英国和德国的研究生教育发展史中得以佐证;二来除了在过程中合理设置一些管理性要求,如培养环节、论文要求、实践训练、诚信文化等之外,还应添置必要的研究与创新约束性条件,重构研究生新的期望空间和责任认知,这是必需的。比如,近些年,对于研究生的学位论文,不少大学已经取消了小论文发表的毕业硬性要求,单独注重学位论文的质量,但笔者认为这种改变并不可取,因为对于学术规范的遵循和成果呈现的理解无多大益处,奉行成果导向的同时实现过程的"熟能生巧"更为重要。反倒是,严格要求研究生毕业有论文发表要求的大学,其培养的研究生个体研究能力要强于无要求的大学,虽然尚无确切的证据能够证明两者之间的必然关系。

最后,归于教育出口的松弛。教育质量的问题最终是依赖出口的"人才"质量检验的,检验的主体不是自个自吹自擂,不是邀人吹拉弹唱,更不是形态各异的假模假样,如同实物般的商品一样,"好用实用"才是硬道理。研究生教育的性质决定了其不能像本科生出口那样进行大规模的机械化生产,需要突出学生的创造性思维培养,聚焦于学生的研究能力、创新能力和应用能力的养成。出口之处有着宽出和严出两类标准选择,若坚持严出,拔高评价考核标准,可能会造成大批研究生积压,这在博士研究生教育阶段表现得比较突出,此情形的出现除非恪守学术精神予以强力抵制,一旦行政干预、制度调整和资源调控等行为推动,原本比较严格的质量管理就会适应性有所松动。但是,由松到紧是迎难而上,比较困难;由紧到松却是滑坡失衡,相对容易得多。前些年,国内不少大学都放宽了研究生毕业的出口条件,如取消论文发表要求、缩短在学年限等,转而希望以自律性行为要求各培养单位履行质量管理与保障监督之责,继而在环节中有意或无意地实施较为宽松的政策,使得研究生能够顺利产出,未能出关的甚少。近几年来,在高质量发展的理念指引下,国家加强了对学位与研究生教育质量的宏观管理,加大了学位论文抽检工作力度,相应的淘汰率有所提升,但整体的质量低下局面尚未得到根本转变,依然是成批量的"研究生产品"产出,怀揣证书的研究生们少了自豪感与优越感,转而希冀获取一份不错的就业岗位,社会对研究生的挑选则是有了更多个体性的倾向选择,这既体现研究生教育的一种质量无奈,也是本科教育功能弱化的牵拉之辙。暂且不论过程培养的课程教学、培养指导、学术交流、科研训练等实际问题,教育引发的区域失衡、存量不足、文化弱化、模式同质等现象敦促研究生教育在高等教育普及化的进程中要加速提质并发生战略重点转移,如开创新的空间、提升综合能力、填补发展空缺、增强声誉地位等,以促进体系的整体优化与水平提升。

(三) 研究生教育质量的本象回归

教育质量的提高从来都不是一蹴而就,无法指望借助某些力量实现飞速提升的,培养人的过程讲求的是"慢工出细活"和潜移默化的熏陶锤炼,指望着按照工厂生产线般流水工序式的快速培养是难以产出创新型人才的,也会因此偏重环节(模式)的优美设计而忽略师生主观能动性对于质量生成的决定作用。从已有研究来看,大学开展的种类纷繁的质量保障活动主要表现为管理层的单向性活动,包括管理层积极搭建好相关制度和资源平台、采取有效举措推动保障行为产出效果、加强效果考核评估并反馈改进等。作为高等教育的高端教育,提高研究生教育质量理应坚守本心、摒弃急功近利的浮华躁动,回归到教育初衷而冷静看待,在思辨精神和科学创造中诠释"研究生"的时代内涵,其中关键在于有着理念创新和行动自觉,并以此衍生评价、保障和标准等系列操作问题。

第一,在质量的认识维度方面。认识来源于主体倾向性对于客体实在的科学把握,是相对形而上的。考虑到研究生教育的质量本身是复杂的体系,不能轻而易举地从一目了然的接受教育中看出这类教育的质量,且还会随着社会发展变化增加许多社会元素的新要求,这就使得对质量的理解必须是多维的,何况这中间还有学科专业之分别,故而,希望通过简单的质量要素或指标分解来实现全方位的差异性测度,并不切合实际,也会引发不少质疑。与本科教育相比,研究生教育的分析维度具有圈层性,如学术与应用、传统与现代、域内与域外等,这三类既相对独立又纵横交叉,构成了如传统—学术—域内、现代—应用—域内、传统—应用—域内等不同的作用空间,各个空间自成一体,既可以从中反映不同时期的研究生教育面貌,也可以呈现不同教育培养机构的特点。比如,早期的研究生教育,会表现为"传统—学术—域内"的特征,即以传统优势学科为主导、注重学术创新育人、服务于区域社会发展,由此可在这类空间中研究教育的作用发挥问题,进而分析教育质量;随着教育开放程度的加大,大学和学科面向对象的延伸,质量研究会逐渐转移至"现代—应用—域外"空间,应用的培养导向、现代理念的冲击、服务区域的拓展等又使质量问题变得多元化,接连进行着空间发展的过渡转变,这会使对质量的理解不断发生变化,呈现既定空间内部转移和相异空间边际转移两类轨迹。

这些轨迹是能够反映质量演变情况的,此时若以某种形象化表征方式将传统、应用和域外等空间维度使用某些具体因素加以体现,那么便会得到一个展现质量的空间位置分布点,这就为进一步分析质量提供了建构依据。然而,这中间还有着类别上的关切,需要在分类原则上衡量不同类型研究生教育机构的质量,而不能采用整齐划一的标准,因为所处的作用空间不同,比如我国的北大、清华培养的研究生和那些新近成为硕士、博士授予单位的院校所培养的人才,由于两者不在同一维度空间中,简单理解,就是不在同一起跑线上,即便选择了同样的发展维度(模式),质量水平必然有先天差异。因此,对空间做何种选择具有发展进程的必然性,是此类教育发展到一定阶段的产物,但性质上却是基于发展道路的确定,取决于教育机构的定位和服务面向,决定于学科(学位点)的整体实力包括所拥有的教师水平,强调内在和外显的匹配,以便适时适需发展,且各施所长、各安其位和加强能力评估,如我国对学位点进行的各轮评估工作便是对培养能力的评判过程,这总体是符合客观规律的。

第二,在质量的追求取向方面。需要保持以淡定的心态努力追求教育的卓越,这是由教育的本质和发展的规律性决定的,而且还须明确教育的质量和人才培养质量的根本区别。坦白而言,质量不仅是一种理想的达成目标和系列行为集生成的客观事物或人的功能现实聚合,也是一种约定但不俗成的道德规范,理应将追求卓越视为荣耀之事。而今,关于教育质量的认识不时出现卓越、高素质、高水平、创新性、多维度等丰富的描述性词汇,这些都从不同层次表现了质量的内涵要求,社会上讨论比较多的则是"一流",如一流人才、一流学科、一流大学等,但"一流"是个不太容易把握和明确的概念,也不是任何对象能轻易触及或论及之重,"一流"往往对应于一流的组织体系,也就是说,若依托的组织是一流的,其质量一般也会是一流的,至少不会差多远,否则高唱一流不免让人怀疑,斥骂之声难免生起。所以,反倒不如使用"卓越"一词来得更加贴切,也较接地气,因为卓越通常意味着超越和胜出,在同类之中略胜一等,未必需要达到高不可攀的顶峰。

那么,如何体现卓越,如何追求卓越的高质量教育,需要进行认真的思量,关键是要保持淡然的教育心态、建立和谐的教育生态以及打造功能完善的教育体态,并持续追求"三高":高者之一是高势能。要将学术研究和创新发展放在研究生教育的首位,以形成较高的知识势能作为高质量教育的基石,充分彰显这类教育充满魅力的研究与创新特性,因而教育的力量需要转移至提升研究生的创新能力上,不区分学术性与专业性,从强化研究生具备坚实的创新能力出发提供学理和探究的厚实养成训练,遵循"授人以渔"思想和创造逻辑,发展学生的创造性思维和敏锐洞察之能,如此研究生既可在学术上有能力发现所需新知识,又可在社会实践上有能力驱动着问题的解决,并可在学术与社会的双向逻辑中经过系列的操作训练达到动态平衡。何谓创新?是新知识产生和应用的过程,只有保持较高的知识势能,强调知识的原创性,才有可能游刃有余地运用知识。高者之二是高动能。知识创造不是目的,创新的判断标准绝不是为了纯粹的"标新立异",重要的是看在实践应用方面能带来什么样的新意变化,既为个人发展也为社会进步,旨在强调学术研究与创新的可转化性,让高势能的知识顺差驱动应用转化的动能运转,对于研究生教育而言,这就要加强势动转化的规范指导以明确其中的逻辑与流程,要加强基地平台的功效规训以锤炼研究生应用能力,要加强理想实现感的潜心引导以避开"要我创新"的弊端,从而在知识创新(学术势能)与社会实践(应用动能)中潜心提升而不是平庸发展。高者之三是质量与精神文化。"从事研究的人必须对科学真有兴趣,科学必须成为他生活的一部分,被他视为乐趣和爱好"①。但仅有兴趣与爱好不够,还需要耐得住研究的寂寞,为了让研究之路走得更远、更有成就感,尤其需要淡泊名利、潜心静心,追求宁静而致远、独立而自主,将寂寞与学术工作相伴。如若缺乏如此的学术热情则少有内驱力,难以长期专注于所研究的领域,缺少科学精神的训练与持守也就不会有高远的志向与执着。作为兼具学生与研究者双重身份的研究生,是潜心于研究创新以实现学术理想和自我实现感,还是仅仅将研究生教育经历作为职业升迁的工具而平庸地学习与研究?②这些不同动机激发表现出的行为将直接影响研究生的教育质量,因此,大学应当向研究生提倡严谨求真的研究精神,加强研究生教育质量文化建设,教育研究生们怀揣学术敬畏之心,时刻保持对未知领域探索的好奇与热情,将这些作为自我发展的客观需要,由此才能避免逐利趋势和受压式学习研究,以最佳的状态投入到教育环节中。

第三,在质量的检验审视方面。兜兜转转之后,还是需要从认识上解决

---

① 贝弗里奇.科学研究的艺术[M].陈捷,译.北京:科学出版社,1979:27.

② 黄海刚,金夷.通往Ph.D之路:中国博士生入学动机的实证研究 兼论学术动机对博士培养质量的意义[J].复旦教育论坛,2016(5):59-66.

研究生教育质量观这一根本问题,即强调如何回应社会对质量的认同或赞赏,不论是出于感性的情感判断还是理性的价值评估。如从事研究的专业群体是理性的,要的是诚实的客观理性,但不能因此便要求社会大众都能以理性的眼光看待教育的质量问题,他们多数并不是专业的,直观感受和切实利益获得才是可靠直接的。何况,大多数的平凡社会之人有的是比较朴素从众的心理,如奋力拼搏接受到高层次的教育、入了学术之门享受高端的教育资源、接受名师指导获得能力提升,以金字招牌获取理想的职业发展机会,最终以此契机和付出造就幸福人生。按常理看,质量高低表现了需要的满意、需求的满足和期望的实现,质量高低也绝非自说自道、自吹自擂和自我标榜,社会的广泛认同和信任乃至有着较高的满意度才是硬道理。故所讲究的是自我需要的满意实现和欲求期盼的目标达成,而不是用技术手段证明质量已经达到了某些指标要求便称之为"高",不能用片面的、孤零零的数据来证明质量已经抵达了预期的高度且是比较理想的,教育的质量不是"1+1=2"如此简单。此为其一,即要以社会的认同审视质量之高低,话语权不在质量实施的主体,而在于社会受众的认可。其二,研究生教育的快速发展必然会带来诸多质量问题,主要矛盾表现为广大研究生群体对于追求高质量教育的美好期望与既有教育资源不平衡不充分、质量管理与保障体系不匹配等之间的矛盾,故而将教育的长期性化为了短平快效应,教育培养机构即便能够做些调整,但受教主体和社会组织群体不仅要求被提高甚多,数量需求也是大幅递增,捉襟见肘之下唯有降低质量标准方可保持运转,由此产生的那些如粗放式教育、学位注水、论文造假甚至浑浑噩噩不知研究为何物等问题也就见怪不怪了,正所谓"法不责众"。所以,问题出现是必然的,是发展过程中必经的现象和经历,应该做的是将问题转化为持续发展的动力,加强质量控制,健全质量体系,完善质量标准,提升质量底线标准,并科学调控规模数量和质量实现的关系。"高质量发展是新时代研究生教育的突出表征和核心主题,是迈向研究生教育强国的必经之路"[1],发展不能因为规模扩大就止步不前,发展中的问题需要以更好的发展动力和成效来解决。其三,科学调整质量的运行机制,在本科生教育与研究生教育相互衔接上做"加减文章"。我国学位条例对研究生毕业的质量要求,其中,授予硕士学位的研究生,一是要在本门学科上掌握坚实的基础理论和系统的专门知识,二是具有从事科学研究工作或独立担负专门技术工作的能力。而对应学士学

---

[1] 洪大用.研究生教育的新时代、新主题、新担当[J].学位与研究生教育,2021(9):1-9.

位要求是较好的理论掌握和技术工作初步能力。对于跨学科修读的研究生而言,且从历年研究生报考的学缘分布看,以本科专业对应衔接报考的占比在40%左右,因此,希望以2—3年的研究生教育(扣除学位论文时间,实际的理论学习时间为1年)让众多跨学科专业的本科毕业生掌握牢固的坚实理论确实有些不合实际。故而,可以将问题导向和创新能力培养下沉一定容量至本科生教育中,增强本科生的培养难度和内涵实质,提升本科生的研究能力和技术应对,强化问题解决能力的培养,不必盲目追求人才的研究生属性,现实也是大量的业务完成主体还是本科毕业生。只有切实增强了本科生的综合能力,提高了本科生的出口水准,面向社会需求加强毕业证的含金量,就既满足了当下一流本科教育的现实诉求,也较好缓解了研究生教育的压力。其四,质量检验审视应是多元的,研究生教育质量具有多元特征,包括质量实施主体、具体要求、主要内容、影响因素以及考核评估的多元性等,这决定了若是从某一关注的层面探讨质量问题必然不会全面,需要坚持全面质量管理的逻辑,体现全方位、全过程和全员参与,要求产生必要的互涉互激行为,核心是对质量的理解要不断走向成熟与深化、要看清合作与交流的相互影响,还要有着将诸种质量元素精心且精致地融入一个有机的质量主体这一行为之中的能力养成,在相互碰撞中叠加效应,在多元中创造质量形成的独创性,否则质量将变得趋同无味。对于教育的机构组织和培养的实施主体,还要强调树立质量整合思维,坚持独创性与整合性并融,因为独创指向新模式、新思路和新路径,会促使新事物与新现象的出现,但独创不是机械的规则,依赖既有经验和做法的借鉴并在丰富中完善自身。所以,多元的质量特征要求在质量的独特创造和质量元素的整合结构中包含差异性。"差异性提供了事实、价值、标准和交叉行为过程的多元性,统一性则提供了一种整合性的问题解决,或者至少是赞同一个可行性的方案"[①]。

由于正是在统一性和差异性之间建构了一种可行并行的关系,行为取向之间的界线由此变得模糊不清,逐渐走向分崩离析的状态。分隔虽然具有一定独创(也可称自我摸索)的危险性,但因为这些质量的改变也许不太会成功,没人敢保证达成100%的成功率,故主观上人们多会选择尽可能将这种危险最小化的保守方案,以避免对教育质量的冲击和由此造成的不可预期损失,毕竟质量问题无小事。少量激进者无畏向前,但危险和危机存在

---

① 克莱恩.跨越边界:知识 学科 学科互涉[M].姜智芹,译.南京:南京大学出版社,2005:210.

的同时意味着专业化带来的益处——产生更有利的方法技巧、有力的实践说服力、丰富的经验与累积资料和质量的创造性积累,必须对此予以认可,因为它们被带入了宏阔时代背景、社会重要问题或关键领域以及更加多元综合的框架之中,而此时在面对一些不可预期事件之时,相比于后行者,会多了不少坦然与自信,甚至值得傲娇的资本。因此,关于质量多元的验视,"最好的策略不是一个一致认同的问题,同搭建桥梁与重新建构之间的差异相类似,争论常常围绕着渐进方法与激进方法哪一个更适合来进行,渐进的姿态倡导小步迈进,激进的姿态则避开一鳞半爪的变化"[①]。

可以由此得出这样一个结论,即研究生教育质量的面相是多姿多彩的,却又是看不透、弄不明和理不清的。关乎研究生群体,不管是把多样分隔的质量元素合并成一个新的复合质量体加以理解,还是汲取不同质量元素的成分以产出一种新的质量认识,质量可能逐渐需要认同来自理论的、经验的、现实的和发展变化的多重内涵,或者关注某些特殊的联结关系,终归还是需要构成一个"可行的综合",以致形成理想的质量类型,并以某些个性化推进包括具有相同共性的举措与形式,通过与其他质量互涉主体的合作将原本分开的独立边界连接起来,建立起一些合乎目的性和规律性的边界巧合,继而再以标准参照和信息扫描的程序吸纳外部多元的质量诉求,由此将不同的质量关注社会圈连接起来,此为质量的提升提供了基于合法性与合理性的双重赋能,即便围绕质量的改革步伐是谨慎的,也不会妨碍不断变化着的质量画面勾勒和画风的创新成熟走向。

客观而言,我们一方面需要以比较显现的存在显示出令人可观的质量提升速度和质量增长规模,源于研究生教育的本质特征或者确切地说是学科施加作用的新思想、新方法和新模式等转变;另一方面新进展虽然改变了人们传统观念中对质量的核心理解,或者正逐渐改变人们的传统认识,但并非能够及时地被现有的质量支撑和保障体系所接纳,若希望产生较长周期的影响,还必须注意一些质量关联领域的顺应调整,如人才培养、组织体系、教育合作和评价考核等。由此,质量的提升是相对困难的,因为其间的种种局限、阻碍和妨碍等都需要考虑进去,但也是有趣的,因为需要考虑不同学科之间的关系,需要研究质量主体实现彼此跨越与连接的界线,需要通过质量的变化来体现某些预期的价值。无论何种,质量既是自己的事情,也是对

[①] 克莱恩.跨越边界:知识 学科 学科互涉[M].姜智芹,译.南京:南京大学出版社,2005:215.

外竞争实力的必要展示,何况质量与竞争之间的关系虽然既不是直接的,也不是线性的,但它们却会因多重拉力和张力的存在,彼此之间建立一种比较牢固的关系,一种足以影响其原先结构与随后认定的牢固关系,此种的质量将被重新阐释,标准和价值也会不断拓宽。

四、大学学科建设与研究生教育的协调发展

研究生教育、学科与学位的发展具有历史性和时代性,在我国百余年的历程中是一个模仿与创新的互动过程。尽管已经知晓学科建设与研究生教育之间是相互促进、相辅相成的关系,不可避其任何一方论之重,但无论是历史的延续重温还是当下的建设实践,两者相向但并非同步而行,脉络梳理体现着先有学科诞生,后有基于高级专门人才培养需要的研究生教育出现,再催生健全完善的学科与学位制度,保证彼此依存的合法性,继而三者基于内外多重原因体现了依凭组织如大学与其外界之间的相互作用。至于相互间的起步距离相隔多远,取决于学科的成熟度或发展水平。应该说,彼此关系的演变有着发展的必然性,对知识创新的诉求和对高端人才的需求不仅促使学科多样化的形成,也推动着学科依存方式的转变,如呈现为培养人的学位点、转变成凝聚学术团队的高端平台、聚成丰硕的学术成果应用于改变社会状态,等等。由于学术的传承与创新特性,历史遗留的诸多宝贵财富已为世人所安然享用,但不足以应付当今乃至未来的剧烈变化,创新仍将成为时代主旋律,创新者将继续站在时代发展的舞台中央领航潮头。这同样赋予学科崇高的使命担当且更为沉重,因为学科的知识专业生产性,但知识却又是人为发现探索的,所以,最终的结局是,学科还会将疑难问题的焦点或者解决问题的核心定位在人之上,即全力培养足以胜任此项重任的一代新人。

(一)关系协调的现实困境

学科是不断变化的,学科建设推动着学科所能获取的资源和建立运行必需的体系机制。"学科命运的变化是学术界与其大环境之间复杂关系的又一个体现"[①],而学科是否容易受到外部的影响以及影响的脆弱、强劲与否则与学科的发展周期密切相关。里普指出:"学科之河,事实上,已经到达了

---

① 比彻,特罗勒尔.学术部落及其领地:知识探索与学科文化[M].唐跃勤,蒲茂华,等译.北京:北京大学出版社,2015:200.

它的三角洲,极易被改变路线。"[1]可见,学科的发展很难保持其传统的独特性,所以一般我们是将其描绘成界限分明且较为稳定的实体,这提供了观窥学科的便利性,但必须承认学科时刻受到各类因素激发的变化影响,时间同样是其中的要素之一。与此同时,研究生教育也存在一系列困扰的根本问题,如研究生教育的目的是什么?除了培养人力资源外,研究生教育通过科研或教学辅助,在提供保证大学科研和教学使命所需的人力方面应该发挥什么作用呢?现行的研究生教育模式在何种程度上适合于研究生可以获得更广阔的职业?若指向研究型大学,研究生教育和其他高等教育的关系是什么?[2]为了应付这些有时看来是不可预期的挑战,我们需要考虑在各个层面上可能采取的行动。如此发展变化的精彩纷呈让受到影响的学科建设和需要持之以恒发展的研究生教育从实际来看,逐渐产生了不少分歧,尽管两者在表现上、在世人眼中还是比较和谐的。具体体现在如下三个方面。

其一,目标行为短视化,缺乏持续性的生态综合观,缺少环境自我。学科建设的高水平或者拥有高水平的学科意味着能够占有较为丰厚的资源,对于从事学术研究的群体而言,对专业性的追求和对学术身份的追求是不可分开的,最重要的往往是学者们能否在所研究的领域里得到共同体认可。简单的一个问题,众多的学者们从事学术研究究竟意欲何为?是为了人类文明的延续,是为了社会发展产生满足需要的创新知识,还是出于个人的私心与私利,或是为公、为私或公私兼顾,等等。问题的答案或许大多是比较冠冕堂皇的,但不应回避的是先私而后公的客观比例。因为,在多数时候,学者们是需要通过付出努力并发表自己的研究成果来不断积累和赢得学术声望的,获取必要的学术通行证或合法授权,之后成为学术圈子的领导者,继而升格为令人敬仰、推崇的大家,有更多的话语权和学术决定权,谁都希望有机会占据权力(学术或其他类型)的高峰。故而,资源在隐含中被作为评判个人能力的标准,也会成为学科建设成效的参照系,如高端研究平台的竞争性获取、学科声望名号的权力赋予、高级别项目相互支持获批、评审专家成员的参与高频度等。很难说,有些资源是完全基于客观公正与公平的综合评价立场获得的,是绝对的公正公平。这种资源质量的标准参照让学

---

[1] 比彻,特罗勒尔.学术部落及其领地:知识探索与学科文化[M].唐跃勤,蒲茂华,等译.北京:北京大学出版社,2015:200.
[2] 杜德斯达.21世纪的大学[M].刘彤,屈书杰,刘向荣,译.北京:北京大学出版社,2020:91-93.

科建设多了形式面的追求,超过了对内涵本质的体现,一些行为如想方设法引进高层次团队和人才、竭尽所能争得高端平台与项目、必要时借用其他学科的成果和资源充数应对、追求学位授权点的数量和等级以呈现学科发展成效等不时出现,导致过程中那些容易显现的成果成为学科趋之若鹜的行为优先目标,虽然其中也会有一些学术容量或团队承受能力的考虑,但在有利"大局"面前则变得可有可无了。至于是否有利于建立学科发展的良好生态体系、是否符合学位体系发展目标、是否增进人才培养内涵、是否有必要转入学科治理阶段等关注得较少。按照波普尔"三个世界"的理论[①],学科属于物理世界、精神世界和客观知识世界中的第三个,即知识世界。作为知识世界中的一部分,按理学科及其建设是有着自己的行为逻辑和见解主张的,即"学科应该属于它自己",但实践中这种理解显得苍白而无力,就如同人一样,真正只是属于他自己的人是难以存在的。所以,学科若想仅仅属于其自己,这是不可能成立的,但学科应该属于谁呢,或者说建设学科应该由谁来主导呢?伴随大学的科层化和学科的制度化强化,学科早已不再是大学的学科,落在了学院或系科层面,当然这种选择也是不错的,因为将学科提升至大学层面即学科是大学的学科,反而不会那么便利和有效。故此,学科不能缺乏自我,需要有系统、持续的生态发展观,合理追求顺其自然的显性效果,却不能异化为短期近视行为,不然将会导致建设学科过程中普遍的浮躁心态以及急功近利的行为,这将直接影响到研究生教育的质量,因为学科环境变了,行为取向变了,还希望研究生教育保持独立于学科之外的教育生态而不受丝毫影响,这是不可能的。结果是,学科在执着于形式规模化的发展进程中产生与研究生教育内涵发展的客观矛盾。

其二,差异性功能错位,科研与教学并行立场摆位,践行混同。建设学科或发展研究生教育说到底是为了大学的卓越发展,因为学科可以通过提升科研水平增强大学核心竞争力,研究生促进大学满足社会高级人才培养需要并增强大学声誉,两者有着异曲同工之妙,所以,应当有一些前瞻高度和融洽思维。但是,当对大学由此两者存在产生的变化实质进行思考时,我们应当记得,改变通常源于高等教育的内部(比如自然发展)或者外部(比如政治的革新)的因素。变化的实质可能就是一个持续发展的过程或是一个突变的过程[②]。为此,我们需要关注大学的变革与知识的生产过程变化,需

[①] 波普尔.客观知识:一个进化论的研究[M].舒炜光,译.上海:上海译文出版社,1987:164.
[②] 坎特维尔,科皮伦.全球化时代的学术资本主义[M].殷朝晖,译.北京:中国社会科学出版社,2018:33-36.

要重点关注大学的科研和学术以及"对以学科为中心的大学文化和结构进行基本的改造"[①]。由此可想,大学生存的环境已经发生了重要变化,一些因素如国家自主创新战略和优先发展对象的改变、知识流不循常规的转向、大学本身特性的演化等都对其使命责任提出了这一时代新的要求,这些变化不论是可见、未见或是重视、有意疏忽都已对大学的学科建设和研究生教育产生了直接冲击,无论是否已意识到,都带来了差异性功能错位,毕竟两者的功能有明显差异。如何理解呢? 因为"教学与研究的联合生产——学生和教师的学习的联合生产——界定了现代大学的本质"[②],学科本质指向知识生产的学术研究功能,研究生教育则指针学生研究能力培养的学科教学属性,这便论及到科研与教学的并行或结合问题。随着高等教育普及化的推进、学术资本主义的全球兴起以及知识生产模式的划时代转变等,把学术研究与教育教学融为一体的做法正越来越受到挑战,虽然至今仍是大学的重要职能之一,但研究不再是为了教学而延续,至少研究转为教学的内容比率已经不那么多了,教学的研究性似乎也不再是为了提升其培养内涵,甚至缺少研究性,两者好像都受到一种力量的驱使脱离了原有的视野,有些渐行渐远的味道,通俗地说就是两张皮,即便想方设法融合为一体,但收效甚微。相反,却朝着令人羡慕的名利场比如市场、声望等奔赴,研究与教学的天平产生了失衡,是坚持科研为重,还是教学为先?"科研与教学的结合是大学至高无上而不可替代的基本原则。"[③]但是,这一原则目前看来正受到严峻的挑战。现实的学科建设包括围绕学科引进人才、建设高端平台等,都极为重视科学研究和产出高水平、标志性的研究成果,重赏之下必有勇夫,奖赏的也一般是那些科研能力强的优秀人才。对于教师同样有严格要求,而有能力的教师也更愿意通过研究让自己得以尽快提升,如申报各级各类项目、发表一些好文章、参与社会服务项目、将自己拥有的学术资本变利等,这比长期教学对学生的潜移默化作用来得更加实用,毕竟教师是社会人,生存与发展是首要的。所以,偏向看重科研,但作为教师其教学又不可轻废,于是便在科研与教学之中游离偏移,相互摇摆,结果反而是均不得善终,真正能静下心来专注于科研与教学的精力显得不足,出现摆位。至于培养研究生,如今的导学关系矛盾是比较突出的,教师不愿带学生或出于项目研究需要来培

---

① 杜德斯达.21世纪的大学[M].刘彤,屈书杰,刘向荣,译.北京:北京大学出版社,2020:105.
② 盖格.大学与市场的悖论[M].郭建如,马林霞,等译.北京:北京大学出版社,2020:172.
③ 雅斯贝尔斯.大学之理念[M].邱立波,译.上海:上海人民出版社,2007:73.

养,理工类的导师更是有着找人干活的想法,这样教书育人功能相对弱化了。"如今的研究生课程会令学生们相信,成果就意味着成为一名研究型大学多种著作等身的学者,而不是成为一位卓有成效的教师,或是学术界意外的某个领导人。"①如此这般,实践中加剧了学科建设与研究生教育之间的客观矛盾。

其三,制度藩篱限制,单一与多元属性界限隔阂,本位逻辑不清。建设学科是比较矛盾的,并不像我们仅仅关注行为取向及其有效性那么纯粹。学科作为知识分类体系,由于没有有序、规则的分类框架,在实际应用时也没有分类完善的知识领域,因此,知识分类最终不得不受到更多的限制②,这其中,学科制度起到了一定保障作用。但是,当我们对多数单个学科及其领域进行认真研究时,会发现它们各自都有不同的研究风格与认知特点,若是再深入进行详细的研究,又会发现存在较为危险的误导性。换位思考下,学科毕竟是同类学术人员集聚的"家园",代表着学术共同体的专业特性,认同某一价值观、追求共同的目标、遵循共同的行为方式、恪守共同的行为准则、承认共同的标准,在某一范围内进行学术活动。③他们依托着某一学科知识领域,栖息于该学科之中形成"学术部落",通过学科建设活动谋求强化本学科部落,圈定特有的"学科领地",并极力扩展领地范围和划定领地界线,有时会派出"袭击"队伍,有时会为了双方利益缔结联盟并建立友好关系,寻求"和平"避免"冲突"是主旋律。要想被学科所接受,"要被接纳为学术职业特定部门的成员,不仅涉及足够的专业技能水平,还需要忠实于自己的学术群体,并遵守它的各种准则。"④所以说,建设学科需要专属性,需要精确性和明确性,需要成员的忠诚与敬业,这十分重要,即便是必要的跨学科合作,也不能成为跨界的硬性理由,"由于学科互涉交流的明确性与解决问题的方法,或意义创新,最为重要"⑤。而与研究生教育相论,却不能做到如此单一,因为人才培养的复合性要求,需要多元化培养研究生,既要让学生群体深入本

---

① 纽曼,科特瑞亚,斯葛瑞.高等教育的未来:浮言、现实与市场风险[M].李沁,译.北京:北京大学出版社,2012:54.

② 比彻,特罗勒尔.学术部落及其领地:知识探索与学科文化[M].唐跃勒,蒲茂华,等译.北京:北京大学出版社,2015:44.

③ 熊庆年.高等教育管理引论[M].上海:复旦大学出版社,2007:148.

④ 比彻,特罗勒尔.学术部落及其领地:知识探索与学科文化[M].唐跃勒,蒲茂华,等译.北京:北京大学出版社,2015:56.

⑤ 克莱恩.跨越边界:知识 学科 学科互涉[M].姜智芹,译.南京:南京大学出版社,2005:210.

学科的专业领域,掌握精粹的学科知识和本领,获得该学科共同体的承认,比如至少所获的毕业与学位证书上会标明学科属性,这算是一种学科认可,也需要跨学科边界的互涉能力培养,至少为了研究和学业的需要,可以借用其他学科的原理、方法和成果等,这不能被理解为是一种跨界或"背叛",反而即便是该学科的共同体权威也会要求这样做,何况为了解决社会发展中的许多现实问题,需要联合多学科的力量协同攻关,跨学科性的综合研究于是成为了必要的组织运作模式。学科研究姑且需要如此,那么基于特定学科的人的培养为了全面发展的教育目的,更不能完全从学科本位出发,"研究生教育的发展是一个动态的过程,它遵循由知识、学科、社会和创造四种逻辑组成的'钟摆定律'"①。过于强调单一学科的本位和逻辑,对此混淆不清,对于培养符合当今时代的创新型人才是不利的,更勿断言尝试跨学科的研究生培养,天然的制度藩篱首先会成为阻碍。

(二) 协调关系的理性处理

如此深入其理的探究学科与研究生之间的现实困境,自然是为了破解两者的关系障碍,建构起和谐融洽的发展之态。学科建设是大学发展的战略之举,研究生教育是大学的中心任务,围绕中心绘长远之策,服务中心尽善谋之力,彼此是有着协调发展必然要求的。但相对而言,双方绝不是你中有我、我中有你的完全糅合状态,学科有独特的学术性和对社会期盼的应答,研究生有独有的培养性与社会需求的响应,虽然可以借由知识的中介形成联通,但仍需保持在一定的运行空间中,即独立性要比互通性更容易展开对话,也便于建构理性的认知,因为目标任务本就有显著差异,一个指向知识创新,一个指向人才创造。可又因为知识是人才创造的,培养人才要求灌溉新知识,因而需要相互扶持性的融合。如何实现,要着重把握好以下几个关键点。

第一,提升内涵品质,着力丰富学科与研究生教育的内涵。"工欲善其事,必先利其器。"追求外在形式的美化终抵不得由内而外显露的涵养之美。作为研究者、管理者们时常提起的一个耳熟能详的代名词,内涵对于研究生个体特征塑成和学科建设要素的优化重塑作用都非常明显。提升内涵是事物发展的客观要求,需要对事物现有状态进行收集、分类、比较与参照,在过程中表达出理想状态和现实状态之间的差距,再经由理念的导引去找寻缩小这些差异的方式,尤其是推动事物内部核心的组成结构变化,继而由之引

---

① 刘贵华,孟照海.论研究生教育的发展逻辑[J].教育研究,2015(1):66-74.

发其他组成部件的随动改变,增强联动"组件"的耦合顺滑。毕竟,内涵提升是关乎整体的实质性变化的,是品质的提升,也需要实现与以往的状态显著不同,这单靠内部驱动难以实现,外部力量传导必不可少,当然核心主导权还在于内部的向心力与绝对实力的综合作用。若将这些用在建设学科上,强化内涵提升就要求对学科构成要素与对应的学科内部环境进行质的改变,增添单个要素的附加属性或附属能力,甚至必要时调整既有要素,从而使得学科表现出新的环境应激状态,一些比较急切的做法是不断"加料",使之堆砌以达到量变与质变转化之要旨。这归属于器之改变,可能不得要义,但确有其效。然而,善事借以利器,却要有谋器善事之强工者,即要特别重视加强人之改变。为积极适应学科环境与结构要素的变化,学科共同体成员要顺应形势而变,特别应关注的是成员身上会因时间流转"滋生"出的惰性、庸散或俗套,即便是实力强劲之人,若不是要求时刻绷紧力量之弦,也会缓于久困之劳。何解呢?"加压"抑或是"减负"?怕是不能轻易左右而顾之。

如今,我国大学的学科建设虽然看起来风光无限,一派欣欣向荣的盛景,但成员的努力付出与取得的实质成果并不相符,两者未形成正比关系。问题的根源呢?有管理方略上的,有理念思维上的,也存在制度机制上的缺陷。所以,面对新的形势要求,大学建设学科必须有新思维、新理念和新策略,将内涵建设作为学科发展重中之重,并不断赋予新的时代内涵,在历久弥新中形成沉淀之美。再者,来看研究生教育之品性。对于人的培养问题始终是马虎不得的,何况还是高层次的研究生人才生力军打造,着实不可掉以轻心,更要强调卓有成效。但是,培养研究生的教育尤为不能落入本科之坑,更不能只维系研究的属性而在模式、做法等上惯常于本科之所为。由于多年来研究生教育规模的持续扩大,甚至一些大学的研究生规模超越了本科生,如此之大的规模让资源承受不可为之重,导致放养式的教育模式或培养模式不得已而为之,让其饱受诟病。期望以分配后的点滴资源去造就卓越的研究生高端人才队伍,显然有些不切合实际。学者们的自律是一回事,研究生们的功利性不可回避,制度体系的适当松弛将是必然的,否则大量的群体滞留于大学而不得善出所带来的影响会是"要命"的,这直接体现的是规模扩张(包括学科规模)与教育质量提升的关系。但话说回来,只有增强了学科实力,促进内涵提升了学科水平,关联研究生教育的研究动态、研究能力、创新平台、课程体系、训练模式等才会有较大幅度提升,这无疑利于教育质量的提高。在规模需要保持恒定的情况下,唯有强化内涵才能获取高质量，就如同农业种植一般，不能光一味地凭借扩大种植规模来实现增产，核心应该在提高种子、土壤质量或优化栽培模式等这些内涵上下工夫，讲求的是精细耕作。

第二，回归本然之径，构建以人为中心的协同创新体系。学科的学术研究进入需要遵从学术部落及其学科丛林的"研究法则"，即以一种比较特殊的方式将学者们的自由探究精神和探索行为诚实不可分离地结合起来。但一般情形是，大学以及学科要求学者们为了发展而提高研究产出的压力渐增，彼此个体为了获得职位晋升或基金资助进行明暗博弈竞争，受制于某些局限因素弱化个人的诚实与气节标准，而在应景世俗和淡然处世中坚守学术之尚德却不得善利，诸类种种，这些现象频繁出现让学科中的人们难以保持平和淡雅的心境，也很难说还能有多少人能够为了"智性美德"（借用亚里士多德提出的术语）尊崇本心，于是学术研究渐渐有些"变味"或"腐化"了。再从所研究的内容分析，学科建设要求解决一些问题，不论是缘于何种动机，然而过程中的很多问题获得及其研究真的是出于学科自身需要或急需解决的本学科"基本问题"吗？其实不然，外部社会或政府需要解决的"难题"，如同平常谈论较多的关键核心、瓶颈、重大（重点）等问题代词一样，这其实构成了学科问题研究的纷繁主题。在这样应用类和政策引导下进行的研究（很多已经不再是学术研究，而归于应用研究的范畴）下，学科的获利不论从何种角度来论都是可观的。但遗憾且需思考的是，这类问题研究的结果及其取得的成果可能有着比较好的现实指导价值（意义），但其中能有多少转化为学科精髓并被充实到学科既有知识体系中，起到延续学科"血脉"的功效？即使这些问题陆续被研究解决了，相关成果能否沉淀为可继承的学科知识，能否在学科发展中留下点痕迹？建设好一个学科，总要留下一些属于自己的东西，以此显示学科存在的价值和意义，这才是学科发展延续的根本。所以，学科建设虽然指向学科的有序规范、高质量的递进变化，却是需要一种持续的信赖去磨炼发展中的稚嫩、磨平不均衡的棱角，在偏移走向的迷失中回归学科探索知识的本真，觉醒知识作为学科核心的本然之道。

声势上，这种回归与觉醒不需要如同远古巨兽从经年沉睡中醒来那般地动山摇，不必唯恐世人不晓采取行动选择的大肆宣扬声张，只要在和风细雨中找准方向稳当调控归位便可，在寂静无声中恰时弄出点"异响"即好。当然，关键是协调处理好人的问题：一方面是要认真研究学科和学科人的学术动向，塑成学科与横向同类的与众不同。研究学科是为了确立突破方向以及方向上的各个作用点,为学科发展找准体现优势的着陆区并且是适合本学科的,重点是放在知识的创新和发展上,核心不是知识的传播与应用媒介、途径。研究学科人则是为了把握群体的学术专长分布特征,便于进行资源整合和力量聚焦。学科建设尤其注意不可力量散乱,保证研究领域和方向相对汇聚至关重要且是前提,具体视学科类别及其发展成熟程度而定,也会存在学术研究与学科人的个性是否需要保持相互的适应这种倾向,这已经受到了学术界的关注。相对发展成熟的学科,不会有太多"无理"的限制,会要求学科人各展所长,尊崇个性发展要求,并提供大量不同的研究方向和匹配资源使相互适应的倾向性得到加强,这涵盖了一系列从软科学到硬科学、或硬科学到软科学等类型研究模式转变所涉及的内容,特别是思维模式改变,因为的确存在着不同学科之间可以相互区别的特色之处,所以可以使人将原先保有的某些特定的思维或研究模式进行"松动",在相互之间进行视个性决定的选择。对于发展较为稚嫩的学科,因来自各方的限制会相对较多,比如管理层面的,要求学科人各施所长并不切合实际,会造成力量分散不聚焦、点多面广各行其道、重点研究难合强劲实力等现实问题,再加上发展处于初期或发展期,资源与条件能否得到足够保证,管理运行机制是否健全完善,这些因素将成为学科建设的掣肘,好的结果是会在若干个点上显现亮色,可若这些点相对分散不成体系,则后期还将花费不少气力重新布局调整。当然,也会因学科的不同在是否需要进行合作研究方面体现差异,比如,在物理学研究领域,因为所研究的问题具有实质性且需要较为复杂和不容易细分的仪器辅助,故要成立大规模研究团队共同完成一个艰巨的任务,如航空、航天等尖端创新项目,还要求各成员的研究工作不可分割,需要有高度的协调性;在化学领域,因为涉及的研究问题小,容易分裂和组合,所以可以将问题分解,由不同的研究者独自击破,再将完成的任务合并起来得以解决问题;在语言学或社会学领域,合作则又是另一种解释,许多学者偏好于独自研究,胜过团队合作研究,这说明他们内在有着一套稳定有效的认知判断标准,具有专业发展上独特的研究个性,即便是有着一些合作研究,往往是基于实证研究任务的分摊,而非分类学上相应理论的阐释,这一过程是很难与其他人一起合作的。"在纯软科学知识研究领域,虽然有许多不同研究风格、研究兴趣、研究课题,有时还有许多不同的理论方向,但合作研究不是一般规则而是例外,出现分歧和出现相同观点都一样常见,这是不足为奇的。"[①]所以说,分类学

---

① 比彻,特罗勒尔.学术部落及其领地:知识探索与学科文化[M].唐跃勤,蒲茂华,等译.北京:北京大学出版社,2015:144.

意义上的学科在进行建设时,要依据其所处生命周期阶段,从创新和发展知识角度"锻造"本学科一定程度的专属性,继而借助学科人的创新力量升华这种专属,从而使学科建设变得有显著差异,学科的生产能力得到提升。

再看另一层面研究生的教育活动。若是强调学科建设要引导人才培养回归本位,那么常规的理解是强化教学在其中的育人作用,如导师给予教学更多的重视、先进教学理念的引入、教书育人机制的健全完善、科研成果转化为教学资源的供需矛盾解决、优质资源对人才培养的倾斜供给、培养计划优化与课程体系设置等,简单理解,即要把科研与教学密切结合于研究生教育中。但是,困境在于就学科的科学研究而言,比之人才培养效果更容易量化和直接衡量,通俗地说更加实惠些,而人才培养具有滞后性、隐蔽性等特点且是一项需要久久为功、持续用力的系统工程,这虽然符合教育规律和研究生教育的规律,却不匹配人们的教育经济规律,即希望以较低的教育成本快速获得足够大的投资收益。研究生教育不是义务性教育,是一项个人投资性教育,结果便是学科建设的重心放在科研业绩的努力追求上,对于学科培养人的功能重视度不够,或者将培养研究生作为获取更多研究业绩的便利条件。那么,是否需要遵从"人的法则"呢?理所当然,因为知识创新需要研究生高端人才,创新的知识和学科优良传统需要研究生传承,两类过程都离不开人的中心作用。理想状态下,学科的发展与人才培养之间是共生互动的关系,突出学科的优势、产出能力与坚持人才培养的高质量、特色性应是一体化且相得益彰的。研究生教育以研究为人才培养特质,强调研究生的创新精神与实践能力培养是核心,最终培养出具有较强独立研究能力的合格研究生是根本目的。现实的大学将学科建设的许多精力用在成果的内外产出上,令学科取得让人瞩目的成就,也因此成就了学科的社会地位。学科会试图通过社会承认或社会重视将其跃升至学科共同体的带头学科或中心学科,并在大学的学科体系中争取更多的学科荣誉和获取更大的学科声望,这让学科之间永远存在激烈的学术竞争与价值冲突而不至于停滞不前。发展中的学科自然要求其中的教师加强科学研究,提升学科生产能力并积极参加社会服务,促进科研与教学相通,这客观上有利于培养研究生的创新精神和研究素养。另外,如前所述,学科会形成自有的优势和特色,这既需要在对外的社会服务中彰显,也要内化为培养研究生的教育资源,让学生们受惠于学科发展的成果,共享学科创新带来的便利,从而实现学科建设与研究生教育的协同互动,建构起以人为中心的协同创新体系。

第三,加强压力传导,在契约中以交叉实现跨学科培养。伯顿·克拉克认为,知识的膨胀和随之而来的学科急剧发展,以及学科又发展成为学科分支,这也许是近年来最重要但经常被忽略的影响高等教育的因素,它增加了高等教育系统的复杂性,事实也证明其影响要比大众化和市场化更为有力。这些变化对处于其中的学者和求学者们的影响是实质性的,虽然彼此的关系是动态的、复杂的且不是紧紧联系在一起的。应对这些变化要求把握好三个关键点:一是适当加压与顺畅传导;二是恪守契约精神;三是开展跨学科复合培养。

首先,要以适度的压力激发动机与活力。从事研究工作,无论是将其作为人生职业还是学业成就的获凭条件,每个学科都会有清晰表明的立场与主旨,承担研究生教育的机构和承担培养任务的学科可以为此提供学生"自主发挥创造力的空间""自由支配研究进行的条件"以及"反复训练增强的能力"等特别机会;不同的学科领域会要求相应的研究者具备不同的学术素养,比如,工程师懂得如何熟练操作,物理学者知晓世界物质如何变化,社会学研究者感受社会历史的发展变迁,语言研究者要求精通本领域知识且又能欣赏其他文化,等等。这就要求教育的话语与学科的话语要极力保持在同一频道上,要将学科对进入其群落的研究人员质量要求切实转化为对研究生的实质教育培养目标及其能力要求,并对培养的研究生提出不低于基本水准的高标准,施加一定程度的压力,认真遵守学科的规则,以让他们能够抛弃过程中一些杂乱的想法和随心所欲的行为,针对所主修的学科专业潜心研究,实现个体知识和精神境界的提升,而非硬性作为一项任务来完成,强调激发个人的研究兴趣和培养钻与尖等能力。所以,需要传导压力,以压力形成动力激发潜力。

其次,在良好的契约关系中建构平等和谐的师生关系。犹太人千年流传着一句名言,"遵守契约,你将得到的不仅仅是尊重。"契约是先于规定的,是平等主体之间达成的自由意志的合意,具有善良的本性和诚信的导向,意味着需要构建平等的人与人关系,双方按照既定的规则忠诚地履行应尽责任。契约精神则是在契约中体现和蕴含的精神,有着自由、平等、诚实、守信的内涵特性。认真履行契约关系、恪守契约精神,可以增强成员之间的信任度,有效化解和合理解决过程中的问题与纠纷,建立良好的社会道德风尚。学科建设中,存在学术生涯已经位处精英位置的学者们,一般人的学术质量则由他们作出评判,虽然可能不是正式的给予身份界定,但会以"圈内"评判标准甚至是个人喜好进行操作,从而施加巨大的影响力。年青的学者们一是希望得到这些学科前辈的悉心指教;二是希望通过自己的努力在学术生涯中有所斩获,其研究成果能对学术知识的积累具有贡献并因此得到承认,而他们要做的是必须遵守那些"学术守门人"制定的标准或潜规则。即便是一些杰出的教师们因出色的研究受到了一些特殊的礼遇,也不会因此左右团体的价值与标准,故而,这些学术权威的评判在维持了学术整体水平的同时也认可了个人的成就,这也就是平常所说的"同行评议"原则。但一个显然的问题是:若是没有明显契约关系的约束,那些已经享有声望的学者往往会以牺牲缺少名气的人的利益为代价或要求这些人付出更高的学术成本来换取自己的特权,或者借由自身所在的"学术网络""专家圈子"等来施加无形的影响。在学术规范准则和具体操作标准之间是各自有不同的参照框架的,即便是两者存在相互交叉的部分由此产生必要的联系,实质上,在各个学科里,每个人都会自发地形成一个内部的圈子和外围的圈子,以此建立密切的学术交流和人际关系,在陷入学术困境时施以援手或在需要时得到符合要求的回报。所以,能够做到完全客观且公正无私的评价是非常有限的,更是难能可贵的。建设学科有了强烈的契约精神加以约束与维护,自然会将这种风气延伸至研究生培养的全过程,进而形成符合期望的和谐师生关系。关系和谐了,师生彼此之间的交流和付出多了,这对于研究生教育整体质量的提高将变得更为有利有效。

最后,增进交叉融合理念的深植,实现研究生跨学科培养。大学、学科和研究生这三者需要在相互关联中独立地看待各自的存在价值,相互间有着张力与逻辑的和而不同,甚至必要时做到相互背离。学科的逻辑是分裂主义的,主要是精细化知识的分化与组织建制的过程,无论从何种学问层面分析,都具有理解上的合理性,比如从心理层面,强调学科知识的更加精细化,这符合人类认知的一般规律;从社会学层面,知识被划分为不同的细节分支是符合学科组织化要求的;同样,再若从经济学角度看,学科越细化,学科组织越小,学科内部共同体的认同度就越高,由此围绕知识而产生的交易成本便越低,效率也会因此更高。而大学呢,以高深知识的生产与传播为主要目的,"被人为地划分为不同的学院和系别,各种学科的学科活动经由近似的职业圈子,并未划一的标准化业绩指标所推动。"[①]因

---

① 齐曼.真科学:它是什么,它指什么[M].曾国屏,等译.上海:上海科技教育出版社,2002:33.

此,大学强调多科性,要求学科之间融通和知识的系统集成,也强调综合性,但却不是基于学科汇聚或整合相融而成的综合性大学,逻辑上仍是基于多学科主义的分科大学。大学和学科的这些属性关系再放之于教育或人才培养方面,显然,学生的培养需要的却是诸种知识的集合,只有通过多学科的知识才有可能培养出全面发展的人才,况且人类面临的复杂问题也不是任何一门学科能够单独解决的。故而,回到主题上,尽管学科建设可以追求运作的精细化,秉持对知识和组织的分裂主义思想,但涉及研究生教育时便需要突破学科的制度藩篱或疆界,强化协同创新的引导作用,而且社会发展需求和现实问题解决同样对此有专业化要求,交叉融合成为不可阻挡的趋势。为了适应这样的交叉融合趋势,需要从多方面入手,如课程体系设置、跨学科研究平台设立、产学研合作等,需要注意的是,跨越边界的举动已经成为知识生产和应用过程的一部分,不是一个外围事件,特别是进入21世纪信息网络技术发展带来的开放融合程度之深,所以,教学、研究以及服务社会等工作不再是简单的学科内外部的问题,既存在于学科之内,也在学科之外。学科的"新领域中兴趣的不断增加产生出新的知识范畴,他们填充在已有学科之间。兴趣的延展产生出新的知识领域,它们将现有的学科聚拢在一起,来研究更为复杂的现象。"[①]这些又让依托学科存在的研究生教育有了更为丰富的专业领域与社会事实的研究溯源。

本章小结

作为大学建设的两大重要任务,围绕人才培养中心,学科建设与研究生教育相辅相成,通过中介的学位点架起互通的桥梁,存在辩证统一的关系,并成就对人的培养的核心关切。但在发展中,研究生教育的质量却有着多面的立体呈现,认识上的不足让其陷入了现实困境之中,需要回归质量本身而论。这需要建构大学的学科建设与研究生教育之间的协调关系,由现存问题出发,理性处理双方的关系以及由此形成的千丝万缕的牵连。为此,要从内涵品质、以人为本和协同创新等方面着手,促进学科建设与研究生教育协调关系的建构。

---

① 克莱恩.跨越边界:知识 学科 学科互涉[M].姜智芹,译.南京:南京大学出版社,2005:51.

第八章　变革时代的地方大学学科关系论辩

今天,我们所处的世界正经历着一个充满戏剧性的社会变革时期,人类最能预见到的特质就是这些改变充满着不可预期性。明日的今时和今天的当时不会相差无几,急剧的变化会让人们感叹世界的变幻莫测,并以比较理性的心态谨慎对待之。高等教育领域同样正进行着翻天覆地的变革,且有着回归本然的初心和追问,但与以往明显不同的是,层出不穷的新事物、新观念和新思想冲击并要求作出改变是其一,按过往需要几个世纪才能完成的改变在现如今只要几年甚至极短的时间便可完美实现,此为其二,这真的是一个令人振奋、激动人心而又快速前行的新时代。若任何人拒绝接受这些新的变革、拒绝适应新的现实,将会被无情淘汰。对于大学,抑或之中的学科也是如此,必须务求保留其核心价值中最为珍贵的部分,传承过往的优秀与精髓,更不能为此而"啃老本""打消耗战""坐吃山空",要顺应时代变革积极开拓新的道路、找到新的突破和寻求新的创造,以热切地回应迅速发展的时代所带来的机遇与挑战。

今天的我们"正在目睹高等教育在本质上产生的巨大转变,这个变革不但发生在美国,而且在全世界都在发生。因此,我们需要在大学的内部进行更深层次的反思和更大的努力"[1]。要解决的核心问题是重新审视新时代的我们应该做什么、应该怎样做。我们会因此变得更加持续进取,擅长萃取技术精华,主导结合传统精神所带来的理念、认识、体系和价值等巨大变化;要为此变得更加宽容善待,因为时代不再是你中无我、我中无你,在客观需要拉近你我的同时,催动建立起同社会各种支持者的相互关系,彼此的关系可亲可疏,全凭个人喜好取向,而可供加以选择的方案是多样化的;要对此更加愿意主动推进新的尝试,技术支持着,发展决定着,时不我待,没有理由再故步自封,也是为了从更高角度俯瞰这个世界。"人并不是被决定或被限定

---

[1] 杜德斯达.21世纪的大学[M].刘彤,屈书杰,刘向荣,译.北京:北京大学出版社,2020:7.

的,人可以决定自己的命运。"①如果我们不能及时地改革我们的组织和行为,当变革的力量转瞬即到且这些力量吸引了大量的竞争者蜂拥而至来抢占资源、机会和地位等,那时再动便显得有些迟了,我们就会发现转而再去思考转型跟进、奋发有为、章法随变甚至应急实施等已经失去了获取优势的良好先机了。

  我们的大学是什么,学科在大学中又应该做些什么呢?作为"一种明确自己使命并在使命驱使下采取有理性之行动的极其重要的社会组织"②,大学以什么作为使命呢?"开拓新领域和拓展旧领域从大学诞生之日起就在不断挑战着大学"③,这种领域的知识追求和科学创新的重任赋予了大学的使命之一,大学强烈的社会性还另被赋予人才培养与服务社会的使命之二,两相结合归纳起来,即大学具有生产知识和社会服务的双重使命,因而会变得更为重要。"一个办学有成效的大学负有明确的和极其重要的使命"④。反过来,"重要的是大学应该重新认识其使命,使大学活动真正发挥应有的力量。"⑤这些让大学组织有了整体性和统一性,让其成员具有强烈的历史感、责任感、目的感、归属感和高度的凝聚力。理想和使命也让大学能够快速地适应社会的变化并作出一些根本性变革,所以大学才能一直保持着生机与活力,才能保持着与社会的密切关系。社会信任并支持大学及其所进行的各项活动,作为一种高等教育机构,大学的目的应该是让"几乎所有的人都接受高等教育"⑥,这是让大学在历经近千年(从公认的12世纪出现时计算)的复杂多变的人类社会中得以成功存在和发展的主要原因。在一个比较稳定平和的社会中,大学忠诚履行着自己的使命是相对容易的,可是,在变革的社会中若是这样做却并不容易,因为社会越来越复杂,关系越来越交错,相互依存度不断增强,知识的发现、传播和应用等都是革命性的、战略性的,要在深度把握创新的知识时代意涵中,去成就更为长远的未来。而当我们努力迎接即将到来或已经发生的变革时,进而思索如何探寻未来的发展前景,有一点尤为重要,即重视大学及其学科的作用,大学是我们作为依托迎接面向未来及其环境变化的重要阵地,通过学科的学术研究不断产生新知识。反过来,微观的学科学术研究又改变了我们所能接

---

① 马斯洛.马斯洛人本哲学[M].成明,译.北京:九州出版社,2003:132.
② 眭依凡.理性捍卫大学[M].北京:北京大学出版社,2013:25.
③ 盖格.大学与市场的悖论[M].郭建如,马林霞,等译.北京:北京大学出版社,2020:56.
④ 博耶.美国大学教育[M].复旦大学高教所,译.上海:复旦大学出版社,1988:73.
⑤⑥ 加塞特.大学的使命[M].徐小洲,陈军,译.杭州:浙江教育出版社,2001:4-5.

受的教育内涵,以宽渠道的作用方式改变着所处的社会和环境。源于学术使命和崇尚价值的传承活动充满着活力,并延续着精神与文化,平衡着寻求变革的趋向性。

回到大学的类型上来讨论这种平衡。在众多已知类型的大学中,地方大学是生力军,但地方的区域限定又显得理解比较宽泛,一般认为由非中央部委主办且省、直辖市、自治区地方财政支持的大学归属于"地方大学"范畴,这其中不乏诸多实力雄厚的知名大学。若从类型上区分,冠之以"大学"名称的学校自是不必言说,国家对设置大学有着明确的评定标准,能够升格为"大学"的都是一些办学历史悠久、综合实力强的佼佼者,还有一类即真正意义上的地方学校,一般冠以"学院"为名,这类学校多为原有的专科升格、院校合并、转制等而来,是实质立足于相对有限区域的地方,秉持"地方性、应用型+"的办学定位。普遍的现象是这类院校虽然有着大学的风采,但毕竟距离国家规定的大学设置标准存在差距,综合实力自是比不得大学强。如今,这类学校中有不少通过努力建设实现了博士或硕士学位授予单位的飞跃,向着大学的发展迈进,这一方面体现了他们对办学内涵提升的持续重视,另一方面彰显了学科建设在大学发展中的重要推动。学科建设既要有不畏艰难、奋勇向前的不懈动力和强劲魄力,也要有高瞻远瞩的战略洞察和论学问道的理念坚持,还要在大学固有的职能运转中寻得适切的平衡点与关注面,进而体现这类大学的功能属性。显而易见,若是能够赶早重视学科建设,以发展战略眼光及早谋划,并在理念思维、资源配置、行动部署等方面实施"早鸟行动",学校的发展将会走向同类的前列。这就好比在同一赛道上行进,有的人身肩重任或自我加压,眼望目标前方,佝偻着身躯艰难前行;有的人胜似闲庭信步,彼此谈笑风生中碎步慢行,不时还夹杂着"斜视"的目光,笑看他人;有的人不急不躁,步伐稳健,不时前后张望,既不猛超也不落后,保持着较好的前进频率;还有些人则自娱自乐,任尔风吹雨打,我自淡然处之,种种现象呈现。所以说,即便是办学定位于地方性和应用型,也并非完全限定了诸类大学对于学科建设的学术路径走向,关键是对待学科的态度以及建设学科的行动取向。何况,反映大学的核心竞争力或综合实力的硬指标还是较鲜明地彰显在学术能力上,离不开学科的功绩。办学定位也在某种程度上规定了学科的应然或可取之径,即更多地强调应用于社会服务,更好地拉近了大学与区域之间的关系,提出了学科连接区域发展密切联系的客观要求。

需要注意的是,我国地方大学办本科教育年限大多已在20年,从升本新建到新型转向再到应用科技(技术)等的转变,长期以来的专业主导地位和专业人才培养模式改革的理念思路未能形成对学科足够的重视,出现或象征性建设而不持续跟进,或认识不透而以专业替代,加之以往大环境影响对学科少谈甚至避而不谈,学科建设曾一度陷入低谷。诚然,那些重视学科建设的大学已经步入先进行列或成为这类高校中的佼佼者,但大多数仍在中间处徘徊不前,或感觉上升颇为吃力,受限较多。在汲取这些先进高校宝贵经验的同时,关键在于强塑自身,因为"知己知彼,方可百战不殆"。

一、时空转变激活学科关系链接

大学和学科之间的关系决定了地方大学需要由传统的重视专业建设深度转向学科建设引领。近年来,国内许多职业教育本科大学的崛起进一步加剧了由学科质的变化引发的大学发展质的提升,重视学科是不能回避的。地方大学的发展即便如何定位于应用,如何做足应用文章,若缺乏高水平的学科支撑,大学期望成为地方高水平大学也难免是空话。其中有两个关键问题需要澄清:一是这类大学的学科究竟要做什么,与高水平研究型大学的学科如何体现差别,即便是在知道有着显著差别的前提下;二是如何做才能显得卓有成效,且符合此类大学的特点与特征。这两个问题实际是不清楚的,由此导致在具体建设上"无从下手"或者"东一榔头西一棒",成效并不尽如人意,推进更是迟缓甚至迟滞。究其根源,还是理念或思想认识方面的原因。

在前述章节,已经部分讨论过学科与专业的重要性问题。之所以又一次提出,是针对地方大学属性特意为之,因为在这部分群体身上表现得尤为明显,而且较为明显的存在时空变迁的演进,即过去的重专业和今天的学科专业并存,会时常较为笼统地将两者混为一谈,甚至仍旧以专业思维来主导学科建设,对学科统领地位的确立都还有些犹豫不决。毕竟,学科与专业是有本质上区分的,即便两者有着知识互动、资源共享和人才培养等共通性,但侧重点截然不同。学科建设通过要素资源的累积和激发学科成员的潜能来促进知识的发现,专业建设强调知识的传承延续并转化为培养人才的载体。两者要求有着一体化共进退的思想,不可截然相对,也不可有意分隔,应相互支撑,不论是在跨空间、跨时间的变化中都应努力坚持。至于实现学科专业的综合性发展缘由在于,学科对专业具有强劲支撑和拉动作用,发展学科可以凝实专业,增加专业共性中额外的价值增值实质,从而塑造出专业特色与优势;专业建设可以提出资源需求索引,借助学科的学术优势集聚资源,也要求学科将成果转化为专业教学资源,从而补充专业的内涵实质。

其一,专业建设需要保持感性的执着。因为需要师生对专业建立起强烈的认同感,要求师生之间构建和谐的情感关系,更要用以情化人的方式尽心尽力培养人才。对于专业课程体系的设置以及围绕课程知识输出的教师教学模式选择、学生学习模式习得和过程条件的匹配等,是专业一贯坚持的基本活动,甚至要将其作为优良传统延续下来。过去,地方大学完全立足课程知识的传授建立了专业有效的输入和输出通道,并保证教育教学过程的同频传导,让学生充分接受专业的职业教导,并在历经四年左右过程的积累中成长为社会所需专业性人才。但前提是,过往的社会民众接受高等教育的比例不会像今天如此之高,过去奉行精英教育的15%毛入学率集中在少数优秀子弟群体中,到现今高等教育毛入学率已经达到50%以上广泛铺陈于社会大众,这带来的是社会翻天覆地的变化,很多固化的事物都为此而改变,也体现了人类文明的进步。而今,专业所面临的形势和改变让其受到了严峻挑战,挑战倒并非来自管理和教职人员,而是来自学生。他们已经在某些方面大幅度地融入了这个时代,成为信息或数字时代的成员,很早便介入生活在充满可视、交互和富有活力等特征的媒体世界中,并以个体参与和个别实验来学习,这种自主把握、互动交流和自我选择的过程是学习的新模式,面对密密麻麻的文字或符号他们可能困乏或甚觉无趣,而当亲身参与时则感到轻松自如。

新一代的学生精通技术,会对感兴趣的东西自我摸索,倾向于发现或选择更适合其学习、为通过专业课程考核、为获取学位以及为未来做准备的新模式。这样的现实变化要求匹配新的教育教学方法。我们大学里的专业教师们是很努力的,他们会根据时代教育的变化,在教育教学、课堂讲授、知识融会、教法创新等方面作出及时调整,已经较好地改造了自身的专业教学,也比较充分地利用了时间,还在学校和学院的安排下从事着力所能及的专业建设工作。比如,今天的地方大学,围墙内的教师们仍在花费不少的时间、精力主攻专业人才的培养,搞好教学和培养专业人才是他们的主要任务,也对此比较满足。这种直观层面的总览是比较感性的,因为其反映的便是地方大学的真实写照。

其二,专业建设需要学科建设增强理性成分。研究是学科建设之本,是学科发展之源。通过有目的的建设,遵循学科内在客观规律,集聚学科团队实力,依托项目、平台和资源等条件,加强交流与合作,不断提升学科水平发展。过程中,通常要把握好三类逻辑:一是知识的逻辑。学科是系统化组织化的知识体系,无论是考虑知识体系完善还是解决复杂社会问题,发展学科的内在要求是实现知识的系统化、制度化与创造性,落在知识的生产与创新应用上。二是现实的逻辑。英国著名学者托尼·比彻将知识领域分为纯硬科学、纯软科学、应用硬科学和应用软科学四类[1],由此划分,一来学科要服务于国家、区域和学校自身发展,外部需求引领学科前行,学科成果服务内外需求;二来学科大体可分为基础和应用两类,基础学科着眼于解决人类对世界的认知问题,应用学科则为实际问题解决提供工具和方法,侧重点各有不同;三来不同院校实际情况不同,难以面面俱到兼顾每个学科,需要科学规划设计,合理优化配置资源,软硬合理善待。简而言之,地方大学需要将学科建设作为基础性工程纳入科技创新、促进产业发展、加快内涵建设、建设高质量教育体系、深化学科专业体系改革、推动学科专业结构调整等方面,与经济社会发展同频共振。三是育人逻辑,培根说过,"史鉴使人明智,诗歌使人灵秀,数学使人周密,科学使人深刻,伦理学使人庄重,逻辑修辞之学使人善辩。"[2]人类文明因所创造的多类学科变得精彩,我们从中享受着不同学科领域的五彩缤纷,接受着来自各个学科的知识熏陶和学习养成,并在多学科的接触中习得综合能力。这些丰富的知识和技能既客观存在于我们认知的世界中,被人们分门别类和规制性地学习,也在学科的学术发展促进中不断得以延续,即不断产生出新的知识和技术以供我们持续习得,而且主要借助大学的专业教育教学渠道来实现。我们则像是一块吸附力强的海绵,尽我们的容量和能力吸取着前人创造的养分,大学则提供了最为卓越的"吸水"环境。

学科建设与发展是理性的,也需要理性的坚持,包括理性地进入所研究的学科领域、理性地对待学术研究活动、理性地遵循学科发展的内在逻辑以及理性地产出和转化学科发现的成果等。美国学者苏珊·哈克写有一本名为《Defending Science With Reason》的书,认为科学能造福人类也能毁灭人

---

[1] 比彻,特罗勒尔.学术部落及其领地:知识探索与学科文化[M].唐跃勒,蒲茂华,等译.北京:北京大学出版社,2015:200.

[2] 培根.培根论人生[M].王义国,译.北京:光明日报出版社,2006:201.

类,故此科学需要理性地加以捍卫。坦白说,许多层面的"科学"一般体现在学科之中,是围绕某些学科进行深入创新发现的结果,那么学科也需要理性地捍卫。当然,这与主题所指的理性不是同一个概念,还未考虑上升到关系人类命运前途的地步,更多的是凸显一种理智的思行之倡,强调的是理性选择和循规行为。因为,学科的理性与专业的感性是相得益彰的,学科要求严谨求真和务实进取,专业则要求活泼轻松和灵动自主,虽然在今天的地方大学中两者已经并行不悖,但跨越时空界限来追溯两者的地位关系却并非如此,即便在今天,认识也未能达成高度统一。相较而言,专业建设所需的资源是比较稳定的,学科建设则资源需求无限度,多是学科对资源索求叫得响。为了提升学科水平,大学也愿意倾其力、动其本、费其劲地争取学科资源,以保障科学研究和创新能力。所以,若是从体现的公平与否角度来论,适度提升一些专业建设的地位倒也无可厚非,但这绝非是要将专业凌驾于学科之上,在指向地方大学对象上,两者是并驾齐驱的。客观现实也是,地方大学普遍重视教学,这指针专业;但研究决定大学实力,这指针学科。因此,合理的路径是教学科研型发展并视大学实力提升灵活改变战略。当然,为了弥补资源的鸿沟或巨大差距,不至于学科与专业之间差得太远,毕竟学科水平与专业水平是有着正相关关系的,学科可将研究的成果转为应用专业所需优质资源,在国家对专业建设设定的普适性质量标准基础上,增加专业建设的附加值特别是资源的特异附加,从而让优质的课程和教材多起来、让专业人才培养目标丰富起来、让杰出的学科教授们将成果用起来,再促进专业系统内含的各种模式和方式方法的转变,以此在学科的补充支持中强化专业的卓越性。

其三,基础应用与特色一流之间关系的链接。地方大学的地方性、应用性等要求加快学科专业结构性调整,重点围绕区域服务与应用做好文章,这是可取之径。但是,学科建设理应追求体系的健全完整,强调不同学科的相互支撑与生态建构,包括基础学科、应用学科和交叉学科的共融共生,才能很好地形成互补效应,做到知识理论原理够用、社会需求响应及时、内外合作富有成效。基础学科是本,注重原始创新和可持续发展;应用学科是用,强调实践应用,两相结合才能迸发出璀璨的光彩,而不是谁让位于谁的问题。若学科的基础能力不扎实,大谈对外学科应用只能是空话,或者难以长久。所以,地方大学即便是将目光和发展战略定位于服务地方、服务区域,在建设学科专业上也绝不能忽视基础性的作用(包括传统基础专业、基础学科),而且有些大学在发展之初负有盛名的可能就是那些基础类优势的形成,只是在后续发展中由于偏移偏向加之重视程度不够、人员的流转变迁以及自我意识淡化等多种原因,这类优势传统逐渐淡出了人们的视野。因此,地方大学尤其要支持建设一批自然科学、哲学社会科学领域中有着较好传统优势的基础学科专业,不为这些学科专业能够多高层次地发扬光大,至少有力支持其他学科专业的建设以及夯实科技创新基础,这是可行且必要的。再者,地方大学将立足点扎根于地方与行业,将建设目标与推动地方经济发展目的相结合,才能打牢发展根基,塑造特色与优势,并因此把握好天时、地利和人和三要素的综合作用,优势特色是根本,服务区域的一流是目标。诸类大学可以张扬本身的优势,在融入和嵌合地方发展的需要中力争区域建设的一流,实现有所优为,争得实现服务区域的高地或高原。相比而言,去拼命争取国家倡导的"双一流"不仅不符合实际,大学实力也不允许,反而去获取区域一流地位,对于这些地方大学而言却是能够实现的。

由此,学科建设应强化科学研究,通过研究丰富知识体系,并从中选择组织,有效转化为课程和教学资源,进而推进专业建设,促进人才培养。学科建设与专业建设既相互联系、相互促进,又各有侧重、各尽其能,对于地方大学来说,需要实践两者的一体化建设。

二、审视现实辨析学科关系表现

厘清学科认知旨在强化学科建设的针对性,增强建设实效,毕竟地方大学的资源和力量比较有限。由于大学的特殊功能是将教育和研究实现相结合[1],但大学和学科又各有不同,"从根本上说,高等教育需要的是:学科全力以赴从事学术研究,大学和学院集中力量从事教学和传播知识。"[2]这就要求学科紧密关联研究,以学术研究为中心,强调借助、依托和推进研究。"若我们容许这一探索活动在大学里被削弱,那么所造成的损害将会是无法弥补的,因为这种智力探索活动在其他任何环境中都无法有效地开展。"[3]因此,

---

[1] 博克布.走出象牙塔:现代大学的社会责任[M].徐小洲,陈军,等译.杭州:浙江教育出版社,2001:19.

[2] 克拉克.高等教育新论:多学科的研究[M].王承绪,徐辉,等译.杭州:浙江教育出版社,1994:37.

[3] 博克布.走出象牙塔:现代大学的社会责任[M].徐小洲,陈军,等译.杭州:浙江教育出版社,2001:79.

学科建设需要根植于这种探索,简言之,即强化研究的特定功能。所以,大学及其学院在坚持教学中心过程中,对于学科关键应放在如何有效提升学术研究能力水平和环境氛围营造等方面。诚然,现代大学、学院及其学科组织对此已达成共识,但却在建设学科上显得"左右为难",因为"大学场域是学校中各种复杂矛盾的多元位置之间存在的多元关系的网络,是有形的和无形的整体集合与各种力量的不断重组"①。况且,学校办学定位的天然属性又在某种程度上限定了学科的生长土壤和发展环境,但恰恰是这些因素的交互作用,增加了学科建设的复杂性和不确定性,具体主要表现在以下四类关系中:

第一,校社关系中的"等得"与"等不得"。校社关系即大学与社会之间的关系,强调大学中的各个学科对应于社会组织相互形成的关系。"高等教育作为国家头等重要的事业,其活动原则必须符合国家需要和广泛接受的社会标准"②。因此,作为高等教育实施主体的大学,自然是不可任意性的自由遨游于社会之外,必须承担起对国家和社会负责的使命。对国家负责,强调为国家为社会服务;对社会负责,注重有社会担当和加强文明自律。为了探索真理和发现新知识,大学与学科必须始终保持延续数千年传承的相对独立性,但又必须适应时代要求合理融入社会之中。这样千丝万缕的有机联系促成了它们与社会形成统一体,只有把校园和学科的边界与国家和社会的边界融为一体,大学才会加强对应的关注和服务。对于如今的地方大学而言,与社会的关系如何建构早已烂熟于胸,立足服务地方是出现频次较高的战略核心字眼,即便各校做法不一。应该说,绝大多数的地方大学都热切地回应转向社会、积极变革等所带来的机遇与挑战,依据高度专业的且经过深思熟虑的反思和比较一致意见认同前提下作出战略性变革,且努力抓住时代发展的伟大含义。其间,会出现两类变化需要引起重视:一类是接触社会和与社会保持较高的亲密度,会面临来自大学(学科)外的危险,社会众多的力量并不都对大学抱有期盼正向的态度,他们会以自己的力量、资源和方式等横扫大学,以难以捉摸和难以接受的方式变革大学运行,以此创造出新的教育模式来挑战大学现有的经验、做法和体系,积极的方面当然可吸收进入大学环境中,而消极的方面会有渗透和疏漏且还会影响我们所处的社会,继而通过社会作用再来影响到大学。二类是高等教育体系内外部的动

---

① 马维娜.局外生存[M].北京:北京师范大学出版社,2003:165.
② 范德格拉夫.学术权力:七国高等教育管理体制比较[M].王承绪,等译.杭州:浙江教育出版社,2001:12.

力机制推出了诸多的新时期建设与发展目标要求,如专业的评估与认证、学科专业的一流建设、大学的地方高水平发展、学科专业与地方新兴产业的契合等,相应的制度、意见和配套支持政策陆续出台,对大学和社会的关系建立即便未加以明说,但也因有了指标和任务的明确给出了具体的要求。由此,也促使大学将视野转向更广阔的外部世界,在地方的舞台上接得善缘、寻得良机和获得先手棋等,若是有实力和竞争力,自是不担心"米不够",所以"等得";相反,若是只有平平常常的实力和力量则需要四处"找米下锅",表现得"等不得",以便能为所依存的大学赢得一些地方存在感。当然,"等得"也会有一种消极的状态,即不轻易冒进、稳扎稳打,有则实施,无则等来之后再行实施,主动进取性不强;"等不得"同样会表现出思虑不周和盲目推进的弊端。所以说,校社之间的关系需要经常加强稳固,让彼此结成的纽带不时紧绷,一旦有所松懈便可能会前功尽弃,之前的努力"付诸东流",故而不能建成一个便丢失一个。

第二,校院关系中的"引导激励"与"接盘发力"。当今的大学面临多元的挑战,其中最大的挑战或在于大学内部以及大学与外部社会的管理改革。内部的管理改革主要涉及二级学院办学自主权的下放以及对应的资源匹配,外部的管理改革则突出体系和机制的创新以建立适应性平衡。从角色功能上分析,大学宏观层面对学科的重视是基于引导、强化和激励作用的,综合内外发展需要,科学调控学科的布局规模并合理地分配有限资源以达成目标;学院层面则落于具体学科的发展,统一于学校的发展。但比较微妙的是,即便有着良好的主客观条件,大学的引导激励举措难得其畅行,学院具体学科的建设与发展仍在缓缓而行,成效并不显著,可能有人会将此归结于学术探索的长期性,因为不能完全保证学术研究的成功性和优秀成果的产出。有何原因?主要有三。一是思想行为僵化的根子问题,地方大学长期重视专业轻视学科的思想留下的"后遗症"仍会在较长一段时期发挥作用,尤其在学校缺乏明确的举措强力转向时,更会加长思想的持续固守。相较于驾轻就熟的课程教学和专业建设事务,学科侧重学术研究,不仅难度大,事务繁杂,而且投入相对更多。二是运行条件的客观约束。搞好专业教学教师个体耗费一些精力即可实现,需要什么条件,学校也会倾其力优先保证教学急需。但学科却是系统工程,领域方向、团队平台、优秀的研究人员以及学科属性特征等都必不可少,没有所需的必要设施条件,会引发主观的不自觉"抵制",特别是部分条件涉及学校层面而多次呼吁又不能得到及时解决,久而久之便难以为继,由此无意抗拒或淡漠以对。何况,学科创新依靠的是团队集体的力量,未能集聚个体的学术专长形成合力,终不得结出优秀果实。三是规划设计的欠科学。教育领域中的任何一项建设,是基于宏观战略规划布局的,先绘制蓝图,再分片按面逐点绘画成图,要求具备较强的总体宏观把控能力,包括有效整合分散的力量、健全完善管理治理体系、解决阻碍创新变革的障碍等。所以,如今的地方大学不少奉行着引导和服务的主格调,支持政策和条件等是比较宽松的,营造宽松的环境有利于学术研究的繁荣,也能给予学科充分的施展空间。这意味着学院的学科不会存在主动建设的遗漏空间,对应学校层面的要求不能出现"两张皮""上急下缓"现象,要将学科立于"大学使命"的高度,增强学科发展成效。

第三,院际关系中的"分隔"与"聚焦"。建设学科是繁琐复杂的,会因学校发展阶段的差异体现出对学科的重视程度不一,也因此表现出相应的行为取向。按常理,作为一项系统工程,需要学校上下共同发力,特别是确立了若干重点类学科作为倾斜对待的前提下,并不限于相应学科所属学院、所属(中心)的生发努力,且需做到内外兼顾。此时在行为构成上,关系学科的一般行为包括学科治理、学科管理和学科生产三类,各类行为有其责任主体和实践方式。其中,学科治理尚属新鲜事物,在地方大学中多数未能达到这一层级,纵然学科整体进行了一些治理方面改变,但实质是大学治理范围内的局部微观调整,并未涉及治理之根本,况且对于什么是学科治理也处于摸索之中;学科管理却是常规之事,是集中处理关系学科发展的点、圈、体、面的综合举措,是按照学校规划、学科规划所设定的前景驱动一切可利用资源,并结合目标、目的、行动和战术的可选择性,保障学科体系稳定运转。至于学科生产植根于二级学院及其设立的学科基层组织中,一般而言,学院作为学科的依托单位,肩负学科建设与管理的责任,这虽然不利于推动分布于不同学院之间的交叉学科发展,但对所属独立学科有其集中和便利管理优势,但反过来,人们又希望最好能建立一个集纳不同学科、汇集诸多学科力量且学科之间交集密切的独立性机构,充分赋予此机构以学科发展的自主权,可以不受大学内科层制体系的约束以便集中精力进行学科的专属研究。这样的独立机构是可以少量设置的,突显在若干重大攻关性研究领域的杰出作用,多数的还是需要学院来完成建设任务。

那么,附属于具体学院推动的学科建设会因学院所辖学科类别被自然或不自觉地人为划分成若干微小学科实施(一般情形是着实于学科分支细化领域)。比如,某大学内设的经济与管理学院(这在许多大学都有),附属于该学院的会有经济学、管理学等学科,各学科一般会按照系或教研室的方式便捷组建,以保持相对独立性,这实质上还是基于专业建设的思维。至于一些院内设置的研究中心(所)等机构一般并不独立,职责目标会比较明确,但人员则相对混杂,因为会基于学院内部学术力量的统筹安排,从而呈现出平时闲散各自运转、需要时集中力量应对之的局面。这种运行模式会让教师们越来越忠实于自己的学科而不是学院和学校,所以我们可以发现一个比较明显的现象(或倾向),即地方大学的教师们对于学校、学院的认同感不比以往,值得深究。教师们比较关心学校给予的福利、待遇和发展条件等,宁愿付出大量的时间精力来处理一些关系自身切实利益或感兴趣的事务,也不愿接受学院的安排认真完成比较琐碎的建设事项,无论是学科建设还是专业建设,至少不太会用做学术研究的较真劲来认真对待学院工作,至于学校层面的事务更是如此。若是学院尚未建立一整套科学严密且实施高效的约束机制和公平明确且务实严格的管理举措,则这种"散乱"将会长期存在,也会让学院领导层疲于应付调动教师积极性的杂事之中。由于教师都有自己的研究领域和方向,忠实于自己的学科会让学院的学科建设变得"条块分隔",即便不愿承认这一事实的存在,除非学院层面出于整体学科发展规划目标的实现强势介入或强制转向,但实际上学科的"宽频建设"格局已经形成,强力压制反倒会适得其反,故许多学院宁可息事宁人、点滴性地稳扎稳打持续推动,也不愿做激进性的变革。因为"这种变革必须采用战略的方法,而不能仅仅是作出反应,要深入理解大学的使命和特点、以往重要的传统和价值标准,并对未来的前景有清晰的令人信服的认识。"①至于教师们的忠实主要表现在:一是若干志趣相投的教师们会考虑研究方向的相同、相近或互补性,结合个人情感和关系融洽的充分考虑,自主组建小型化的研究团队,这种小团队的存在将成为建设学科的主力和主体单元;二是学科分方向的建设逐层细化为具体研究领域的攻关,最终还是要分教师群体的落实以构筑学科发展要素。"宽频建设"有利于发挥教师学术的积极性和主动性,扬其所长,易于激励,但难在协调控制引导,即如何才能围绕学科建设目标的实现整合聚化教师个体的研究以符合学科发展需要。若是跨学院的跨学科研究还比较容易处理,即如果需要某一具

---

① 杜德斯达.21世纪的大学[M].刘彤,屈书杰,刘向荣,译.北京:北京大学出版社,2020:256.

体领域点的研究力量(或成果),可以将研究团队整模块和功能性的迁转,体现出所需优势即可,但又会牵涉不同学科研究团队的关系梳理和力量聚合等复杂问题,这就需要有实力强劲的学科带头人承担领导重任,否则小团队的各自为政将是普遍现象,影响的是学科顺利发展。教师们对于他们所掌握的学科学术领域能够进行有效的管理,这点需要建立足够的信任,但期望把教师团队变成与管理阶层相适应的有责任的团队却是非常困难的。如何有效分隔化整为零,又如何有效聚焦整合为一体,这是学院之间、院属学科之间必须慎重处理的关键问题。

第四,院内关系中的"综合能力"和"单兵能力"。因为学科的差异导致的学院之间不平衡与不相和是可以理解的,毕竟不同学院有着相对独立性,他们需要极力在专长的学科专业领域发挥作用,以不断增强的能力保持和改善着学院的业绩,避免由此所带来的消极影响。一旦学院、学科乃至大学搭上了业绩下滑的降幅电梯,这种降幅将是迅速的,而要扭转局面就必须采取非常有力的措施,那时对于任何个体、群体或组织而言都将是非常痛苦的。因此,与其前期松弛地让自己处于平躺或松懈状态,不如将可能发生的危机极力扼杀制止住,而学院级的对话对扼制学院级业绩评估效果的不佳即下滑现象是必不可少的组成部分。言外之意是,强调学院内部要建立一种制止业绩下滑的良好机制,虽然其中能够考虑到的一系列持续发展和演变因素有些并非与学院有关,也难以推动,如学校的战略决策的失策、政策导向的不科学、资源分配的不合理、学科重视的偏好性(如重视工科发展,忽视人文社会学科)、不善的管理和效率低下等。而且,无论是大学的上下层,还是学院的学术群体,很少有非常专业的对业绩下滑或提升进行高水平的专门研究,以能够做到有备无患的,即便有些所谓的研究也只是敷于其表,而且多由大学的行政管理非专业精细化的团队作出研究决策,不免有"拍脑袋思考(或研究)"的重大嫌疑,而且一般情形也确实如此。为何?因为要达到预期的效果,需要集中包括大学的、经济成本与价值的、教育教学的、业绩评估的、战略管理的等多学科、多领域的研究,至少在目前的多数地方大学内是未能实现的,也被漠然忽视了。

提升业绩和增进实力的关键环节是推动大学的学术中心领域的改革与革新,前提是大学首先要锐意改革管理运行体系。由此可见,地方大学的很多现实问题与矛盾的冲突直接指向的是管理层面,比如未推行现代管理综合改革、管理中的绩效分配机制不健全不完善、管理权力分配不合理等,学院级别很少会将业绩不善的原因归结为自身能力不强或不努力奋进的结果,而是指责学校层面诸多存在的不合理,如学校对科研经费的审批和管理限制了教师学术自由性的发挥,过程的管控让教师们不愿意再去从事以往很是平常的教学与研究工作包括指导学生的系列事务等,会有诸多缘由加以推卸。因此,为了有效提升业绩,大学需要建立有效的评估机制,提出有针对的提升绩效的问题,并在政策、资源等方面进行有选择地重视,学院则对照这些指标和问题,采取一些有力措施保证成效的达成,过程中重要的是如何将学院的综合能力与教师个体的能力实现匹配。综合能力体现的是学院的领导、协调和管理能力,因为要积极为学院发展寻找资源、开辟新路径,想尽办法激发产生新的活力或激励其他人开辟新的领域、产出符合预期的成果,以便改变学院的工作重点,推出新的强项,这是在综合衡量学院各方面条件、资源和实力等基础上作出的统一把握,也是建立在对每个教师个体充分认知的前提下作出科学决策的结果。教师个体要实现自我发展,依靠单打独斗便可实现,注重个体"单兵作战"能力的训练。但是,学院要想顺利提升业绩和名次等,管理层便不能靠单打独斗,而是需要内部有经验、有能力的教师支持,让大家了解焕发新光彩和振兴道路所可能带来的益处并为此而尽力或作出一定牺牲。达成这种意愿,需要教师不断增强个体的单兵作战能力,虽然起步时比较缓慢,但星星之火便可燎原,在合理有效引导和激励下,最终会"蔓延"开来,间接带来学院实力的整体提升。

  上述呈现的种种关系是客观实在的,而且正是由于"地方性"的区域办学主导让这些关系变得更加紧凑,大学不能"抬望眼,仰天长啸而显得壮怀激烈",要加强与地方的密切合作让大学的优质元素发挥所长而"落地生根",大学的所有要件特别是学科同样被动跟进了这种合作,这是诸类大学逃避不了的"宿命",大学和学科的存在价值和意义甚至需要以其贡献度接受来自地方的评判。此为其一。若没有打开良好的关系局面,大学依托具体学科与地方之间的合作将会变得阻碍重重。另外,关系的理解按照学理认识,有基于定性和定量之分,定性取决于主观对关系作出的判断,如之前所述的各类关系;定量则体现着不同关系体(包括自变量、因变量等)之间的关系,但关系又不仅仅直接包含于两类主体之间,还有着许多经意或不经意的干扰施加影响如无关、控制等变量,且各个变量还有着阶段性发展变化,如此,在动与静的交错中,大学尚且好些,可以"部分逃避责任"地进行压力传导,但学科则承受着巨大压力。何况,地方大学的学科发展整体尚不够成熟,有的刚处于萌芽或起步状态,很多也是摸石头过河,单处理好这些关系便会消耗不少精力和资源。关系澄清有利于之后的发展,若不清不楚、模模糊糊的,会在一定时机成为"爆发性"的界隔,使整个发展进程处于窘境或困境之中,那时再考虑重整和梳理则相应付出的代价更为巨大。

三、跨越未来寻找学科突破之径

"创造性思想没有'逻辑',现有知识的系统化有一定的原则,相比之下,探索新知识没有原则可循。"①这需要跨越彼此之间的界线,建立起基于内部学术互动交流的适度超越性关系,而"超越关系走向互动的研究实践,重构了知识领域"②,也相应重构了学科。这种一定程度不知深浅地交织交融能达成多大成效的混杂性,在理论上产生出一种不断扩展的需求,包含着与相关学科一定范围之内的已有关系和潜在关系,要求积极地学习其他学科的方法、技术和观念、理论等,当然在具体实践上可以选择性利用。但是,虽然混杂是一种力量所在,却也是诸多疑难问题和矛盾源源不断产生的原因,不管是把分开的合并成一个新的复合,还是汲取不同成分产出一种新的理解,整合与综合的技术都需要一股强大的力量,需要为此形成一种特殊的联结关系,而且还要求共同处理好一个问题,即如何才能更好地摆脱狭隘的局部利益或兴趣,因为这种突破与跨越式是组织性、理论性的原则,最终是适度的问题。期望所实施的学科有创新性举措,能够在遵循既定逻辑范式的框架中保持良性运转,这不要抱有理想化思维,要在需要、经验、信息和知识结构中察觉学科不适度的一些变化。如何平衡,在无边际的知识领域中,可以立足发展大局所旨,分方向分目标开拓前行,但至于采用何种工具、开拓创新的效率效果如何、是否需要寻求外援等则要求在客观辨析自我的前提下,本着特色个性化发展的要求,各施所长。实际上,过程中关键的作用有两点,即"破"与"创","破"意味着破除已有弊端、开拓出新的疆域或境界;"创"即创造出新的举措和做法,以助力疆域、境界的延伸。

(一) 创新理念与构筑思路

发展学科要的是全方位、有目的和稳定的组织性合作,小团队的作用机

---

① 兹纳涅茨基.知识人的社会角色[M].郏斌祥,译.南京:译林出版社,2000:116.
② 克莱恩.跨越边界:知识 学科 学科互涉[M].姜智芹,译.南京:南京大学出版社,2005.

制可以让个体或单一群体发挥一定效能,但不构成强劲的合力。所以,如何借助科学的管理运行机制和体系,在资源整合与群体智慧显现中,转化为持续增长的生产力,包括知识、人才和社会等方面,这是要解决的关键之举,而具备了高度组织性的群体类型则代表的是"革命性的"。当然,不必要求学科中的所有人都能做到言行一致、力量集中和接受认同,那是理想的状态,但需要持之笃行。为了达成此种目标,其一是强化认识创新,要强化学科对成员的价值依托和发展桥梁理念的灌输,由专业存在感向学科存在感进而向社会存在感转变,让学科人认识到不仅自身是学校的一份子,更是社会的一颗种子,服务学校同时服务社会。会有这样两种发展变化的取向,一是学科的知识可以在那些比较松散联系的共同体成员个体或群体中,通过相应的研究活动变得更加有凝聚力和完整,也就是说,因为这些成员的付出促进了各个研究领域之间的交流,这有利于服务学校;二是彼此相互联系紧密的共同体,尤其是当他们与一些主要的学术成果联系在一起时,会被认为是对学科知识的整体进步做了新的贡献,这有利于服务社会。其二是注重路径创新,创新学科发展不是大学围墙内的事务,要将学科乃至大学看作由此"嵌入"地方的一颗"螺丝钉"或一座"堡垒",要围绕如何守牢和扎根探求新的路径。其三是倡导方式创新,大学虽然是"高深学问"的探究之地,但也是社会服务的"中心站",倡导学术自由探索并非学科全然之义,落地应用才是学科发展动力之源,这也契合地方大学的办学宗旨。发展学科是一个持续开放创新的过程。

为此,创新时代背景下的地方大学发展学科需要抓牢两个关键点,即嵌入和融合,先行嵌入,挖点嵌入地方,找准学科发力的着眼点;随后融合,连点延伸逐渐扎根地方;再度延伸,以雄厚实力辐射至更为宽远的地界。这是一个由此及彼、由内而外、由点到面、由浅到深、由量到质的转变过程,有捷径可循,但更注重创新创造。同时,淡化学科之间的界限、重视领域内的学科建设是一个重要的改革现象。据此,各学科应从其核心知识基础或方法论出发,积极寻求与其他学科的交并融合,构建起领域性学科,并依托相应的组织机构完成对内的挖掘探索和对外的价值供给。这一过程又蕴含四个环节:一是内部塑造,即强化校内资源储备和实力积聚,正如俗话所说"打铁尚需自身硬",不求面面俱到,但需要统筹兼顾,集中优势人才和资源,确立重点服务点,再着力攻关;二是内外融通,要建立一个有效高效的内外互联机制和服务体系,即信息和资源的"转接站",涉及学科服务性事项交由其统一处理,具体专业性的事务如技术研发、成果开发、学术探索、项目研究等则由学科承担;三是外部嵌入,这是建立在内部高效运转且对外服务取得实质性成效的基础上,就学科所服务的点打破局面,进一步深植的过程,通过建立稳固而深厚的合作关系,在动态博弈中完成主动积极适应,进而构建学科服务地方的专属基地;四是外部融合,在嵌入的基础上,拓展面向领域和涉及范围,加强多维度全方位合作,构筑服务地方"中心地"。

以上环节中,最为关键的当属内外融通环节,需要在学科嵌入和融合社会前构筑学校层面兼顾各学科的区域研究和服务中心,其目的在于把握一个"大",即集学校之力为学科获取大项目、大平台、大成果和大奖项等,避免单一学院或学科对此的捉襟见肘,同时,更好地凸显研究实力、团队实力和服务特色,彰显学科内涵,从而有力推进院校的一流学科建设。

(二)学科提升路径寻得新突破

基于创新驱动和嵌入融合的学科发展思路,根本目的是契合地方经济社会发展和科技创新等需要,要在遵循学科生态必要的发展逻辑中,坚守大学和学科应有之义,以让学科在融嵌地方的过程中转化多余势能、体现自身价值、丰富资源渠道等。然而,毕竟大学多年以来实施的是以学院为主导的学科专业单一化服务机制,平时协同训练便不足,战时协同配合指导又缺乏,难以将学科推向集群化和综合化。有些大学已经意识到这些问题的存在,并积极作出一定努力,但整体显得心有余而力不足,受制于多重因素,推动难度较大。退而求其次,那么学科如何组建学术共同体以有效地贡献智慧与力量、如何围绕地方发展和社会实际问题有组织地开展人才培养和科学研究、如何构建融合多方力量并协调统一的管理和运行机制,又如何将以上不断转化为持续推进大学学科发展的积聚优势,这一系列问题的破解,将成为地方大学建设与发展学科的关键问题。对此,需要构筑一条"平衡"路径,即在前述几类关系把握的前提下,科学架构校内和校外的平衡,实质是"给予各科学学科领域的智力创造力所需的最高技能和当前社会最需要的专门的事业相称的支持和援助"[①],对此,需要着力做好以下几方面事务。

首先,提升治理能力,注重加强组织治理保障。学科有其特殊使命和任务,建设目标的达成要的是建立快速响应和高效的组织体系和配套完善的

---

① 克尔.大学的功用[M].陈学飞,等译.南昌:江西教育出版社,1993:79-80.

服务跟进机制,由于"优秀的学者往往喜欢群集在一起"①,故此,应当优先设立能够保证学科研究活动顺利进行的管理制度与资源优化体系,以便及时补充和促进研究中一直持续的适应和变化的自然过程。这一方法可以帮助我们在应对变化的分析中理解知识所带来的不确定性和不可预测性。正如本章前言所强调的,这是人类的特质。然而,即便目标是明确的,但实现目标的方法有些随意,一般由主体根据实际需要选择合适的方法推动,这就表现为实际的不确定性,也不能对此做过多的条件限制,毕竟学科的事务主要是加强对共同体成员的科学引导,充分调动他们学术作为的积极性和主动性。所以,不论学科发展预期目标设定得如何之好,促使目标实现所需的群体、关联的要素、学术研究的合规化、知识探索的合法化等平滑跟进却并非那么容易,这就需要加强组织化的学科治理。对此,要增强学科治理的相对独立性、组织性和科学性,如何实施呢?一是要科学构建学术决策机制,基于学术话语体系和学术民主环境,增强教授委员会、学术委员会和学术共同体的学术权威性,进一步健全完善学术组织机制,以让学术成为推动大学和学科发展的概念修辞;二是要在治理模式下创新推动,充分把握治理主体意愿和权力让渡调整,建立基于政治、行政、学术和社会"四权均衡协调"的且适应现代大学发展需要的治理模式,强化能力提升,形成有效的共轭耦合系统,从中确立正确政治导向、提高管理效率和彰显学术影响力;三是要重视文化元素的导引作用,各种传统、习俗与实践,传播的知识、信仰、道德标准与行为准则,以及用以进行交流的语言形式、表达方式、符号意义和共享的价值等,这些是作为学科群体的一员用于体现身份认同和个体责任感的表征方式,事关个体能否融入学科文化的原则性,因而要积极培育包容和谐的学科文化,强调以"学科特有的语言、理念、价值标准、思维方式和伦理规范等"②重塑成员体特质,形成学科共同意义建构,并借助学科生态文化建设、学科社会化融入、文化(部落)与知识(领土)关系本质疏导等,形成规约效应,从而打造学科组织强劲的运行力。

其次,加强项目驱动,实施工程项目化推进。水有源,木有根,循本逐末、追本溯源乃是本然。学科的本源是知识及其构成的知识体系,故对知识的无穷探索理当持之以恒。然而,知识是"活"的,夯实大学的人才培养虽可令其盘活,却相对有限,更需获得再生产、转化和应用。建设发展学科单凭

---

① 克尔.大学的功用[M].陈学飞,等译.南昌:江西教育出版社,1993:66.
② 庞青山.大学学科论[M].广州:广东教育出版社,2006:254.

个人情感和人格魅力影响学术共同体并以此期盼获得良好的结果,是非常不现实的。教师个体的逐利本性在大学中时刻存在,且会表现为周期性的短期集聚突破效应。故而,在引导学术群体朝着高端方向仰望或前行时,作为大学的学科管理部门和领导者,需要有效兼顾"高不可攀"时的怅然失望之感,毕竟学术积累有着过程和能力的综合作用,提供切实有效的帮扶指导必不可少,实施工程项目化推进,即考虑组合设计各级各类学科项目并以群聚的方式系统带动研究。这一来形成了较长时期的持续研究动力机制,以项目督促学科发展,将学科目标任务分解至各类项目中,"麻雀战术""化整为零"等战术运用可做到活学活用,有利于总体发展目标的实现;二来解决了群体们的后顾之忧,因为研究需要资源,要考虑资源的消耗,没有项目的依托,是难以为继的,反而因有了这些项目支持,学科人群体们可以集中精力、心无旁骛地专注于既定研究工作;三来可以实质性地体现价值认同,虚无形式主义的研究成果是很难被广泛认可的,未被同行接受或认可的研究成果会让学科人们处于比较尴尬的境地,所以,设立了一些项目,明确项目任务,作出对项目的具体质量规定,可以较为方便地用常规固化的成果来体现人们的探索价值。当然,项目驱动的方式需要加强管理,促使主体的行为朝着有利于目标实现的方向自觉前行。从现实来看,相关要求和目标仍需要一定程度的拔高,要增强学科人的压力,因为安逸舒适会造就平庸低迷。

再者,突显团队效能,整合优化促进集群化。学科的强弱与否,核心是要有一流水平的专家、学者和带头人作为牵引,匹配建立若干优势团队以此建立高端学科平台,由此吸引资源集聚并综合谋划设定主攻研究方向,进而形成模式集合群体力量为之,比如世界闻名的英国剑桥大学卡文迪许实验室、斯坦福大学的微波实验室,又如国内一些大学相互联合组建的协同创新中心等,均有着此种运作的共性。历史经验表明,高水平的学科发展历程有着一定的共性特征,除了固有的传统和精神文化等不易改变的特质之外,学科都会把对研究前沿的探索追求和对社会发展重要问题的理性应对作为学科发展关注的焦点,注重基础、应用和交叉的结合作用,并在成果产出环节增强与产业的联动关系,继而将学术研究与应用研究以人们熟知的循环体系推动着,从而直接或间接引起学科的根本性变化。这一过程契合着我们所惯常认知的规律,即理论来源于实践、实践检验理论的真理,这一循环过程是地方大学发展的指针,可立足于其中结合某些强势领域做足文章。而且,循环并非无根据地进行,主要在两类网络中流转着知识的价值,一是学科内部的知识管理网络,二是学科外部的知识应用网络,前者是内生性的自给自足满足,后者则是外向性的剩余资源价值转移,体现在知识的传承、辐射的应用。两类网络虽有交叉,但前提是要保持各自平稳运行,继而再讲求合理互通问题。作用机制是什么呢?首先,定位于学科内部,放大一些可覆盖地方大学内部,以单个教师为对象找寻符合要求的优质知识网络节点单元,建立基于彼此某些认同的共同体,进而形成学科内部知识网络,搭建知识资源初步平台,以此为基础进行一些重要研究。其次,逐渐将学科延伸至外部网络系统,进入一个新的世界,建构集内外协同的复杂适应性网络。最后,进行内外部的互补,不论内部运作还是外部高速运转,即便大学内部可以不计成本地付诸实施,但过程始终会有消耗和耗散。内外部的相互转变,实质是学科先入为主、后来居上的抢占过程,这就要求集合团队实力先嵌入地方再深度融入地方中,进而在服务地方中实现团队能力的提升,也有助于学科积筑成"卓越体"。

最后,合作共创,实现研究地域化服务。"科学知识的增长永远始于问题,终于问题——愈来愈深化的问题,愈来愈能启发新问题的问题。"[①]坚持问题导向,以帮助解决重大现实问题是学科实现卓越一流的重要途径,或许这有些武断,毕竟判断一个学科的优势就当前的评判标准主要还是依据高水平论文、高等级项目和高端的奖项等重要指标。基础优势学科的知名大学可以承担如此重任,但对于地方大学来说,既要有一定的前瞻学术研究洞察力和产出一定量的高水平、标志性成果的能力,更要务实地立于服务国家、服务社会、服务地方的地域情境中寻找努力前行方向和淬炼"强劲体魄",这是不同于基础研究的独辟蹊径的发展方式,如借助多团队协作,讲求多学科交叉、多技术聚合以及多功能协同,集中必要的资源和优质创新主体以完美地解决好问题,这体现的是能力、服务和水平。众多的实践业已表明这一点。促进学科部分地(始终需要保留学科称为学科的那部分精髓)向服务地方进行功能性转变,推动以有利于地方经济社会发展的现实问题攻克为主导方向的学科专业化研究,比较通俗的说法即强化学科的产学研用协同创新,立足具体项目的高质量解决,这是实现学科较快发展的最有效途径,利于建立学科拓展外向渠道的自信力,至于获取外部的资源和支持取决

---

① 波普尔.猜想与反驳:科学知识的增长[M].傅季重,等译.上海:上海译文出版社,1986:318.

于点滴的成功积累。

本 章 小 结

  作为一种特殊类型的大学,有的甚至都不能用"大学"来描述其存在的形式,如众多有着"学院"名称的地方院校,在如今这样充满戏剧性变革的时代潮流里,它们的学科发展在跨越学科与专业的时空变迁中,如何完美地契合现代大学的属性和当今地方的特性,前行道路依旧漫长。没有一流的学科,成就不了一流的大学;没有建立和谐优良的学科关系,大学所面对的各种关系体将会矛盾迭生。地方大学自然有其存在的合理性,不必因地理区域条件的限制追求国家和省级层面的高端突破,更不必妄自菲薄而谨小慎微,在嵌入地方的土壤中构筑起大学服务地方的一流特质,是本然,是问题,也是难点,由此动用一切资源和力量,创新推进,稳扎稳打,实现与地方的深度融入,才能体现地方大学建设学科的精髓要义,也是地方大学发展学科的独特路径。

参考文献

一、外文译著

[1] 阿什比.科技发达时代的大学教育[M].滕大春,滕大生,译.北京:人民教育出版社,1983.

[2] 怀特海.思想方式[M].北京:华夏出版社,1999.

[3] 霍耐特.为承认而斗争[M].胡继华,译.上海:上海人民出版社,2005.

[4] 科班.中世纪大学:发展与组织[M].周常明,王晓宇,译.济南:山东教育出版社,2017.

[5] 埃兹科维茨.麻省理工学院与创业科学的兴起[M].王孙禺,译.北京:清华大学出版社,2008.

[6] 彼德斯.复杂性、风险与金融市场[M].宋学锋,等译.北京:中国人民大学出版社,2004.

[7] 莫兰.复杂性理论与教育问题[M].陈一壮,译.北京:北京大学出版社,2004.

[8] 涂尔干.教育思想的演进[M].李康,译.上海:上海人民出版社,2003.

[9] 巴恩斯.局外人看科学[M].鲁旭东,译.北京:东方出版社,2001.

[10] 德鲁克.社会的管理[M].徐大捷,译.上海:上海财经大学出版社,2003.

[11] 德鲁克.后资本主义社会[M].傅振焜,译.北京:东方出版社,2009:170.

[12] 贝弗里奇.科学研究的艺术[M].陈捷,译.北京:科学出版社,1979.

[13] 克拉克.高等教育新论:多学科的研究[M].王承绪,徐辉,等译.杭州:浙江教育出版社,2001.

[14] 克拉克.高等教育系统:学术组织的跨国研究[M].王承绪,徐辉,等译.杭州:杭州大学出版社,1994.

[15] 克拉克.探究的场所:现代大学的科研和研究生教育[M].王承绪,译.杭州:浙江教育出版社,2001.

[16] 克拉克.研究生教育的科学研究基础[M].王承绪,译.杭州:浙江教育出版社,2001.

[17] 罗素.真理与意义的探究[M].北京:商务印书馆,2012.

[18] 伯恩鲍姆.大学运行模式[M].别敦荣,主译.青岛:中国海洋大学出版社,2003.

[19] 伯恩鲍姆.高等教育的管理时尚[M].毛亚庆,译.北京:北京师范大学出版社,2008.

[20] 波兰尼.个人知识:朝向后批判哲学[M].徐陶,译.上海:上海人民出版社,2017.

[21] 坎特维尔,科皮伦.全球化时代的学术资本主义[M].殷朝晖,译.北京:中国社会科学出版社,2018.

[22] 哈金斯.大学的兴起[M].王建妮,译.上海:上海人民出版社,2007.

[23] Dennis Coon.心理学导论:思想与行为的认识之路[M].郑钢,等译.北京:中国轻工业出版社,2004.

[24] 博克.走出象牙塔:现代大学的社会责任[M].徐小洲,陈军,译.杭州:浙江教育出版社,2001.

[25] 布鲁斯.知识和社会意向[M].霍桂恒,译.北京:中国人民大学出版社,2014.

[26] 罗杰斯.创新的扩散[M].唐兴通,等译.北京:电子工业出版社,2016.

[27] 兹纳涅茨基.知识人的社会角色[M].郏斌祥,译.南京:译林出版社,2000.

[28] 哈耶克.自由秩序原理[M].邓正来,译.北京:生活·读书·新知三联书店,1997.

[29] 纽曼,科特瑞亚,斯葛瑞.高等教育的未来:浮言,现实与市场风险[M].李沁,译.北京:北京大学出版社,2012.

[30] 费希尔.公共政策评估[M].吴爱明,李平,等译.北京:中国人民大学出版社,2003.

[31] 阿特巴赫.比较高等教育学:知识,大学与发展[M].人民教育出版社教研室,译.北京:人民教育出版社,2001.

[32] 埃兹科维茨.麻省理工学院与创业科学的兴起[M].王孙禺,袁本涛,等译.北京:清华大学出版社,2008.

[33] 哈佛委员会.哈佛通识教育红皮书[M].李曼丽,译.北京:北京大学出版社2010.

[34] 拉斯达尔.中世纪的欧洲大学:大学的起源[M].崔延强,邓磊,译.重庆:重庆大学出版社,2011.

[35] 拉斯达尔.中世纪的欧洲大学:在上帝与尘世之间[M].崔延强,邓磊,译.重庆:重庆大学出版社,2011.

[36] 拉斯达尔.中世纪的欧洲大学:博雅教育的兴起[M].崔延强,邓磊,译.重庆:重庆大学出版社,2011.

[37] 华勒斯坦,等.学科·知识·权力[M].刘健芝,等译.北京:生活·读书·新知三联书店,1999.

[38] 华勒斯坦,等.开放社会科学:重建社会科学报告书[M].刘锋,译.北京:生活·读书·新知三联书店,1997.

[39] 德兰迪.知识社会中的大学[M].黄建如,译.北京:北京大学出版社,2019.

[40] 克尔.大学的功用[M].陈学飞,等译.南昌:江西教育出版社,1993.

[41] 克尔.大学之用[M].高铦,译.北京:北京大学出版社,2008.

[42] 波普尔.客观知识:一个进化论的研究[M].舒炜光,译.上海:上海译文出版社,1987.

[43] 波普尔.猜想与反驳:科学知识的增长[M].傅季重,等译.上海:上海译文出版社,1986.

[44] 雅斯贝尔斯.大学之理念[M].邱立波,译.上海:上海人民出版社,2007.

[45] 博格斯.知识分析与现代性的危机[M].李俊,蔡海榕,译.南京:江苏人民出版社,2002.

[46] 卢梭.社会契约论[M].何兆斌,译.北京:商务印书馆,2008.

[47] 惠特利.科学的智力组织和社会组织[M].赵万里,等译.北京:北京大学出版社,2011.

[48] 洛恩.创造冷战大学:斯坦福大学的转型[M].叶赋桂,罗燕,译.北京:清华大学出版社,2007.

[49] 科赛.理念人:一项社会学的考察[M].郭方,等译.北京:中央编译出版社,2001.

[50] 盖格.大学与市场的悖论[M].郭建如,马林霞,等译.北京:北京大学出版社,2020.

[51] 赫钦斯.美国高等教育[M].汪利兵,译.杭州:浙江教育出版社,2011.

[52] 夏托克.成功大学的管理之道[M].范怡红,等译.北京:北京大学出版社,2008.

[53] 吉本斯,等.知识生产的新模式:当代社会科学与研究的动力学[M].陈洪捷,沈文钦,等译.北京:北京大学出版社,2011.

[54] 莱斯诺夫,等.社会契约论[M].北京:商务印书馆,1984.

[55] 米赛斯.人的行为:上[M].台北:远流出版事业股份有限公司出版,1991.

[56] 泰特.高等教育研究:进展与方法[M].侯定凯,译.北京:北京大学出版社,2007.

[57] 马斯洛.马斯洛人本哲学[M].成明,译.北京:九州出版社,2003.

[58] 韦伯.学术与政治[M].冯克利,译.北京:生活·读书·新知三联书店,1998.

[59] 纽曼.大学的理想[M].徐辉,顾建新,等译.杭州:浙江教育出版社,2001.

[60] 博耶.美国大学教育[M].复旦大学高教所,译.上海:复旦大学出版社,1988:73.

[61] 加塞特.大学的使命[M].徐小洲,陈军,译.杭州:浙江教育出版社,2001:6.

[62] 培根.培根论人生[M].王义国,译.北京:光明日报出版社,2006.

[63] 胡佛.近代科学为什么诞生在西方[M].周程,于霞,译.北京:北京大学出版社,2010.

[64] 比彻,特罗勒尔.学术部落及其领地:知识探索与学科文化[M].唐跃勒,蒲茂华,等译.北京:北京大学出版社,2015.

[65] 克拉克.象牙塔的变迁:学术卡里斯玛与研究性大学的起源[M].徐震宇,译.北京:商务印书馆,2013.

[66] 斯科特.制度与组织:思想观念、利益偏好与身份认同[M].4版.姚伟,等译.北京:中国人民大学出版社,2020.

[67] 马金森.教育市场论[M].金楠,等译.杭州:浙江大学出版社,2008.

[68] 里德-西蒙斯.欧洲大学史:第一卷:中世纪大学[M].张斌贤,等译.保定:河北大学出版社,2008.

[69] 斯劳特,莱斯利.学术资本主义:政治、政策和创业型大学[M].梁骁,黎丽,译.北京:北京大学出版社,2008.

[70] 斯劳特,莱斯利.学术资本主义[M].梁骁,黎丽,译.北京:北京大学出版社,2014.

[71] 亚里士多德.形而上学[M].吴寿彭,译.北京:商务印书馆,2009.

[72] 弗莱克斯纳.现代大学论:美英德大学研究[M].徐辉,陈晓菲,译.杭州:浙江教育出版社,2001.

[73] 帕利坎.大学理念重审:与纽曼对话[M].杨德友,译.北京:北京大学出版社,2014.

[74] 巴尔赞.美国大学运作和未来[M].孟醒,译.杭州:浙江大学出版社,2015.
[75] 齐曼.真科学:它是什么,它指什么[M].曾国屏,等译.上海:上海科技教育出版社,2002.
[76] 范德格拉夫.学术权力:七国高等教育管理体制比较[M].王承绪,等译.杭州:浙江教育出版社,2001.
[77] 布鲁贝克.高等教育哲学[M].王承绪,郑继伟,等译.杭州:杭州大学出版社,1987.
[78] 纽曼.大学的理想(节本)[M].徐辉,等译.杭州:浙江教育出版社,2001.
[79] 劳斯.知识与权力:走向科学的政治哲学[M].盛晓明,丘慧,等译.北京:北京大学出版社,2004.
[80] 迈耶,罗恩.制度化的组织:作为神话与仪式的正式结构[M]//鲍威尔,迪马吉奥.组织分析的新制度主义.姚伟,译.上海:上海人民出版社,2008.
[81] 克里斯塔勒.德国南部中心地原理[M].常政,王兴中,译.北京:商务印书馆,2010.
[82] 埃斯特琳.美国创新在衰退?[M].闾佳,翁翼飞,译.北京:机械工业出版社,2010.
[83] 克莱恩.跨越边界:知识 学科 学科互涉[M].姜智芹,译.南京:南京大学出版社,2005.
[84] 杜德斯达.21世纪的大学[M].刘彤,屈书杰,刘向荣,译.北京:北京大学出版社,2020.
[85] 科恩.自我论[M].佟景韩,范国恩,许宏治,译.北京:生活·读书·新知三联书店,1986.

二、中文著作

[86] 词源[M].北京:商务印书馆,1998.
[87] 陈燮君.学科学导论:学科发展理论探索[M].上海:上海三联书店,1991.
[88] 陈子辰,王家平,等.我国学位授权体系结构研究[M].杭州:浙江大学出版社,2012.
[89] 陈方正.继承与叛逆:现代科学为何出现在西方[M].北京:生活·读书·新知三联书店,2009.
[90] 官有垣,陈锦棠,陆宛苹.第三部门评估与责信[M].北京:北京大学出版社,2008.
[91] 眭依凡.理性捍卫大学[M].北京:北京大学出版社,2013.
[92] 龚怡祖.大学的梦想:龚怡祖文集[M].南京:南京大学出版社,2016.
[93] 郝克明,汪永铨.中国高等教育结构研究[M].北京:人民教育出版社,1987.
[94] 胡建雄.学科组织创新:高等学校院系等学科结构的改革研究[M].杭州:浙江大学出版社,2001.
[95] 胡建华.现代中国大学制度的原点:50年代初期的大学改革[M].南京:南京师范大学出版社,2001.
[96] 汉语大词典:卷四[M].上海:汉语大词典出版社,1991.
[97] 金吾伦.跨学科研究引论[M].北京:中央编译出版社,1997.
[98] 李盛兵.研究生教育模式嬗变[M].北京:教育科学出版社,2004.
[99] 林学军.基于三重螺旋创新理论模型的创新体系研究[M].广州:暨南大学出版社,2010.

[100] 卢晓中.现代高等教育发展的战略管理研究[M].北京:北京师范大学出版社,2015.

[101] 罗云.中国重点大学与学科建设[M].北京:中国社会科学出版社,2005.

[102] 罗竹风.汉语大词典[M].上海:汉语大词典出版社,1988.

[103] 刘仲林.跨学科学导论[M].杭州:浙江教育出版社,1990.

[104] 马维娜.局外生存[M].北京:北京师范大学出版社,2003.

[105] 潘懋元.高等教育学讲座[M].北京:人民教育出版社,1993.

[106] 庞青山.大学学科论[M].广州:广东教育出版社,2006.

[107] 钱学森.论系统工程:新世纪版[M].上海:上海交通大学出版社,2007.

[108] 戚万学.高等教育学[M].济南:山东大学出版社,2008.

[109] 孙培青.中国教育史[M].4版.上海:华东师范大学出版社,2019.

[110] 苏均平,姜北.学科与学科建设[M].2版.上海:第二军医大学出版社,2014.

[111] 舒新城.中国近代教育史资料汇编[M].上海:上海教育出版社,1991.

[112] 王建华.学科的境况与大学的遭遇[M].北京:教育科学出版社,2014.

[113] 万力维.控制与分等:大学学科制度的权力逻辑[M].南京:南京师范大学出版社,2005.

[114] 习近平.青年要自觉践行社会主义核心价值观:在北京大学师生座谈会上的讲话[M].北京:人民出版社,2014.

[115] 薛天祥.高等教育学[M].桂林:广西师范大学出版社,2001.

[116] 薛天祥.研究生教育学[M].桂林:广西师范大学出版社,2001.

[117] 谢维和.学位与研究生教育:战略与规划[M].北京:教育科学出版社,2011.

[118] 谢桂华.高等学校学科建设论[M].北京:高等教育出版社,2011.

[119] 王英杰,刘宝存.世界一流大学的形成与发展[M].太原:山西教育出版社,2008.

[120] 袁曦临.学科的迷思[M].南京:东南大学出版社,2017.

[121] 熊庆年.高等教育管理引论[M].上海:复旦大学出版社,2007.

[122] 张桂春,唐卫民.高等教育学[M].沈阳:辽宁师范大学出版社,2012.

[123] 张磊.欧洲中世纪大学[M].北京:商务印书馆,2010.

[124] 张学文.大学理性研究[M].北京:北京师范大学出版社,2013.

[125] 中国第二历史档案馆.中华民国史档案资料汇编:第五辑[M].南京:江苏古籍出版社,1991.

[126] 周光礼,周详.教育与未来:中国教育改革之路[M].北京:中国人民大学出版社,2014.

[127] 周作宇.学位与研究生教育史[M].北京:高等教育出版社,2004.

[128] 周丽华.德国大学与国家的关系[M].北京:北京师范大学出版社,2008.

后　记

　　人生在世,应该有点精神追求,应当有所贡献和价值追求,或许这些与利益、名望和地位等没有关系,通俗地说"不实惠",以至于或被嘲讽、针对或冷落于人情世故,或被冠之以"清高""愚笨""硬轴"等。即便如此,也应该努力去做。回顾过往,当我的导师杨晓江先生将我引入学科领域研究的道路之后,多年来,我始终不敢忘记,坚守着学术的初心,谨记尊师教诲,本着对学术崇高的精神追求和不懈的前进动力,年复一年持续着学术学问的孜孜探索。这一过程是痛苦且辛劳的,但也是充满乐趣和颇有成就感的。因为相信,唯有坚守,方得始终。贵在坚持,学问求索之路永无止境。

　　这本书的出版是本人多年来对大学学科研究的一点心得体会,并结合工作实际有感而发所著。除却思考和文献检索的时间外,真正开始动笔撰写直至顺利完成,前后历经近三年。原本是想着偷些懒,将博士后出站报告稍加修改了事,但几经思索,还是决定从头再来,辛劳自是不必言之,也是为了更好地鞭策促进自身。2017年,当我先后在职称和学历上达到外人所谓的"功德圆满"境界之后,按理说,可不必再费心费力去经历这些心身折磨。中间稍加休息的一两年来,确实有些慵懒了。古人云,闲来易滋事,这一闲下来就发生了很多事,比不得之前的忙碌充实,身体体质也在这慵懒中有些下滑,故思虑再三还是得拾起来,业务不可丢弃,再度踏上征途。因此,便有了以著此书为契机,推动自身不再懒散,继续在学术探索的道路中获得一些新的成就。

　　2016年的夏天,在自己的博士学位论文基础上,我出版了生平第一本专著《大学学科水平评价论》,算是对"十二五"期间学术经历的一次总结。那么,《现代大学学科关系研究》的出版则是对"十三五"期间的个人成长经历再一次凝练和展现。何况,一本新著的撰写不仅是自身经验的凝练,也是对学问和学术的深刻感悟,更是对人的心智陶冶。

故而,在梳理了多年来关于学科研究所得的基础上,在博览了众多文献资料的前提下,我心想,既然静下心来写本书,那么书便应当是本好书,理应对现人有所启发和启迪,不可沽名钓誉,不可随波逐流,为书而书或为名利等而著书标榜,或著书之后便束之高阁。因此,这本专著不再如同之前的第一本一般,在茫然仓促间出版,而是用心去想、用心去聚、用心去著,力争成为一本精品。这一想一做,便历时近三年的光阴,虽然过程不免有些辛苦,却有着几许安慰。更感谢自己的是,中途能不受任何影响地坚持了下来,有些近乎痴呆了。难免书中还有着许多的不成熟和不完善,语言不够精炼,学术高度拔得不够,甚至仍旧显得比较稚嫩,毕竟理论的沉淀和挖掘非一日之功,研究的视角和看待问题的角度自然不断变化,而且俗话说得好"众口难调",所以毋庸多言,一旦出版褒贬之声自然有之。但无妨,若是此书能对现代人如何正确认识建设和发展大学学科,以及对学科关系的疏解能有一些新的思考或启发,则吾之意愿和预期所想便已达成,再多的杂音自是不必理会。本书的写作过程中,参看了诸多文献资料,除本书后附的主要参考文献外,大多数的文献特别是期刊类文献并未全部列出,在此向涉及的各位专家、作者表示衷心的感谢!因为有你们的研究,在字句行列阅读之中,让我有了不少灵感和新的想法,让思路得以伸展开来,也促使了本书写作任务的顺利完成。

最后,觉得甚有必要提点一句以表达一下感激之情。感谢多年来众多给予我悉心关怀的领导、同仁和朋友们,也感谢家人对我的无私照顾和体谅,家人多年来承担了诸多的家庭操劳,让我能有充裕的时间进行学术的积累。同样,再以此书感谢我的恩师杨晓江先生,还要满怀感激我的引路领导——巢湖学院副院长朱定秀女士,感谢她多年的关心与支持,让我有更多的机会去实践对学科的所思所想。最后,对所有认识的人们、不认识的人们再度表达下诚挚的谢意,而我也将带着对你们的感谢和所获得的支持继续前行,继续开始"十四五"的征程。

朱 明

2022年夏于书香书房